U0897591

国学大讲堂

治國之道

申圣云 编著

中国言实出版社

图书在版编目(CIP)数据

治国之道 / 申圣云编著. 一北京 ：中国言实出版社，2016.3

ISBN 978-7-5171-1815-2

Ⅰ. ①治… Ⅱ. ①申… Ⅲ. ①国家一行政管理一研究一中国一古代 Ⅳ. ①D691

中国版本图书馆 CIP 数据核字(2016)第 059214 号

出 品 人：王昕朋
责任编辑：周汉飞
文字编辑：江　北
美术编辑：杨　光

出版发行　中国言实出版社

地　址：北京市朝阳区北苑路 180 号加利大厦 5 号楼 105 室
邮　编：100101
编辑部：北京市海淀区北太平庄路甲 1 号
邮　编：100088
电　话：64924853(总编室)　64924716(发行部)
网　址：www.zgyscbs.cn
E-mail：zgyscbs@263.net

经　销　新华书店
印　刷　北京永顺兴望印刷厂
版　次　2016 年 5 月第 1 版　2016 年 5 月第 1 次印刷
规　格　710 毫米×1000 毫米　1/16　19 印张
字　数　290 千字
定　价　58.00 元　ISBN 978-7-5171-1815-2

前言

国学是中华民族优秀传统文化，是数千年来中国人思维方式、行为方式、生活方式的高度概括。广义的国学，即胡适先生所说“中国的一切过去的历史文化”，包括思想学术、文学艺术、数术方技等各个方面。狭义的国学，则集中体现在我国传统图书分类的“经、史、子、集”四大部类中。

如果将国学比作一座文化大厦，其中经部代表的儒家思想是大厦的钢筋结构，史部所记载的文明进程是大厦的水泥浇筑，二者共同构成了国学的主体部分；子部的百家思想，则是大厦的门窗，可以让室内空气流通、充满生机；集部中的各类文集就是大厦里的装潢、家具、内饰等，丰富多彩。

人们初次走进一座大厦，往往先被大厦中的装潢、家具、内饰所吸引，就如同人们对国学感兴趣，往往是从集部中的诗词曲赋、小说散文开始的。故此，要想全面深入地了解国学、学习国学，就必须去解读这座文化大厦的整体结构，必须从对集部的喜爱，发展到对经、史、子、集各部的研读。

中华文明绵延五千年，国学经典浩如烟海，蕴涵着丰富的精神资源，比如大同世界的伟大理想，兼善天下的济世情怀，民贵君轻的理政思维，无为而治的治国方略，仁慈兼爱的博大胸襟，先忧后乐的爱国精神，忠恕孝悌的人际准则，崇礼尚义的道德风尚，执两用中的中庸法则，天人合一的生态观念，日日精进的治学精神，有教无类的教育理念……这些精神资源，是中华文明萌发壮大的文化基因，也是中华民族自强不息、厚德载物的精神滋养。

继承和弘扬优秀的传统文化对于实现民族伟大复兴的中国梦有着重要的战略意义。2013 年 8 月，习近平总书记在全国宣传思想工作会议上指出：“中华优秀传统文化是中华民族的突出优势，是我们最深厚的文化软实力。”2017 年 1 月，中共中央办公厅、国务院办公厅印发的《关于实施中华优秀传统文化传承发展工程的意见》指出：“文化是民族的血脉，是人民的精神家园。文化自信是更基本、更深层、更持久的力量。中华文化独一无二的理念、智慧、气度、神韵，增添了中国人民和中华民族内心深处的自信和自豪。”实施中华优秀传统文化传承发展工程，是建设社会主义文化强国的重大战略任务，对于传承中华文脉、全面提升人民群众文化素养、维护国家文化安全、增强国家文化软实力、推进国家治理体系和治理能力现代化，具有重要意义。

对于广大党员干部来说，积极汲取传统文化中的思想精华，能够开阔胸襟、改进方法、增强智慧，提升思维层次和领导水平，提高为人民服务的本领和能力，从而更好地担负起执政使命，带领人民群众不断推进改革开放和社会主义现代化建设事业，进而实现中华民族的伟大复兴。

为了帮助广大党员干部阅读、理解、掌握国学经典中的智慧，我们出版了“国学大讲堂”系列图书，包括《修身之道》《齐家之道》《治国之道》《处世之道》《用人之道》《谋略之道》，从不同的角度分析并总结出传统文化中的思想精髓，同时大量引用古今经典案例，贴近广大党员干部的工作、学习和生活，以增强可读性和实用性。希望“国学大讲堂”系列图书能够为党员干部提供治国理政的参考和修养的镜鉴。

由于编者水平有限，书中偏颇、错讹之处在所难免，敬请广大读者批评指正！

编　者

目录

CONTENTS

第一章　仁　政

仁政思想是儒家思想的内核，并以仁爱思想为重要基础。对于党员干部来说，施行仁政也就是要从“仁”和“爱”的角度出发，坚决走党的“群众路线”，以“有所为有所不为”的态度，全心全意为人民服务。

第二章　德　治

所谓“德治”，也就是要以统治者的德行来促进良好社会秩序的形成。新时期，党员干部的德行规范要求，必须坚持“以人为本”，坚持以日常工作“服务好广大的人民群众”，推动社会的和谐健康发展。

第三章 法 治

在全面建成小康社会的过程中，法治担负着重要的保障作用。党员干部必须在宪法精神和法律法规的约束下，知法、守法，弘法、执法，切实拉近宪法精神与人民群众的距离，将中华民族伟大复兴的“中国梦”不断推向前进。

第四章　和　谐

党员干部能否摆正自己的位置，能否守纪律、讲规矩，关系到社会主义事业的长远发展。只有真正从国家、集体、人民的利益出发，建立和谐的干群关系，大公无私、不争名利，才能真正成为对社会主义事业有益的人。

第五章　大　同

“大同”是中国古代的乌托邦思想，在这样的社会中没有私有制，人们劳动不是为了自己而是为了整个社会，与我们的共产主义理想互相呼应，党员干部应该学习和贯彻这种大公无私的思想，为共产主义理想而奋斗终身。

第六章 无 为

老子的“无为”思想表现为对百姓不要过多干预，不妄为。对于党员干部来说，由于所处的特殊位置，必须积极发挥骨干作用，但又必须懂得“有所为有所不为”，在遵从规律、法治的前提下“有所作为”。

第七章 王 道

所谓“王道”，也就是孟子认为的以仁义理国、以德政安民的统治方法。对于党员干部来说，民心是最大的政治，关系着党的执政基础是否牢固，而要凝聚民心就必须做到党要管党、从严治党，实现立规矩、正规矩、治规矩这三步。

第八章 文 治

所谓“文治”，也就是以文教礼乐等方面理顺民事、社会、国家的关系。在中华民族伟大复兴的“中国梦”的背景下，党员干部要想有所作为，就必须吸取中华优秀传统文化的精华，共建文化繁荣的阳光社会。

第九章 张 弛

宽严相济是一种理想的治国方法，党员干部要让日常工作保持在适度、合理、有序的状态，从事物的本质和客观规律出发，将党政方针与客观实际结合起来，而非简单的“折中”“和稀泥”。

第十章 有 度

习近平总书记多次强调，坚持原则、恪守规矩是党员干部必须遵行的基本准则。规矩必须落实在现实中，党员干部必须“自觉按原则和规矩办事”，强化自律性，让自己的行为有所节制，从源头上防止权力滥用。

第一章　仁　政

仁爱是儒家思想的核心部分，是一个人之所以为人的根本所在，更是一名党员干部必备的基本素质。仁与爱既是气度与智慧的体现，更是修身克己的结果。在治国理政之道的行为准则中，施行以仁爱为基础的仁政便是非常重要的原则。

◎**民本**——民为贵

◎**谋益**——食君之禄，忠君之事

◎**息战**——止戈为武

◎**勿争**——利万物而不争

◎**轻赋**——薄赋敛，广蓄积

◎**倡义**——义，人之正路也

◎**平等**——己所不欲，勿施于人

◎**养廉**——公生明，廉生威

民本——民为贵

孟子曰："民为贵，社稷次之，君为轻。是故得乎丘民而为天子，得乎天子为诸侯，得乎诸侯为大夫。诸侯危社稷，则变置。"孟子的意思是，人民最为重要，国家其次，君主最轻。所以，得民心的人应该做天子，得天子心的人做诸侯，得诸侯心的人做大夫。诸侯危害到国家，就改立诸侯。

荀子在孟子"民贵君轻"理论的基础上，更进一步提出"天之生民，非为君也；天之立君，以为民也"的立君为民的权力观，指出真正支撑和影响治国的是对待百姓的态度。在中国古代的封建统治环境下，天子中央集权似乎与民本思想是对立的。但是古往今来，任何一个有作为的皇帝却都在践行着民本思想。

西汉思想家贾谊认为，"民本"是政治行为的基本准则："闻之于政也，民无不为本也。国以为本，君以为本，吏以为本。故国以民为安危，君以民为威侮，吏以民为贵贱。此之谓民无不为本也。"说的就是一切的

国学名句集锦

其行己也恭，其事上也敬，其养民也惠，其使民也义。

——《论语·公冶长》

前提都是为“民”，只有将“民本”思想践行下去，吏治、法治、国之大治才能向着积极的一面推进。

“圣人无常心，以百姓心为心。”“政之所兴在顺民心，政之所废在逆民心。”在任何时代的政治实践中，民本思想都首先要求官员关注民生，关注百姓。所有官员必须知道“民者，国之根也”，一定要“重其食”“爱其命”，所有把发展民生、爱重百姓作为要务的官吏都受群众拥戴，也为朝廷或政府所嘉奖。

汉宣帝时，渤海郡太守龚遂选良吏、赈灾民、施教化、劝农桑，其辖地百姓生活安乐，龚遂深受百姓爱戴，被《汉书》列为第一循吏。

唐太宗统治时期的与民休息，以农为本，薄赋轻徭，善用刑罚也是如此。经济上，李世民注重实行均田制和租庸调制，使农民能够安定生产，促进了经济的发展。农业上，减轻农民的赋税和劳役，以身作则，“戒奢从简”，革除前朝“民少吏多”的弊政，减轻人民的负担。行政上，重视生命，不妄杀，倡导廉政、利民。

武则天时代的宰相狄仁杰，为官清正，尽管身处女主统治时期，面对的是酷吏严刑，仍能做到不媚上阿贵，不偏颇徇私，始终坚持体恤百姓、关爱百姓的工作态度，在担任大理丞一年的时间里，便处理了遗留下来的诸多卷宗，经手案件无一人上诉申冤，被后人称为“唐室砥柱”。

许多诗人学者，都将民本思想作为价值追求。北宋范仲淹的“先天下之忧而忧，后天下之乐而乐”，明末清初黄宗羲“我之出而仕也，为天下，非为君也；为万民，非为一姓也”，龚自珍“落红不是无情物，化作春泥更护花”，都彰显了民本思想。

“民惟邦本，本固邦宁。”无论什么时代，民本始终应该是政治行为的基本原则。对于当代的党员干部来说，更应该坚持民本原则，因为我们都

国学名句集锦

农，天下之本，务莫大焉。

——《史记·孝文本纪》

是从群众中来，自然还是要回到群众中去的，无论是生活还是工作，只有真正了解自己是民众中的一员，才能体悟执政为民的思想内涵。

2013年，习近平进包子铺吃午餐的事引发了广大民众的热议。上门前没跟店铺老板打招呼、现场没有清场也没有封路、坚持自己排队、自己端盘、将购买的午餐吃得干干净净等细节，让不少人感慨万千，而此举也很有深意。

习近平可以花21元就餐，这就证明任何人花21元都能吃饱吃好。大吃大喝、浪费公款、追求奢华生活就显得极为不妥；排队就是尊重秩序和规则，任何人都不能凌驾于规则之上，官员更不能利用权力搞特殊化；官员的本质也是普通百姓，与百姓在一起，能够深入体察百姓的生活，也让百姓了解到，官员也是普通人，更能拉近官民距离。

习近平有着深厚的平民情怀，他未满16岁就从北京到陕北农村插队落户，七年上山下乡的艰苦生活给了他两大收获，“一是让我懂得了什么叫实际，什么叫实事求是，什么叫群众。这是让我获益终生的东西。二是培养了我的自信心。”正是这样深入群众的经历，让习近平能够更好地了解群众需要的是什么。

习近平任河北正定县委书记时，为听取群众意见，临时在街上摆起桌子；任福建宁德地委书记期间，习近平下乡调研时和群众一起劳动，热情询问百姓生活是否有困难；担任浙江省委书记的时候，习近平在敬老院亲自为老人们炒菜……习近平的亲民爱民，更多体现在细节上，出行从不清道封路、交通管制，在湖北调研时，下雨坚持自己打伞；视察军区时与部队士兵共进午餐，拉拉家常；在甘肃兰州考察时为七旬老人端饭……习近平用行动体现着官员“吃百姓之饭，穿百姓之衣，莫道百姓可欺，自己也是百姓”的道理。

国学名句集锦

治国犹如栽树，本根不摇，则枝叶茂荣。

——《贞观政要·政体》

在纪念毛泽东诞辰120周年座谈会上，习近平发表了这样一段重要讲话："人民是我们党的工作的最高裁决者和最终评判者。如果自诩高明、脱离了人民，或者凌驾于人民之上，就必将被人民所抛弃。任何政党都是如此，这是历史发展的铁律，古今中外概莫能外。"

在《之江新语》中，习近平引用了《孟子》的话："乐民之乐者，民亦乐其乐；忧民之忧者，民亦忧其忧。"乐于去做民众所喜爱的事情，这样的人，民众也会与其同乐；担忧民众所担忧的事情，这样的人，民众也会乐于为其分忧。这也在警示我们，应该如何更好地坚持民本思想，以法治、德治推动"民治"，还需要我们进行更深入的思考和实践。

国学名句集锦

雨顺风调百谷登，民不饥寒为上瑞。

——北宋·苏轼《荔枝叹》

谋益——食君之禄，忠君之事

“食君之禄，分君之忧”来自柳宗元的《吊屈原文》，意思是说，拿着国家的俸禄，就要忠于国事，为执政者分忧。

苏东坡在杭州任职的时候，因为西湖很久不曾疏通，积了很多淤泥，“葑合平湖久芜漫，人经丰岁尚凋疏”，湖水慢慢干涸，湖里到处都是杂草，极大地影响了农事。苏东坡到任的次年率领二十多万人疏通西湖，开除葑田，恢复原貌，且于湖水最深的地方修建了三座塔当成标记。苏东坡将清理出来的淤泥聚集起来，建了一道贯穿西湖的堤坝，由六座桥梁相连，便于人们通过，后人将其称为“苏公堤”，简称“苏堤”。

苏东坡晚年的时候居住在常州，由于清廉，少有积蓄。为了有一个安稳的住所，他倾囊而出，买了个房子，准备长居此地。正在苏东坡准备择日入住的时候，他忽然听到一位老妇人的哭声。苏东坡一向爱民如子，便上前询问。老人哭着说，她原本有一处房子，祖上传承下来的，已有百年，却被小辈倒卖了。很巧的是，这处房子正是苏东坡刚买下的那处。苏

国学名句集锦

居之无倦，行之以忠。

——《论语·颜渊》

东坡对她说："妪之故居，乃吾所售也，不必深悲，今当以是屋还妪。"随即焚烧了房契，将房子还给了老人。因为所剩无几，苏东坡只好租房子住，最后也是在租来的房子里去世。

苏东坡一直以人民的利益为先，将自己的得失放在其次，这正是他爱民、亲民、益民的体现。而热爱人民、亲近人民、走群众路线也是中国共产党近百年来革命、建设的实际工作当中建立健全的思想标准，是我们党的优良传统和政治优势。

群众路线的基本前提是紧紧依靠人民群众。人民群众是历史的缔造者，是我们党力量的源泉，胜利的根本。中国共产党从诞生之日起，便意识到"党的一切运动都必须深入到广大的群众里面去"，"中国革命运动的将来命运，全看中国共产党会不会组织群众"。依靠人民群众，是我们党安身立命的根本。

井冈山的斗争形势极为严峻，是一场生与死的较量，格外艰苦。在白色恐怖的笼罩之下，我们党意识到了工农武装割据必须是"群众的割据"，这是由于"群众的割据出于群众自身的需求，群众武装起来驱逐他的敌人，自行管理区域的大小事件，这样的割据，敌人是不能消灭的"，"红军宗旨，民权革命"，"革命成功，尽在民众"。

毛泽东为了发动群众，带领部队每一村、每一户地走访，展开了深入的调查研究，撰写了《永新调查》与《宁冈调查》两份全面的调查报告，对这两地人民群众的革命斗争、土地分配等做出了深入系统的研究。为了把群众工作搞好，我们党出台了"分兵以发动群众，集中以应付敌人"（《毛泽东选集·星星之火，可以燎原》）的政策，指出红军并非只是以打仗为目的而去打仗，"而是为了宣传群众、组织群众、武装群众，并帮助群众建设革命政权才去打仗的"，不然"也就失去了红军存在的意义"（毛泽

国学名句集锦

厚者不毁人以自益，仁者不危人以要名。

——《战国策·燕策三》

东《关于纠正党内的错误思想》)。

人民群众拥有伟大的力量。在井冈山斗争的艰苦时期，人民群众成就了革命，我们党和人民群众共同谱写了“早已森严壁垒，更加众志成城”的伟大诗篇。

群众路线的根本立场是全心全意为人民群众谋利益。马克思和恩格斯在《共产党宣言》中写道：“过去的一切运动都是少数人的或者为少数人谋利益的运动。无产阶级的运动是绝大多数人的、为绝大多数人谋利益的独立的运动。”意思是说，为占最多数的人民群众谋取利益，是无产阶级政党与所有剥削阶级政党的本质区别。

井冈山斗争阶段，占最多数的人民群众是农民。土地问题是农民问题的重点。毛泽东领导的共产党人在调查研究及发动人民群众的前提下，以苏维埃政府的名义颁行《井冈山土地法》，首次通过立法对农民分配土地的权利予以保护，规定所有土地属于苏维埃政府，且通过多种形式予以合理分配。土地革命的深入进行，让众多农民获得了渴望的土地，让人民群众对待革命的热情越发高涨。

由此可见，想要得民心，顺应民心，就必须跟群众站在一起，为人民谋益。无论在什么时代，这都是党员干部工作的前提。对此，习近平着重指出，党员干部尤其是群团组织，必须始终站在党和人民的立场上，坚持为党分忧、为民谋利，把思想政治工作贯穿所开展的各种活动，多做组织群众、宣传群众、教育群众、引导群众的工作，多做统一思想、凝聚人心、化解矛盾、增进感情、激发动力的工作。

在指导群团组织工作的时候，习近平强调，群众性是群团组织的根本特点。群团组织开展工作和活动要以群众为中心，让群众当主角，而不能让群众当配角、当观众。要更多关注、关心、关爱普通群众，进万家门、

国学名句集锦

不苟一时之誉，思为利于无穷。

——北宋·欧阳修《偃虹堤记》

访万家情、结万家亲，经常同群众进行面对面、手拉手、心贴心地零距离接触，增进对群众的真挚感情。

为更好地做好群众工作，为群众谋益，所有党员干部都必须要着眼于党和国家的工作大局，一切行动以大局为前提思考，在大局规划下行动。坚守岗位，立足于本职工作、立足于基层群众，在实践中寻找群众工作的结合点和着力点，推动自身工作能力和工作水平的提高。党员干部要强化服务意识，努力提升服务能力、业务能力。共产党员是人民公仆，工作的出发点就是为人民服务。所以，坚持从群众需要出发开展工作，注意力要更多地放在困难群众身上，努力为群众排忧解难，成为群众信得过、靠得住、离不开的知心人、贴心人。领导干部和基层党组织要加大力度，健全组织特别是基层组织，完善组织建设。群团组织和群团干部特别是领导机关干部要深入基层、深入群众，争当全心全意为人民服务宗旨的忠实践行者、党的群众路线的坚定执行者。

国学名句集锦

举大体而不论小事，务实效而不为虚名。

——北宋・苏轼《贺杨龙图启》

息战——止戈为武

"武"这个字由"止"字和"戈"字组合而成，因此说，止战方为真正的"武"。据《左传·宣公十二年》记载，首次提出该论断的是楚庄王。

《左传》上说："潘党曰：……臣闻克敌，必示子孙，以无忘武功。"楚庄王答："非尔所知也，夫文，止戈为武"。楚国大夫潘党指出楚庄王打败了敌国，就要令对方的世代子孙都知道，别忘记楚国的厉害。而楚庄王却回答说：文治是通过停止用戈作战来彰显武德的，真正的消除战争，是永远不再使用武力，这方为真正的威武。

在中国度过一生的加拿大友人伊莎白·柯鲁克女士，亲眼目睹了我国由战乱至和平的巨大改变，她表示："我会对中国产生感情，主要是因为我在那里结识了一名共产党员，他让我了解了社会，意识到我们必须革命，也让我进一步认识了中国。"伊莎白提到的共产党员即她的先生戴维·柯鲁克。在柯鲁克的感染之下，伊莎白于1942年在柯鲁克的故乡英国成为了一名共产党员。婚后，二人很快回到了中国。

国学名句集锦

天下大乱，无有安国；一国尽乱，无有安家；一家皆乱，无有安身。

——《吕氏春秋·谕大》

在抗战时期，伊莎白对成都的感情与回忆也是与众不同的。伊莎白谈道，成都常常被日军轰炸，她便和大家一起自发组成医治中国受伤战士的组织。1938 年，伊莎白到藏区进行人类学调查，发现这里的人们采用手工的方式制作毛线非常费力，她在回成都的时候专门购置了一架纺车带到藏区。伊莎白正是在那个时候结识了路易・艾黎，之后便参加了宋庆龄与艾黎一起创建的“中国工合国际委员会”。

在革命战争阶段，伊莎白接触过许多中共领导人，在晋冀鲁豫边区对土改情况进行调查研究的时候，听取了邓小平的相关报告。她回忆道：“由于那里的很多干部与老百姓都不识字，没有办法进行记录，因此邓小平为了让他们可以用心记住，每讲一句话都要重复 4 次。”

在解放战争期间，伊莎白到叶剑英所在的华北军政大学工作。当时，在轰炸机到来之前，大家便会提早躲进山沟。叶剑英会走进山沟去探望她们，还跟大家谈心。

身为一名在我国度过一生的国际友人，伊莎白说，她觉得中国最大的改变，发生在 1949 年，战乱不停的时代终于宣告结束。

2015 年系我国抗战暨世界反法西斯战争胜利七十周年，伊莎白表示，世界反法西斯战争最有意义的一点，就是让许多原来对立的国家团结起来统一作战。对此，她的儿子柯马凯也十分赞成。柯马凯说，九一八事变之后，日本霸占了中国的东北地区，1935 年意大利法西斯入侵埃塞俄比亚，1936 年西班牙独裁者佛朗哥依靠希特勒与墨索里尼发动政变，1939 年欧洲战争爆发。那个时候世界上很多国家都燃起了战火，大部分国家都惨遭入侵。原本毫无团结意识的世界，出于支援被侵略的国家反法西斯入侵而团结在一起，建立了反法西斯的统一战线。我认为各个国家可以一起反对侵略者，这才是意义最为深远之处。另外，柯马凯也期待着，全球民众如今仍然可以如七十年前一般统一起来，一起化解人类面对的困难问题。

国学名句集锦

兵之所聚，必有所资；千里运粮，万里应敌；十万兵在境，则百万家不得安业。

——唐・陈子昂《答制问事》

2015年9月3日，在纪念中国人民抗日战争暨世界反法西斯战争胜利七十周年招待会上，习近平发表了重要讲话，他说："最伟大的力量是同心合力。为了自由、正义、和平，为了人民平安、安宁、幸福，在亚洲、在欧洲、在非洲、在大洋洲、在世界各个战场上，世界反法西斯同盟国军队和人民以及各种反法西斯力量，携手跨进同一条战壕，汇聚起挽狂澜于既倒的强大力量。"

历史终究会过去，今天的一切也终将成为历史。但是，历史带给人们的启迪和教训，永远都会铭刻在人们的心中。不管承认或是不承认，历史曾经带给人们的伤害和幸运，都是真实存在的。"忘记了历史就意味着背叛。"在抗日战争期间，中国人民和世界上其他国家人民都曾为了反法西斯战争的胜利付出了巨大的代价。

"得道者多助，失道者寡助。"自古以来，热爱和平的人们都拥护团结、和谐的国家关系，真诚渴盼安定的生活。观摩《伟大胜利 历史贡献》主题展览时，习近平指出："全党全国各族人民要牢记由鲜血和生命铸就的中国人民抗日战争的伟大历史，牢记中国人民为维护民族独立和自由、捍卫祖国主权和尊严建立的伟大功勋，牢记中国人民为世界反法西斯战争胜利做出的伟大贡献，珍视和平、警示未来，坚定不移走和平发展道路，坚定不移维护世界和平，万众一心把中国特色社会主义推向前进。"

经历了漫长黑暗的斗争，人们深知和平来之不易，人们也清楚地了解，和平必须依靠全世界人民联合起来捍卫。习近平在全世界面前宣誓："中国人民将始终不渝走和平发展道路，始终不渝奉行互利共赢的开放战略，在和平共处五项原则基础上发展同一切国家的友好合作，坚定不移维护世界和平。中国的发展壮大必将是世界和平力量的发展壮大。"这代表着中华民族的心声，代表着中国人民的期盼，更是党员干部责无旁贷的历史重任。

国学名句集锦

务广德者昌，务广地者亡。

——唐・张九龄

勿争——利万物而不争

《老子》第八章中说："上善若水。水善利万物而不争，处众人之所恶，故几于道。"意思是"水"是世界上最无争的东西，利于万物却从不显示自己。

"利万物而不争"是《老子》的核心观点之一。如今，它又被时代赋予了新的含义："无为不是不为，社会需要进步，个人也要进步，该为还得为，只是不要为的是功利。不争不是无争，物竞天择，优胜劣汰，有生命的地方，这话就适用，不争的是身外之物。寡欲不是无欲，正因为人类有对光明的欲望，才有电灯。寡欲是适可而止。善为下，不是不上，上了，才知道高处不胜寒；上过，才知道下的好处。"

清末名臣张之洞早年参加科举考试，中了探花，也就是第三名。能够名列三甲，是全国上下的读书人都格外敬仰和羡慕的事。然而，对于这件事情，张之洞本人却非常难过。这是由于张之洞给自己订立的目标是考中状元。他平时总是说"平生不作第二人想"。这可能和他好强的个性有关系，通过其后来从政和做人的方式来看，这种"不甘居人后"的性格就是

国学名句集锦

以不忍人之心，行不忍人之政，治天下可运之掌上。

——《孟子·公孙丑上》

促进其建立功勋、成就大业的推动力。

作为我国近代工业的创始人，经张之洞之手筹备建立的官办新式企业数不胜数，然而他本人却过着清贫的日子。张之洞做官十分清正廉洁，从来不曾贪污受贿，由于家里人多，生活十分困难。有的时候实在坚持不下去了，便将自己的衣物典当出去维持生计。张之洞在对自己做出评价的时候说："平生有三不争：一不与俗人争利，二不与文士争名，三不与无谓人争闲气。"可以说，张之洞将什么地方该争，什么地方不争演绎得淋漓尽致。

在低处，不是恐高，不是怕摔，是高处的风景已无诱惑，是"一览众山小"后选择返璞归真、平淡祥和。商品社会，真往低处走，难。山珍海味、香车美女，处处都是诱惑；股票房子、工资职称，天天都是欲望。耐得住寂寞，需要功力，真一辈子守住一隅清净，离大师就不远了。

人往低处走，比往高处走还难，就像水往高处流比往低处流难一样。"上善若水，水利万物而不争。"习近平引用老子的名句比喻亚太经济合作组织的每一位成员"以太平洋之水结缘"。他表示："我们有责任使太平洋成为太平之洋、友谊之洋、合作之洋，见证亚太地区和平发展、繁荣进步。"

一个人活在世上，"有为"是贯穿整个人生的主要导向。做任何事情都应当依照需要与可能，绝对不可以任意妄为。"有为"不单单是指做事情，还指做成事、做好事，是需要筹划、准备与协调的。不是非常必要的事，就不要去做。此时的"无为"要比不尊重客观规律、毫无责任感的"有为"更好。我们的工作与生活应当将"有为"当作主导，还要将"有为"与"无为"相结合，将"有所为"和"有所不为"放在同等重要的位置上。

国学名句集锦

决千金之货者，不争铢两之价。

——《淮南子·说林训》

领导干部的工作与生活也存在着如何看待“有为”与“无为”的问题。关于“有为”和“无为”的普遍原理在领导干部身上同样适用，然而又存在着诸多与众不同之处。“有为”还是“无为”应当与自身的政治责任及工作使命联系在一起。年老退出工作岗位之后，发挥余热做一些事情让人钦佩，将时间与精力投入弹琴、写字、读书、画画亦为雅好，不应当强求老有所为。仍然承担工作职责的人就不一样了，身兼重任却沉溺于闲散生活，游山玩水，荒淫无度，辜负党与人民的信任；在社会矛盾层出不穷，工作面临重大考验的时候还崇尚“无为”“不为”，一定会耽误工作，甚至会由于不认真、不负责地对待本职工作而造成严重的错误。

就一个积极向上、向善的党员干部而言，“无为”是“有为”这一主旋律当中的休止符，事业要一分一秒地做，项目要逐项开展，张弛有度方可真正达到“有为”；“无为”是进行合理取舍之后的放弃，外表好看的政绩工程不为，滥用人力物力的愚蠢之事不为，不追求不现实的高标准、高效率；“无为”是党员干部必要的超脱，并非为了享清闲，而是为了让下属的工作能力得以全面体现，激发各方面的主观能动性，优化资源配置。

“无为”并非放手，党员干部将工作分派下去，相信下属，极少干涉他们的工作过程，可是省下来的精力干什么？第一，必要的监督控制不可少，避免发生重大问题。第二，进行点调研工作，也是有用的。总之，“无为”绝对不是懒惰的借口。

国学名句集锦

崇推让之风，以销分争之讼。

——《汉书·楚元王传》

轻赋——薄赋敛，广蓄积

西汉政治家晁错在《论贵粟疏》中说，明主之所以为明主，是因为知道要：“务民于农桑，薄赋敛，广畜积，以实仓廪，备水旱，故民可得而有也。”让百姓务农，削减其税收，多储存粮食，从而让库房充盈，预防旱涝灾害，便可以赢得百姓的爱戴。

晁错认为，百姓贫困就是因为不从事农业生产，不从事农业生产便无法在一个地方安定下来，无法安定下来便要背井离乡，到处流散。如此一来，就算国家拥有坚固的城墙，很深的护城河，严厉的法律与刑罚，仍然无法留住他们。忍受寒冷的人对于衣物，不需要轻暖；忍受饥饿的人对于饮食，不需要美味；自己挨饿受冻，便顾不得廉洁与羞耻了。人们一般的情况为：每日不食两餐便会忍受饥饿，一年不添置衣物便要挨冻。那么，感到饥饿却没有食物，感到寒冷却没有衣服，就算慈祥的母亲亦无法挽留她的孩子，君主又如何留住他的人民呢？

春秋时期著名的思想家、政治家管仲在齐国为相期间，力主减税，减

国学名句集锦

善为国者，藏之于民。

——《三国志·魏书·赵俨传》

少人民负担。在国家的赋税问题方面，管子重点提出“薄赋税，轻刑罚”，将其看作“国之大礼”（《管子·国蓄》）。管仲立足于人之本性，提出：“民予则喜，夺则怒，民情皆然。先王知其然，故见予之形，不见夺之理，故民爱可洽于上也。租籍者，所以强求也；租税者，所虑而请也。王霸之君，去其强求，废其所虑而请，故天下乐从也。”关于怎样减税，管仲说：首先是推行单一税率。“征于关者勿征于市，征于市者勿征于关，虚车勿索，徒负勿入，以来远人”。也就是避免重复纳税。其次是减少税收的种类。“利出一孔者，其国无敌；出二孔者，其兵不诎；出三孔者，不可以举兵；出四孔者，其国必亡”。再次是根据土地的好坏征收差额税，也就是“相地衰征”，这体现了中国早期税收的公平原则。

管仲还力主救助百姓，稳定社会秩序，并提出了一整套救济百姓的举措：“入国四旬，五行九惠之教，一曰老老、二曰慈幼、三曰恤孤、四曰养疾、五曰合独、六曰问病、七曰通穷、八曰振困、九曰接绝。”也就是提出国家应当对老、幼、孤、疾等九种人进行无条件的救助，它涉及的领域基本上包含了目前社会保障的大多数内容，展示了中国早期社会保障制度的完整性。拿“老老”来说，“所谓老老者，凡国都皆有掌老，年七十已上，一子无征，三月有馈肉。八十已上，二子无征，月有馈肉。九十已上。尽家无征，日有酒肉。死，上共棺椁。劝子弟：精膳食，问所欲，求所嗜，此之谓老老。”

齐国在管仲为相的40多年里，经济、军事等方面都得到了极大的发展，成为春秋一霸。史书中记载：“齐桓公以霸，九合诸侯，一匡天下，管仲之谋也。”

税赋是一个国家发展的基石，适当地调整、减免税收也彰显了执政者对百姓的体恤。毛泽东极为憎恶官僚主义与命令主义的作风，在中央苏区

国学名句集锦

不节，则虽盈必竭；能节，则虽虚必盈。

——唐·陆贽《均节赋税恤百姓第二条》

期间，汀州市领导脱离实际、脱离人民，对人民的声音充耳不闻，对人民的实际困难不理不睬，“对于群众生活问题一点不理”。仅通过行政命令，以强制摊派的方式工作，无法让人民满意。最终，革命战争与人民生活全都没有搞好。所以，毛泽东提出“要学习长冈乡、才溪乡，反对汀州市那样的官僚主义的领导者”。他赞扬长冈乡和才溪乡“创造了第一等的工作”，系“模范工作者”。1953 年，毛泽东知道大概 10% 的农民遇到了春荒夏荒，于是决定对受灾农民进行了减免税。

改革开放以来，为更好地推动区域经济发展，个别区域和部门对部分行业、企业或投资者等，在税收方面予以财政支持和税收优惠政策，减轻企业负担，藏富于民。这在某种程度上，促进了市场经济体制的完善、投资总额增高、产业发展加快等显著成果。但是，仍然需要各级相关部门注意的是，税收是国之大业，即便是利于市场经济发展，税收优惠政策的制定和执行也必须慎之又慎，在有需要调整的情况下，一定要遵循国家要求，避免影响国家宏观调控政策效果，甚至引发国际问题。

税收优惠工作在开展的过程中，一定要从思想意识出发，不得凌驾于国务院的管理与监督之上，为保障政策强有力的执行，加快经济建设，深化市场改革，构建竞争、有序、和谐、开放的市场体系，以健康发展为目标，以邓小平理论、“三个代表”重要思想、科学发展观为指导，及时有效地清理、规范税收等优惠政策，尽可能地避免地方保护和不正当竞争，深化财税体制改革，发挥市场在资源配置和优化中的关键性作用，建立、健全并维护正常的收入分配秩序，推动经济体系转型升级。

税收优惠需要各部门联合起来共同完成，因为在很多方面存在交叉作业、共同约束的情况，所以应该从实际情况出发，自上而下，以工作实践为基础，统一制定税收的优惠政策及范围，对个人申请税费减免的情况，

国学名句集锦

用于国有节，取于民有制。

——北宋·苏轼《叶嘉传》

要注重信息的搜集和可靠性，全面规范、多部门联动、稳步推进、加强监督，努力提高收支账目透明度，这样才能够保证有关部门在合理、合法、合情的前提下，做好税收优惠工作，提高公信力。

税收是财政管理的重要组成部分，想要更好地完成税收工作，解决税收优惠方面出现的问题，就必须全面清理目前正在实施的不合理的税收优惠政策，建立完整的评估与规范体系，使各类信息进一步公开，群众举报与相关机构清查到位，长期施行定期检验和问责制度，强化对领导干部的责任追究机制，加强舆论的正面导向性作用，以保证将规范税收等优惠政策工作切实做好。

国学名句集锦

保国之大计在结民心，结民心在薄赋税，薄赋税在节财用。

——北宋·杨万里《转对札子》

倡义——义，人之正路也

孟子说：“仁，人之安宅也；义，人之正路也。”意思是，仁，是人最安稳的住宅；义，是人最中正的道路。

金孝靠卖油维持生计，家里只有一个老母亲。有一次，金孝拾到了一包银子，大概有三十两。他兴高采烈地回到家中告知母亲。可是母亲却用“裴度还带”的典故教导金孝，让他将银子归还失主。

因此，金孝又返回捡到银子的地方，正好碰到一名异乡人在找东西。金孝跟他说自己拾到了银子，还领着他到家里去取银子。没想到丢银子的人却称银子原本是五十两，污蔑金孝私吞了他的银子。两人僵持不下，只好诉至衙门。当时的县令是一个清官，问清事情的来龙去脉之后，说道：“如果说金孝私吞银子，为何不全部私吞，而是只私吞一半，还要去找丢银子的人？如果金孝不说，谁也不会知道他捡到了银子。所以金孝不可能私吞银子。”然后，县令做出判决：“异乡人丢的是五十两银子，金孝捡到的是三十两银子，可见并非这位异乡人的银子，银子判归金孝，用来供养母亲；异乡人的五十两银子，自己去找。”金孝得到了银子，高高兴兴地

国学名句集锦

君行仁政，斯民亲其上、死其长矣。

——《孟子·梁惠王下》

和母亲一起回家去了。乡亲们都拍手称快。

丢银子的人由于贪婪而自食其果，为什么要为了眼下的一点利益，而丢失了“义”呢？

伴随党中央反腐工作力度的加大，一些存在问题的人陆续落马。2015年1月23日，中国共产党中央纪律检查委员会一天就通报了七位领导干部落马，这也是十八大后领导干部落马数量最多的一天，为什么会有如此之多的领导干部存在问题呢？这就是忽视了“忠、廉、义”的结果。

2015年，内蒙古巴彦淖尔市临河区的原区长薛维林受贿一案在包头市中级人民法院一审公开宣判。薛维林犯受贿罪，依法判处有期徒刑11年。

经人民法院审理查明，2007年夏到2011年，薛维林利用职权为他人牟利，非法受贿约293万元，其中财物257万元，房产价值约36万元。

在获悉薛维林获刑之后，很多曾经和薛维林接触过的人都颇有感触，如果存在一点法纪观念，如果没有政绩观念的偏差，一位年轻有为的干部如何会踏上腐败犯罪之路？

2009年6月的一天，巴彦淖尔市一位开发商李某找到薛维林，在闲聊了一会儿之后，便提出想让薛维林在四季花城项目上给予照顾，且表示送其四季花城住宅一套。薛维林很干脆地答应了李某的要求，还嘱咐他将房产登记在其母的名下。

不久，李某把办理妥当的售价约36万元预售房手续和付款收据交与公司副总金某，由金某交与薛维林。2010年8月，薛维林的亲属张某拿该购房手续签署了商品房买卖协议。因为项目规划发生变化，上述住房面积减少，售价变成约28.8万元。所以，开发商给购房者返还差价约7.3万元，该笔款项进入张某户头。

国学名句集锦

夫民有余即让，不足则争，让则礼义生，争则暴乱起。

——《淮南子·齐俗训》

2010 年 7 月，李某的公司和临河区政府签署多个项目合同。为了加速项目进度，2010 年 9 月，李某派金某送给薛维林人民币 20 万元，请其予以协调。

2011 年底，李某又为薛维林奉上人民币 20 万元，请其对上述项目予以照顾。

面对李某、金某奉上的财物，薛维林均毫不客气地“笑纳”。可是没过多长时间，薛维林便将上述钱财和住宅一同“吐”了出来。

2011 年 6 月，薛维林获悉李某被自治区纪律检查委员会调查之后，觉得事情不妙，害怕自己也被牵扯进去，每天心慌意乱、坐立不宁。经过深思熟虑以后，薛维林最终决定通过退赃这一手段来逃避法律的制裁。

薛维林和金某等人与金玉成等人暗中勾结，把 29 万元房款给了金某，并让金某写了收条，而且将收取款项的日期改成了 2010 年末。同时把李某给他的 20 万元给了区政府办公室的刘副主任，让刘将这笔钱存进了临河区廉政账户。

2011 年 7 月，在获悉金某也被内蒙古自治区纪律检查委员会调查之后，薛维林再次使用同样的手段，把金某给他的 20 万元交到了区政府办公室领导的手上，让他返还给金某。可是，出乎薛维林意料的是，2011 年 8 月，该领导把这笔钱交到了内蒙古自治区纪律检查委员会。

到了这个时候，薛维林意识到他的罪行再也掩饰不住了，与其被牵连进去，还不如主动前去自首还可以得到从轻处理。于是，薛维林主动向内蒙古自治区纪律检查委员会坦白了收受李某送的 40 万元人民币及一套住宅的问题。案发之后，在办案人员问及薛维林为何要这么做的时候，他非常爽快地回答说：“我就是为了掩盖犯罪事实。”

“祸莫大于不知足，咎莫大于欲得。”习近平在《领导干部要认认真真

国学名句集锦

兵虽诡道，而本于正者，终亦必胜。

——北宋·苏洵《权书》

学习 老老实实做人 干干净净干事》等文中引用了这句话，意在提醒领导干部要注意防备“贪欲”带来的祸害。在任何情况下，党员干部都应当控制住自己，保持自己的纯洁，廉洁自律，不要做出“一失足成千古恨”的不明智之举，更不可以做出触犯党纪国法的事情。然而，要想做到这一点，一定要时刻反躬自省，自我尊重、自我反省、自我警戒、自我激励，不断提高自己辨明是非的能力，面对诱惑控制自己的能力，面对警戒及时清醒的能力。

习近平一再指出，为官发财，应该两道，领导干部“千万不要既想当官又想发财”，绝不能私欲膨胀、以权谋私，最终“不仅毁了自己、害了家人，而且给党的事业带来很大损害”。

国学名句集锦

有道伐无道，无德让有德。

——《三国演义》

平等——己所不欲，勿施于人

《论语》："己所不欲，勿施于人。"就是说，自己不喜欢的事物，不要加给别人。

人格的平等极为深刻地体现在孔子以"忠恕"为核心规范的仁学思想当中，"己所不欲，勿施于人"，"忠恕违道不远，施诸己而不愿，亦勿施于人。""己欲立而立人，己欲达而达人"。通过上述语句能够发现，"忠恕"的要求一定要在将别人看作和自身人格平等的基础上方可成立，方可做到。从某种角度来看，甚至能够认为此类忠恕一贯、人格平等的思想在儒家学派中即为一切社会政治主张的核心。

元朝戏曲家关汉卿的作品《窦娥冤》里面，叙述了这样一个故事：一位穷书生窦天章为还高利贷将女儿窦娥抵给蔡婆婆做童养媳。不出两年，窦娥的夫君早死。张驴儿要蔡婆婆将窦娥许配给他不成，便将毒药下在汤中要毒死蔡婆婆，结果误将其父毒死。张驴儿反而诬告是窦娥毒死其父，昏官桃杌最后制造冤案将窦娥处斩，窦娥临死前发下"血染白绫、天降大雪、大旱三年"的誓愿。窦天章最后科场中第，荣任高官，回到楚州听闻

国学名句集锦

不患寡而患不均，不患贫而患不安。

——《论语·季氏》

此事，最后为窦娥洗刷了冤屈。

数百年来，《窦娥冤》这个故事在我国民间流传甚广，可以说家喻户晓。事实上，此类文学作品里面的故事绝对不是凭空杜撰出来的，而是我国封建社会官员与人民之间真实矛盾的描述，深刻地反映了我国封建社会“民不与官斗”的悲凉和无可奈何。

我国封建社会，因为当官的人控制着国家机器，而且凭借皇权把握着国家的经济命脉与社会财富，加之缺乏一系列完善的监督机制，令其权力不受制约。这就导致了在大部分情况之下，因为政治的腐朽、官员的贪得无厌和残忍凶暴，致使数千年以来官员与人民之间关系有许多处于对立的状况。虽然在儒学经典《孟子》里面曾经多次着重指出“民为重，社稷次之，君为轻”，可是事实上，作为民之父母，官员们通常将人民看作草芥一般，毫无顾忌地盘剥欺凌。窦娥这样的冤案恐怕绝非个例。

中国共产党第十八次全国代表大会之后，以习近平为总书记的党中央积极治理政治环境，打造廉洁从政的良好氛围。“遵守党的纪律是无条件的”“纪律面前一律平等，党内不允许有不受纪律约束的特殊党员”“不以问题小而姑息，不留‘暗门’、不开‘天窗’，坚决防止‘破窗效应’”。习近平将“全面从严治党”当作根本点，围绕党员干部“如何讲规矩、守纪律”的主题，数次在各类场合作出重要指示，着重指出党员干部要“心中高悬法律的明镜，手中紧握法律的戒尺，知晓为官做事的尺度”。

不搞特殊化，一碗水端平，尤其是在党纪国法面前人人平等，人们欢迎这样的“一刀切”。但是，不做调查研究、不分青红皂白、不顾个体差异的“一刀切”，是典型的懒政思维和官僚主义，人民群众深恶痛绝。对此，各级管理部门都应认真对待，切不可一刀“切”下去，切掉了群众的理解和支持，也切掉了自己的权威性和公信力。

国学名句集锦

天下不患无财，患无人以分之。

——《管子·牧民》

所有党员在党纪面前没有区别，即一切党员，不管入党时间长短、职位高低、政绩多少，均须无条件遵守党纪；任何人触犯了党纪，均要受到处罚，根据相同的规定予以追责；共产党当中没有不受党纪制约及超越于党组织之上的特殊人物。坚决做到党员在党纪面前没有区别，是党纪严肃而公正的一项重要标记，也是马克思主义原则之一。

“无知者无畏，愚庸者乱为。”个别“特殊党员”与“特殊干部”之所以有胆量超越纪律制约以外，显示出其对党纪国法的无知。所以，应当强化领导干部关于党纪国法的学习，提高其纪律意识与法律意识，令其主动遵守党纪国法，坚守纪律与法律的底线，在整个党员队伍当中营造“以遵纪守法为荣、以违法乱纪为耻”的良好环境。

“赏以加善，刑以禁非。”对歪风邪气放任自流，便会助长歪风邪气；对个别不遵纪守法的人不予追究，便会使更多的人藐视法纪。之所以存在“特殊党员”与“特殊干部”，说明个别地区执行纪律过软、过宽。要让党纪严肃而公正，要实现信赏必罚，对违反党纪者，应当教育的必须教育，应当惩治的必须惩治，让更多的人警醒。

国学名句集锦

杀人者死，伤人者刑，是百王之所同也。

——《荀子·正论》

养廉——公生明，廉生威

《官箴》云："吏不畏吾严而畏吾廉，民不服吾能而服吾公。廉则吏不敢慢，公则民不敢欺。公生明，廉生威。"意思是，官吏不是害怕我的严厉而是害怕我的廉洁，百姓不是对我的才能心服而是对我的公正心服；为人廉洁，官吏就不敢有所怠慢；处事公正，百姓就不敢有所欺骗。处事公正就能明辨是非，为人廉洁就能树立威信。

《茶经》与《晋书》均记录了一则故事。东晋的时候，陆纳在吴兴担任太守一职，将军谢安要到陆纳家中探望。陆纳之侄陆俶看到叔父毫无接待客人的准备，于是擅自做主准备了一大桌酒席。谢安来到陆府之后，陆纳只用一些水果及茶水招待客人。陆俶害怕对这位尊贵的客人招待不周，马上让仆人将早就已经准备好的酒席端了上来。陆俶本来觉得叔父会称赞他处事周到。没想到谢安离开之后，陆纳非常生气，对陆俶说："你不给我增光添彩也就算了，为什么还如此讲究排场，损害我一直以来清廉绝俗的操守！"说完之后便下令将陆俶打了四十大板。《晋书》里面记录的陆纳

国学名句集锦

衣食足而知荣辱，廉让生而争讼息。

——《汉书·食货志》

是一位非常勤俭节约的官员，所以，他不赞成陆俶大办酒席而以清茶招待客人，并不是小气，也不是孤芳自赏、怠慢失礼，而是要倡导勤俭节约。这对于奢靡之风盛行的东晋王朝是十分难能可贵的。

尚德养廉为领导干部安身立命的根本。领导干部要想把自己的工作做好，既不能凭借自身的权力发号施令，也不能凭借浮夸的言论，而是要凭借崇高的品质来引导人民，让人民心悦诚服。领导干部是我国社会主义建设事业的主要力量，是党政方针的实施者，是带领老百姓开创美好生活的领头羊。“政者，正也。子率以正，孰敢不正?”领导干部的道德修养拥有维系、指引、榜样及制约的作用。领导干部道德品质的好坏，对整个国家良好道德习惯的建立、廉洁之风的培育非常重要。“官德正，则民风淳；官德毁，则民风降。”领导干部唯有拥有优秀的执政道德，坚持做到政治上清清楚楚，思想上光明磊落，工作上任劳任怨，作风上老老实实，经济上没有污点，生活上艰苦朴素，方可真正起到模范带头作用，方可获得人民的真心拥戴，方可切实做到有效领导。

朱镕基担任上海市长之后，牵头制定了改善政风的八项规定；将市政府 506 位局级干部当作重点，下大力度抓政府机关的廉政建设；提出了一级带一级的要求，建立上海的廉政新风尚。朱镕基担任市委书记之后，在上海文化艺术节的一次开幕仪式当中，带领 120 位局级以上的领导干部，满怀激情地合唱了《干部廉政歌》。

1989 年，在一次听取上海市纪律检查委员会汇报工作的时候，朱镕基指出：要振兴上海，把上海工作做得更好，还是要抓廉政、抓党风，要把它当作生命线来抓。他还用“两袖清风，一身正气，刚直不阿”这十二个字来激励从事纪检、监察的领导干部。在一次上海市区县大会当中，朱镕基向参加会议的党员干部赠送并阐释了一段古训：“吏不畏吾严，而畏吾廉；民不服吾能，而服吾公；公生明，廉生威。”针对党组织当中出现

国学名句集锦

为主贪，必丧其国；为臣贪，必亡其身。

——《贞观政要·贪鄙》

的利用职权牟取私利、当官做老爷的工作作风、无组织无纪律的散漫作风，朱镕基严正有力地说："要贯彻整风精神，开展批评与自我批评来加强领导班子建设，加强自我监督。"

朱镕基有胆量在上海大搞廉政建设，与他自身清白，严格地约束自己，不存在任何让别人抓住"小辫子"的事情不无关系。朱镕基到上海之后便要求自己"不受礼、不剪彩、不题词"，将"清正廉明"当成座右铭。朱镕基到基层调查研究，每顿饭都只有一个菜、一个汤，始终如此。

另外，朱镕基对自己的亲属也一样予以严格要求。当时，朱镕基的外孙女上幼儿园一直都是他的妻子骑自行车接送。有一天清晨，忽然下起了大雨，朱镕基的妻子还是准备骑自行车送外孙女去幼儿园。警卫看到这种情况，考虑到安全因素，使用单位的汽车把孩子送到了幼儿园。后来，这件事被朱镕基知道了，他马上让警卫给市委行政处缴清了燃油费用。朱镕基经常对他的下属说："我们是人民的公仆，是金鱼缸里游的鱼，对外要透明。莫伸手，伸手必被抓，群众的眼睛是雪亮的。"

廉洁是对领导干部最根本的要求之一，是官德的主要内容。其身不修，何以齐家？家不能齐，何以治国？领导干部必须清楚道德底线，坚守道德底线，提高自己的免疫力，把好权力关、名誉关、人格关、利益关、美色关，把自己所有言行放在党的纪律和国家的法律法规制约之下。应当经常修养从政的道德，经常思考贪婪欲望的危害，经常心怀约束自己的意识，在错综复杂的形势当中保持大脑的清醒，不受诱惑，不怕受穷，积极争做清正廉洁的表率。

我们党坚持"德才兼备，以德为先"的人员选拔原则，将领导干部的"德"置于更加显著的地位，着重指出"以品德、能力、业绩为导向"的人才观。领导干部唯有道德品质过硬，方可获得老百姓发自内心的信任、佩服和支持，方可团结与带领广大的人民群众为同一目标而努力。

国学名句集锦

吏肃惟遵法，官清不爱钱。

——《喻世明言》

第二章 德 治

“以德治国”要求党员干部以为人民服务为核心，以集体主义为原则，认真、踏实、努力工作，有“德”、修“德”、传播“德”、坚守“德”。党员干部的道德行为要成为群众的楷模和标杆，以“德”影响广大群众，带动社会风气。

◎**明德**——德惟善政，政在养民

◎**立德**——圣德立于上代，惠泽被于无穷

◎**身正**——政者，正也

◎**教化**——教者，政之本也

◎**惩恶**——恶不积不足以灭身

◎**扬善**——勿以善小而不为

◎**奉公**——至公者平恕无私

◎**自律**——欲影正者端其表

明德——德惟善政，政在养民

《尚书·大禹谟》中有："禹曰：德惟善政，政在养民。"意思是说："大禹说：'德政才是最好的政治，好的政治在于使百姓生活富足。'"

关于"德惟善政，政在养民"这句话，宋朝政治家、爱国诗人范仲淹在《陈十事》中写道："此言圣人之德惟在善政，善政之要，惟在养民。养民之政，民先务农。农政既修则衣食足，衣食足则爱体肤，爱体肤则畏刑罚，畏刑罚则寇盗自息，祸乱不兴。是圣人之德，发于善政；天下之化，起于农亩。"

其实一句话来说，所谓"善政"，就是给百姓好处，执行能造福于百姓的政策。

儒家一直倡导的仁政根源就是大禹说的"善政"思想。在儒家的著作里，尧、舜、禹以及商朝开国国君汤和周朝的文王、武王都被尊为圣贤。对此，孟子曾有言："昔者禹抑洪水而天下平，周公兼夷狄、驱猛兽而百姓宁，孔子成《春秋》而乱臣贼子惧。"

国学名句集锦

为政以德，譬如北辰，居其所而众星共之。

——《论语·为政》

孟子还在《孟子·滕文公下》中说："我亦欲正人心、息邪说、距诐行、放淫辞，以承三圣者。"

很显然，孟子说的三圣就是大禹、周公和孔子。

宋代著名儒学大师朱熹曾在《中庸章句序》说过："夫尧、舜、禹，天下之大圣也。"由此可见，历代儒家都推崇大禹为圣贤，因为大禹治理国家，根据的是德治，是法治，不是他的权势。大禹治国时，如何团结众多的部落，让这些部落能够臣服于他，是一件很不容易的事。而大禹的办法，据记载是"敬业修德，以身垂范，使其感怀"，因为他的德行，所有的老百姓都愿意遵从，从而就做到政令有效而统一。

历史上对大禹的评价也很高，《史记》中说他"其德不违"。就连《史记·太史公自序》也说过："维禹之功，九州攸同，光唐虞际，德流苗裔。"

《淮南子》记载大禹的德政是："禹知天下之叛也，乃坏城平池，散财物，焚兵甲，施之以德，海外宾服，四夷纳职，合诸侯于涂山，执玉帛者万国。"可见，大禹之所以能使万国臣服，靠的正是德政。

治国不仅要赏罚分明，而且需要"德治"与"法治"相辅相成，后来依据传说，有人编撰、整理出《禹刑》。不少书中对《禹刑》也有记载，《汉书·刑法志》中说："夏有乱政，而作禹刑"。

《吴越春秋》中还记载了大禹的一件事："造井示民，以为法度。""井"古可通"刑"，指的是律法，大禹将法律向群众公布，就是为了让百姓遵守法律。

真正让人佩服的是，大禹提出了一个主张——"刑，期于无刑"。意思是，要维护一个国家的长久统治，刑罚和法律只能说是一种辅助统治者的手段，只有施行德政，感化民众，才能减少犯罪，统治者才能得到百姓

国学名句集锦

赏无功之人，罚不辜之民，非所谓明也。

——《韩非子·说疑》

的真心拥护。

由此推论，大禹在治国主张中，“法治”和“德治”是相辅相成的，他用刑罚的目的不是为了惩罚，而是为了将来有一天不再用刑。因此，《荀子》评论大禹说：“禹之法犹存，而夏不世王……道存则国存，道亡则国亡。”大禹的德行与仁政，在中国历史上影响深远，一直到现在。

2006年11月中旬，“中国文学艺术界联合会第八次全国代表大会”和“中国作家协会第七次全国代表大会”同时在人民大会堂召开，时任国务院总理的温家宝来到会场。温家宝在与代表们谈话时，就引用了《尚书·大禹谟》里的话——“德惟善政，政在养民”，以此来告诉与会的代表：讲“善”，意思就是为了中国未来的光明追求真理的过程中，要与人为善，要懂得理解人、尊重人、爱护人、关心人。之后，温家宝还明确指出：当前的文学和艺术更需要积极反映那些“善”的行为和事物，这有利于和谐社会的构建。

中华民族历来崇尚“德”，在社会发展、民族进步、依法治国等方面，道德发挥过重要作用。“德”也是我们党对于党员干部尤其是领导干部的重要要求之一，毛泽东曾经明确指出，党员应该做“一个高尚的人，一个纯粹的人，一个有道德的人，一个脱离了低级趣味的人，一个有益于人民的人”，爱岗敬业，廉洁奉公，自律自强，甘于奉献，以爱祖国、爱人民、爱社会主义的道德新风尚引领社会风气。

我们所提到的“德”，以个人品德、职业道德、家庭美德、社会公德为出发点，旨在建立与社会主义市场经济体制相匹配、与社会主义法律体系相呼应的思想体系，并推而广之，使之成为群众普遍认同并且自觉遵守的行为规范。

正如古人所说：“未有身正而影曲，上治而下乱者。”在这个推行

国学名句集锦

可怀以德，难屈以力。

——《三国志·魏书·三少帝纪》

“德”的过程中，党员干部的地位和作用，直接决定着“德”的建设以及以德治国的进程和导向。

“官风”决定着民风，毛泽东在新中国成立之初曾经明确指出，治国就是治吏，“礼义廉耻，国之四维，四维不张，国将不国”。

如果党员干部不能以身作则，以道德的要求来规范和约束自己的行为，不以腐败为耻，不以进步为荣，对自己所倡导的道德做不到身体力行、言行一致，就会出现群众常说的“上梁不正下梁歪”，不能成为群众的楷模和标杆，威望尽失，民风败坏，最终给国家、社会、群众和自己带来灾难。

国学名句集锦

圣代无隐者，英灵尽来归。

——唐・王维《送綦毋潜落第还乡》

立德——圣德立于上代，惠泽被于无穷

唐朝孔颖达在《春秋左传正义》中写道："立德，谓创制垂法，博施济众，圣德立于上代，惠泽被于无穷。"意思是，执政者要为国家创建做人的标准或者律法，实施这些标准的目的是为了老百姓。所以在实施的过程中，也要和老百姓融合在一起，才能团结一心。像圣人一样的德行，圣人所建立的"德"和"法"，给老百姓带来的好处，是非常大的恩惠。

《运命论》中说："若夫立德，必须贵乎，则幽、厉之为天子，不如仲尼之为陪臣也。"大概意思是说，如果"立德"也需要身份高贵的话，那么周幽王、周厉王贵为天子，为什么还不如孔子这样的陪臣呢？所以说"立德"是不分贵贱的。

清末重臣曾国藩，尽管身居高位，但他一直严格要求自己，尽量克制自己的私欲，人性中的恶在他身上几乎没有展现过。曾国藩小时候并不是心胸宽容豁达的人，而是有仇必报的个性；也不是老练沉稳的人，有一点

国学名句集锦

以力服人者，非心服也，力不赡也；以德服人者，中心悦而诚服也。

——《孟子·公孙丑上》

成就便沾沾自喜；而且心浮气躁，喜欢争强好胜。曾国藩这些不足，后来都被他以坚韧和毅力逐渐克服。曾国藩妻子欧阳氏体质弱，经常患病。所以，曾国藩内心是十分羡慕那些妻妾成群的同僚们的。有一次，在宴会上见到同僚的美妾，曾国藩有些心猿意马，偷看了好几眼，回家后他听见妻子在病床上呻吟不已，于是他的心绪更加烦躁不已。直到夜深人静时，曾国藩反省自己，不禁悔过，严厉责骂自己。

曾国藩平时还有抽水烟的习惯，而且烟瘾极大，后来他意识到吸烟对身体的危害，便开始戒烟。但戒烟非常痛苦，他身体万般难受，而且戒烟中期烟瘾经常有反复，他最终咬牙下定决心，三次痛苦戒烟，获得成功，他后半辈子，再也没抽过水烟。

曾国藩一直有成就一番伟业的志向，在此激励下，他一直在清心与欲望的相互搏斗中挣扎不已。曾国藩有“三戒”，一戒烟、二戒妄语、三戒房闼不敬；他还有“三字箴”，是“清字箴曰：名利两淡，寡欲清心，一介不苟，鬼伏神钦。慎字箴曰：战战兢兢，死而后已，行有不得，反求诸己。勤字箴曰：手眼俱到，心力交瘁，困知勉行，夜以继日”。

曾国藩的座右铭是：“不为圣贤，便为禽兽；莫问收获，但问耕耘。”他曾说过：“我欲仁，斯仁至矣。我欲为孔孟，则日夜孜孜，唯孔孟是学，人谁得而御我哉！”他还将自己的住所命名为“求阙斋”，意思是求缺于别的事，求全于朝堂之上。他有十二条规定，每天必须做到：主敬、静坐、早起、读史、读书不贰、谨言、养气、保身、日知其所亡、月无亡其所能、作字、夜不出门。

就算是那些戎马倥偬的日子，他始终坚持每天都写日记，而且非常细致。之所以记下白天发生的事，就是为了不断反省、改过、求知和前进。曾国藩的核心精神可用“诚”字来概括。他诚心、诚敬、诚挚，他肯脚踏

国学名句集锦

攻取者先兵权，建本者尚德化。

——《三国志·魏书·贾诩传》

实地，从不投机取巧，为人正直，不屑于做苟且之事。从来没有人要求他或者苛责他，但出于自身的修身和自觉，曾国藩为自己制定了许多的规矩并且一定遵循，他将这些人生习惯时刻记在心中，一坚持就是一辈子。

党员干部的“立德”标准，不是口头的，更不是空洞的，而应该是思想和行动高度统一的。

但是，怎样实现立德呢？习近平特别强调，用权讲的是“官德”，重点是要以执政为民为宗旨，不断加强学习能力，以廉洁奉公为党员干部的表率，一直自强不息的精神，社会交往要讲究原则，还要健全法制来作为保障。领导干部的道德修养不可以停留在口头上，而要付诸实践。通俗地讲，就是通过“立功”实现“立德”。

党员干部在“立功”的过程中，应当做到自身德才兼修，为公清正廉洁，言行防微杜渐，社会交往有原则，遵纪守法，才能真正掌好权和用好权，这不仅是为了个人人品，更是为了实现“中国梦”而奋发图强，因此要有所作为，从而建功立业。

国学名句集锦

德而不威，其国外削；威而不德，其民内溃。

——《东周列国志》

身正——政者，正也

“政者，正也。子帅以正，孰敢不正?”出自《论语·颜渊》，这句话的来源，是学生季康子有一天向孔子问政。孔子就回答说：“所谓政，意思是要‘端正’。统治者为人端正，底下的臣民敢不端正吗?”意思就是说，无论是做人还是做官，最重要的是“正”。

在中国悠久的历史上，“修身立德”“为官廉洁”这两个条件是许多著名思想家一直倡导的主张，同时也是许多士大夫终身遵守的准则。追溯到先秦时期，中国的先贤就有清廉从政的劝诫。管子认为“礼义廉耻”是国之四维，因此有了“四维不张，国乃灭亡”的说法。孔子说“政者，正也”，把“欲而不贪”作为从政的首要条件。对政治，孔子言简意赅地用一个“正”字来概括。他主张身正民行，上行下效，认为领导的行为对人民群众产生的影响是潜移默化的。

在孔子的政治思想中，对当官的要求十分苛刻，他认为“正人先正己”，只有当官的人能够行为端正，手下的人才会纷纷效仿，社会才能归

国学名句集锦

其身正，不令而行；其身不正，虽令不从。

——《论语·子路》

于正道。

这里有一个典型的例子。西汉名将李广善骑射，有“飞将军”之称。公元前 121 年的夏天，汉武帝刘彻组织了对匈奴的第二次大规模战役，史称“第二次河西之战”。

由李广率领的四千精锐士兵先行出发，却被四万匈奴凶悍的骑兵团团包围。此时汉军面对的敌阵十倍于己，士兵们都开始胆寒。此时该如何稳住军心，如何激发士兵的斗志从而战胜敌人呢？

李广沉着地想着，现在只有趁匈奴阵势不稳，立刻派人冲击，就能打匈奴一个措手不及。然而，这件事需要有很大的勇气和过人的武艺，同时还要有不怕牺牲的精神。该派谁去呢？几乎没有犹豫，他就决定让自己的儿子李敢去率一股突击队冲锋。

此时此刻，李广没有忘记这次出征前他的夫人曾多次嘱咐，要他照顾好儿子。但是，大敌当前的情况下，大丈夫当以马革裹尸还，怎能因为吝惜儿子就耽误了大事呢？

李敢也不辜负父命，率领突击兵果断地直插敌阵，快速杀入重围，最终平安归队。李敢一归队，就大声说道：“匈奴的骑兵真是不堪一击，好对付得很。”而此时的士兵们早已经因为李广的行为而感动，再看到李敢英勇的冲锋杀敌且顺利归队，更是士气大振。

李广见机，命令士兵摆成圆阵，拉弓引箭，严阵以待，很快摆出决一死战的坚毅姿态。而他自己也拉开了著名的大黄弩弓，连射几箭，成功杀了几个冲在最前面的匈奴将军。他就这样一直跟士兵一起坚持到天黑。

经过一天的激战，汉军这边的士兵已经没剩几个。李广却一直保持镇定自若、意气风发的样子。士兵们见将军与往常一样，顿时觉得心里踏实了。而李广是等到士兵们都喝完水、吃饱饭，他才开始喝水吃饭。士兵们

国学名句集锦

政者，正也。子帅以正，孰敢不正？

——《论语·颜渊》

看到无不深受鼓舞，下决心再战到底。

翌日，天刚亮，匈奴骑兵就向汉军发动猛攻。汉军虽然人数少，但士兵个个奋勇杀敌，顽强抵抗。危急关头的时候，张骞终于率大军赶到了。匈奴见此战的大势已去，于是匆忙中就撤退了。

就这样，在这场战斗中，敌众我寡，李广用他的正直和执着的战斗精神为胜利赢得了时间，同时避免了汉军全军覆没，成功牵制了匈奴的大部分兵力，从而为“第二次河西之战”的胜利创造了有利的条件。司马迁对此次战役评论说：“‘其身正，不令而行；其身不正，虽令不从’。其李将军之谓也！”

对于整治党员干部的作风，习近平认为，这是广大人民群众对党的“考试”。党员干部要干干净净地做人，老老实实地干事，修身律己，努力提高自身的思想高度、道德修养和业务能力，提高自控能力，在日常工作、生活中谨言慎行，低调做人、认真做事，以正确的权力观、利益观、价值观来约束自己的行为，时刻检点自己，树立勤奋负责、求真务实、深入群众、廉洁谦恭、谨慎自律的良好形象。

2014 年 12 月，有网友曾爆料：福州市晋安区的住房保障和房产管理局副局长林某混乱的夜生活，看了让许多人惊叹“羡慕”。这件事被曝在百度贴吧，贴文中一共公布了 26 张反映林某混乱夜生活的照片。

据报道，当事人林某某面对不雅照片事件，林某某说，这是单位同事之间发生的内部矛盾，还说是晋安区的纪委书记张某某故意设局来陷害他。陷害的原因很简单，因为张某某跟前任住房保障和房产管理局副局长的关系很好，所以想帮助他恢复原职，便设局陷害现任的副局长林某某。

其实，这位副局长不管是不是被陷害，只要他对不雅照不予否认就意味着确有其事，说明当事人确实有不雅行为。试问，如果当事人林某某没

国学名句集锦

求木之长者，必固其根本；欲流之远者，必浚其泉源；思国之安者，必积其德义。

——《贞观政要·君道》

有这些不雅的行为，又怎么会有这些不雅照片呢？所以即便是别人有心陷害，也是他自己自食其果。

但如果一些党员干部确实存在为了个人私利而故意设局引诱等情形，国家的纪检部门也是要一查到底的，因为要惩处的不仅是涉事人，也要让设局的人承担相应的法律责任。只有这样才能彻底杜绝官员的不正之风，还社会以公平和正义。

2015 年 4 月 3 日，福州市纪委监察局通报，将林某某处以开除党籍处分，晋安区监察局对其处以行政撤职处分。

10 月 15 日，因对福州市晋安区住房保障和房产管理局原副局长林某某接受高消费娱乐活动监督不力，区纪委书记张某某被处以免职处分。

国学名句集锦

吴王好剑客，百姓多创瘢；楚王好细腰，宫中多饿死。

——《资治通鉴》

教化——教者，政之本也

“教者，政之本也。”语出贾谊《新书》，贾谊认为，“教化”是治理国家的基本手段。而教化民众的内容是“四维”，即礼、义、廉、耻。贾谊还认为，秦国人没有被四维教化，人人争权夺利，所以风俗才越来越坏。

贾谊从秦朝的灭亡中总结出了一个重要原因：“民危”等于“君危”。贾谊强调，聪明的统治者要重视老百姓的重要地位和决定作用，百姓不能轻侮，更不可以与民为仇。为此，他在《新书》中还写道：“自古至于今，与民为仇者，有迟有速，而民必胜之。”他就是从这样的角度出发，主张“以德治民”进而推行仁政。

贾谊提到：“民之治乱在于吏。”意思是百姓发生动乱，责任在于官吏。一个国家的安危系于百姓，统治者的安危在于百姓，皇帝个人的荣辱在于百姓，官员的高低贵贱也在于百姓。因此，老百姓才是国家、君主、官员的命脉。

秦二世是一个著名的享乐主义者，他认为当了皇帝，就有无上的权

国学名句集锦

善政，民畏之；善教，民爱之。善政，得民财；善教，得民心。

——《孟子·尽心上》

力，就可以尽情玩乐，而处理政事那都是臣子的事情，秦国的臣子都以赵高为尊，朝野上下结党营私，以权谋私。二世皇帝只喜欢听好消息，因此下边的人上报陈胜、吴广的起义后，二世皇帝非常恼火，他认为这怎么可能，于是当即就把上报的人一并给处罚了。从此以后，再有关于陈胜、吴广的事，就一律改成了“一群鸡鸣狗盗之徒”。

秦末的法制严酷，赋税苛重，人心开始思变，战事也不断，百姓身处水深火热之中。最简单的一个例子：征集壮丁去边关戍守，晚了时辰那是死罪，陈胜、吴广就是因为这个缘故而起义的。秦始皇虽然灭六国，但六国后人还在，他们没有消除对秦国的敌意，原先的将军和谋士，都在暗地里等待时机，希望能有一番作为，有朝一日光复国家，建功立业，因此有一个造反的，他们就纷纷响应。

唐代大文学家韩愈是最早发出“孔子西行不至秦”之感慨的。此话可以理解为路途太远而孔子西行走不到秦国，也是揭示了秦在地理位置上存在优秀文化传播的劣势。尤其是山东各国的优良文化，不易传播到秦国。

《史记·儒林列传》对儒家弟子记载：“七十子之徒，散游诸侯，大者为师傅卿相，小者友教士大夫……子路居卫，子张居陈，澹台子羽居楚，子夏居西河，子贡终于齐……为王者师。”儒家弟子遍布各国，担当起智囊的角色，偏偏没有去秦国。

秦国与当时的山东诸国相比，文化是落后的。“孔子西行不至秦”，让秦国长久成为圣人不去的蛮夷之地，秦人在恶劣而且落后的环境里生存，其立国的艰辛过程中，便先天缺失了文化传播。

强大的秦朝之所以灭亡，从帝王、官员到百姓，没有得到优秀文化的教化是重要原因之一。

山东省嘉祥县是个“靠山吃饭”的地方，县里这样的群众有 5 万人，

国学名句集锦

以清俭自律，以恩信待人，以夷坦去群疑，以礼让汰憯急，自上化下，速于置邮。

——唐·刘禹锡《唐故相国赠司空令狐公集纪》

但是因为这里的人思想保守，因此说服他们下山，积极实现嘉祥县经济产业的转型，算是一个浩大的工程了。为了调动群众，嘉祥县政府及时抽调了近50名当地机关的工作人员，临时成立了针对南部山区的“环境综合治理指挥部”，开始打响了一场嘉祥县内部的“封山禁采”攻坚战。指挥部工作人员经过14个月的艰苦努力，终于有三分之一的当地群众愿意主动下山，而被损山体在这期间的修复和绿化也有了成效。由此可见，官员对百姓的影响，具有非常深的意义。

习近平多次指出，要调动干部和群众这两个积极性。打牢学习教育和查摆这两个基础，抓住整改和建章立制这两个关键。这些对教育实践活动的实效成果是至关重要的。而领导干部更需要让老百姓看到他敢于正视解决百姓问题的决心，让百姓看到干部拜他们为师、向他们求教的宽广襟怀，看到干部以身作则并发挥带头作用的实际行动。

国学名句集锦

道德一于上，而习俗成于下。

——北宋・王安石《乞改科条制札子》

惩恶——恶不积不足以灭身

“善不积不足以成名，恶不积不足以灭身。”出自《周易·系辞下》，这两句的意思是：坚持不懈地去做有益于别人的事情，就能够成为一个有卓著名声的人；一个人如果身败名裂，那肯定是他长期做坏事的结果。

善恶是不分大小的，所以一点不可轻视。积小善能成大善，累积小恶就能酿成大祸。同理，不付出劳动，不认真地工作，也不做长期的点滴积累，是不能成名成家的。而没有经常的为非作歹，也不会惹出杀身之祸。这一正一反的经验教训都是人们应该吸取的。

《水浒传》的作者施耐庵，不仅是个出色的小说家，还是一个武功高强、见义勇为的人。有一天，施耐庵正在游玩，恰巧遇见恶霸在夺取一个农夫的茶园。施耐庵十分生气地上前阻止。那个恶霸见他理直气壮的，心里害怕，就偷偷地溜走了。

但事后，那个恶霸打听到施耐庵的住处后，立即雇了一帮打手，将施耐庵的居所围住。施耐庵见这样的情景，微微一笑，毫无畏惧地迈出了

国学名句集锦

纣之不善，不如是之甚也。是以君子恶居下流，天下之恶皆归焉。

——《论语·子张》

门。那些打手见施耐庵赤手空拳，心里不怕他，一哄而上。首先一个黑脸大汉，他手举铁棒朝施耐庵的头顶用力劈下来。施耐庵从容地侧身摆头，“顺风扯旗”，躲过了棒锋，并且双手抓住了大汉的铁棒，同时踹出右脚，不偏不倚地踢在大汉的小肚子上，黑脸大汉当时滚出一丈多远。此时施耐庵又舞起刚夺来的铁棒，横扫这些打手，吓得他们四处逃窜。

还有一年上元节，施耐庵去看花灯。突然看见一名恶少在侮辱一名柔弱妇女。施耐庵心中怒火顿起，过去就用手将那恶少提起，然后将他狠狠摔在地上。恶少被吓得当时就连连磕头来求饶，施耐庵这才放手饶了他。谁曾想第二天，那恶少纠集了几个无赖前来找施耐庵报复。施耐庵依旧不慌不忙的，他找来一根粗麻绳，拴住自己的双腿，自信地叫他们用力拉。

但是，尽管这些无赖累得脸色通红，施耐庵的那双腿就像生了根在地上，纹丝不动。然后，施耐庵取出随身铁棒，使出“乌龙摆尾”，身旁的那棵大杨树“咔嚓”应声被打断。那些无赖见施耐庵功力如此深厚，知道这是遇到了高手，立即叩头认错了。后来，他在写《水浒传》的时候，还将这段自己的亲身经历，写到鲁智深身上，就是那段鲁智深在大相国寺降伏一群泼皮的情节。

这是古代名人惩恶的故事，那么我们再来看看现代。

1952 年 2 月初，河北省保定市打出了新中国成立以来惩贪反腐的第一颗子弹，对刘青山和张子善执行了死刑。在处决刘青山和张子善两名罪犯的第二天，《人民日报》就在显要的位置登出了公审的消息。然而在发布这篇重要报道的前一天夜里，却发生了这样一个值得深思的插曲。

就在案发前，刘青山刚刚参加了“世界和平友好理事大会”，而他本人还当选了大会的常务理事，对此《人民日报》做过重要报道。此时又要报道刘青山犯罪被处决的事情，所以报社担心，这样会不会在国际上有负

国学名句集锦

万物之有灾，人妖最可畏。

——西汉 · 韩婴《韩诗外传》

面的影响。因此一个报社领导建议，可以把刘青山名字里的“青”加上个三点水，这样就成了“刘清山”，不知道的人就以为这是两个人了。

事情重大，没人敢擅自更改，所以这件事一直请示到了毛泽东那里。毛泽东当即干脆地说道：“不行！你这个三点水不能加。我们就是要向国内外广泛宣布，我们枪毙的这个刘青山，就是参加国际会议的那个刘青山，是不要水分的刘青山。”从这件事上，人民群众再一次清楚地看到了毛泽东的果断、伟大和英明。

毛泽东惩贪不要掺杂水分，这源于他对惩恶的高度自觉和清醒。在新中国成立前的七中全会上，毛泽东及时地提出了“两个务必”；在针对初见苗头的“贪腐狂澜”，毛泽东及时地发起了“三反”运动，影响深远。他还亲自过问了刘青山和张子善的特大贪污案，并批准处理。那时候有人为这两个人求情，毛泽东就问：“是要他俩，还是要中国？”

深省人心的诘问，对求情人予以坚决的拒绝，毛泽东态度明确地指出：“正因为他们两个人的地位高、功劳大、影响大，所以才下决心处决他们。只有处决他们，才可能挽救 20 个、200 个、2000 个犯有不同程度错误的干部。”毛泽东的诘问和“挽救”，高度折射了他对反腐倡廉的清醒态度。

从 1993 年开始，中共中央始终在强调反腐倡廉的严峻形势。从党的第十八次全国人民代表大会以来，习近平坚定不移地提倡党风廉政建设，实行反腐败斗争，与此同时，习近平表示，党风廉政的建设和反腐斗争的形势依然严峻复杂。

对此，习近平在十八届中央纪委五次全会中发表了重要的讲话，传递出党中央对廉政建设以及反腐败斗争的新判断、新要求、新举措、新思路。他说：“我们党从关系党和国家生死存亡的高度，以强烈的历史责任

国学名句集锦

锄一害而众苗成，刑一恶而万民悦。

——西汉・桓宽《盐铁论・后刑》

感、深沉的使命忧患感、顽强的意志品质推进党风廉政建设和反腐败斗争，坚持无禁区、全覆盖、零容忍，严肃查处腐败分子。”

俗话说得好，“冰冻三尺非一日之寒”。中国当前，“四风”问题虽然树倒但根还在。现在，腐败和反腐败斗争正呈现胶着的状态，所以国家和党还没有取得真正的从“不敢腐”发展成“不能腐”“不想腐”的胜利成果。

当前，中国社会上出现许多错误认识。比如，有的人认为中国反腐败到此为止了，还有的人认为一味反腐会动摇共产党的执政根基。所以，中共中央对于“反腐败斗争形势依然严峻复杂”的正确判断，对疑惑的群众起到了指明方向、拨开迷雾的重要作用，这有利于人民群众统一思想，从而达成共识，再续新篇。

国学名句集锦

欲收禾黍善，先去蒿莱恶。

——北宋·王安石《钱镈》

扬善——勿以善小而不为

“勿以善小而不为，勿以恶小而为之。惟贤惟德，能服于人。”这句话据说是刘备临终前对儿子刘禅说的。在《诸葛亮集》中有所记载。意思是，不要因为善行微小而不为，也不要因为恶行微小而作为。刘备让刘禅不要轻视小事的力量，“星星之火，可以燎原”，小小的一件事可以影响国之兴衰；也不要放纵自己，哪怕是一点点微不足道的过错。

很多人觉得善行、恶行都是自己的事情罢了，无论大小，都与别人无关。事实上并非如此。《易经》中说道：“君子居其室，出其言，善则千里之外应之。”好的观念、理论、行为等势必影响到周围的人，带动周围的人，在为自己树立良好的形象之外，还能传递正能量，改善社会风气，甚至很多宗教都认为，行善能福泽子孙后代。

中国历史上有很多做好事的名人，这些人有的是因为为官功绩被载入史册，所施善行进而为人所知，有的却是以平民百姓的身份，因具备好的

国学名句集锦

举天下以赏其善者，不足；举天下以罚其恶者，不给。

——《庄子·在宥》

德行而被民众所熟知。在近代，湖南长沙有一个叫棠坡的地方，这里的义商朱雨田就是这样的例子。

根据《长沙市志》中的记载，朱雨田乐善好施，为人慷慨。在长沙，他设立了保节堂、麻痘局、育婴堂、施药局，办义学、置义山，并出资出力疏浚了新河，赈济灾民。村民都还记得，每个月到了固定的日子，朱家就会开仓周济百姓，如果村里有孤寡去世，朱家都会提供棺材以及石灰，用于埋葬。地方志评价他是“长沙近代慈善事业的开创者”。

当地人至今仍然感念朱家的善举，因为扶危济困，朱家赢得了乡亲的赞誉，当地很多人都效法朱家，社会风气和谐，人与人之间关系融洽温暖。

这位朱雨田，就是前国务院总理朱镕基的曾伯祖父。

俗话说，好事不出门，坏事传千里。在现实生活中，好事也是“传千里”的。在舆论如此开放，信息如此发达的今天，任何一个人做的任何一件事，都可能被无限放大和传播，甚至载入历史，影响深远。

从治国角度出发，惩恶扬善是建立德治社会所必需的政府行为和社会行为。晋代的傅玄认为：“赏一善而天下之善皆劝，罚一恶而天下之恶皆惧。”在生活节奏越来越快的今天，人们更多地追求功利，内心浮躁，更加自私势利，甚至妄图独立于社会存在，不懂奉献和付出。

“人人为我，我为人人”的思想逐渐被“宁可我负天下人，不可天下人负我”取代。在这样的趋势下，发现“善”、传播“善”尤其重要。“扬善”有益于弘扬社会主义核心价值观，从正面影响带动群众的言行，促进和谐社会的构建。

2015 年，广东省在提交第五届全国道德模范的名单中，将已经去世的歌手姚贝娜评为候选人，一时引发社会热议。人们纷纷议论，已经去世

国学名句集锦

彰人之善而美人之功，以求下贤。是故君子虽自卑，而民敬尊之。

——《礼记·表记》

的人怎么能成为道德模范呢？一个普通的艺人、歌手，她又凭什么成为道德楷模，成为榜样呢？

在姚贝娜的简介中，很多事情证明她热衷公益慈善事业：自 2006 年起，姚贝娜曾多次参加中央电视台公益品牌栏目的录制，随着《欢乐中国行》《心连心》等栏目组奔赴全国各地，为群众演出。她还担任了“粉红丝带乳腺健康粉皮书”等活动宣传大使、北京大学肿瘤医院的抗癌宣传健康公益大使、“爱的小桔灯·儿童关爱行动”爱心大使等，以自身抗癌、自强、勇于追求梦想的精神感染众人。在参加《中国好声音》等栏目后，她的名字和故事被更多人熟知，影响和鼓励了许多跟她有相似经历的人。她最后因癌症复发，不幸病逝，还将眼角膜捐献给了多位饱受黑暗折磨的患者。

此事之所以引发争议，是因为很多人都会将“道德模范”的评选和评价固定在一个很高的地位，一定要是平凡的人做出了不凡事件甚至壮举。这一类人应该是很普通的。职业、家庭、身份、背景、生活方式，都应跟普通百姓一样，其中的一些还应该是弱势群体。他们的行为和付出应该是跟自己所处的环境和正常的选择有非常大的对比，所以才能让人感到震惊、感动。这些平凡的道德模范或许是普通得不能再普通的人，但却是道德上的巨人。

很多人认为，明星本身的身份特殊，做慈善固然跟其自身经历有关，但是更多的恐怕是在炒作和包装自己，明星凭借其被公众熟知的身份推动慈善，也同时获得了公众赞许和市场回馈，凭什么还能被冠以“道德模范”的头衔，更别说还有很多活着的楷模了。

道德模范，固然是平凡中的不凡，却又是一种力量和精神的代表。模范带给人们的这种无形的影响才是最重要的，至于模范的身份，又有什么

国学名句集锦

善无微而不赏，恶无纤而不贬。

——《三国志·蜀书·诸葛亮传》

关系呢？只要是人们可以学习的能够弘扬正气的行为，就值得提倡，明星也可以是道德榜样。斯人已逝，但她的影响还在，还可以因为其身份的特殊性而产生更长久的影响。

对于党员干部来说，我们日常的工作很多都是琐碎单调的小事，可以说很平凡，很普通。如果因为做出来的业绩很小就不做，善行微不足道就不提倡不宣传，产生的负面影响将是巨大的。从某种程度上来讲，办好小事是成就大事的前提和基础，每一件涉及全局的“大事”和政策，最终都要落实到平时看似“鸡毛蒜皮”的琐碎小事上。

惩恶扬善实际上也是“民本”思想的重要要求，民众的态度彰显社会的善恶，是政治行为的主要依据。党的群众路线教育实践活动要求我们做到“群众利益无小事”，在基层有很多办事人员全心全意为人民服务，哪怕给群众及时盖章都值得表扬。如习近平给“郭明义爱心团队”的回信中提到：“雷锋精神，人人可学；奉献爱心，处处可为。积小善为大善，善莫大焉。当有人需要帮助时，大家搭把手、出份力，社会将变得更加美好。”

这种替群众着想的精神一旦传扬开来，不仅能够鼓舞党员干部践行党的群众路线，也能提升我们党的形象，得到群众真心实意的拥护和赞扬。解决一个问题，做好一件小事，就能赢得一方民心，解决无数个问题，做好无数件好事，就能赢得天下人的心。

国学名句集锦

激浊扬清，疾恶好善。

——《贞观政要·任贤》

奉公——至公者平恕无私

《贞观政要》中说："古称至公者，盖谓平恕无私。"意思是说，古时候所谓的大公无私，是指宽容公正而无私心。

唐太宗即位之初，时任中书令的房玄龄上奏说："皇上，秦王府以前的旧部下都没有做大官的，因此他们心里埋怨陛下呢，就连废太子宫和齐王府那些老部下都比秦王府的先有了官职。"李世民说："古人所讲的大公无私，指的是宽容公正并且无私心。丹朱和商均都是尧的儿子，而尧和舜却把他们废黜了，管叔和蔡叔都是周公的亲兄弟，但周公却大公无私地杀掉了他们。可见，作为君主，治理百姓，便该天下为公，而不能存偏私。三国时蜀国的诸葛亮，他只是丞相之职，就说'吾心如秤，不能为人作轻重'。何况朕现在治理的是这么大的一个国家。朕与官员的衣食都来自百姓，也就是说，老百姓的物质已奉献给了我们朝廷，但朝廷的恩泽却没有给百姓，现在朝廷选择贤才，目的就是要回报百姓。朝廷用人只看有没有能力胜任，不能因为亲疏或者新旧就区别对待。有一面之缘的人都会让人

国学名句集锦

善则赏之，过则匡之。

——《左传·襄公十四年》

感到亲近，更何况是旧部下，朕怎么会忘掉？如果他们的才能不能胜任，朕怎能因为他们是旧部下而优先任用？现在不谈论他们的能力，而只说怨言，这不是至公之道。”

习仲勋是德高望重的无产阶级革命家，被毛泽东誉为“活的马克思主义者”“从群众中走出来的群众领袖”。习仲勋来自群众，他关心群众的疾苦，能够设身处地为人民群众解难题，妥善处理人民群众上访的事在民间传为美谈。

1978 年，习仲勋重新出来工作后，有许多信件和电话发到了习仲勋办公室，都是要求平反的。

面对那么多的群众来信，习仲勋不满足于筛选后被送来的几封信件，他让秘书贾延岩直接到信访办查看来信，不仅要倾听来访者真正的呼声，还要到大街上抄录查看大字报。

这一天，有一群人是从很远的地方赶来的，个个都披麻戴孝脸上悲愤不已，他们贴出大字报，其内容涉及数百条人命，贾延岩被这群人吸引了。事关重大，当时贾延岩就出主意说，让这些人到广东省委门口的信访室直接去申诉。然而他的这种做法却招来了同事的批评，同事说他这是感情用事，作为一个领导的秘书，怎么能叫百姓到省委信访来闹事？

然而习仲勋听了汇报之后，非但没有批评贾延岩，反而非常严肃地跟他说：“你没有做错，共产党的机关，共产党的干部怎么能怕老百姓，对老百姓没有感情？那能叫共产党的干部吗？这样的干部在封建社会都不算好官！”

习仲勋的这一句告诫——“共产党的干部怎么能怕老百姓”当真是振聋发聩！习仲勋要求秘书直接查看信件，并到大街上看冤假错案有关的大字报，甚至允许把一群所谓的“闹事”百姓引过来，直接到省委申诉，彰

国学名句集锦

罚不讳强大，赏不私亲近。

——《战国策·秦策一》

显了他的“群众领袖”风范，不仅体现了他因势利导的智慧，还折射出了他关心群众的公仆情怀。

其实，习仲勋的作为彰显了共产党的优良传统，有许许多多老一辈的革命家一辈子都是这么做的。例如，伟大领袖毛泽东，他不仅谅解说坏话的普通战士，还宽容那些诅咒他的农妇，对小干部的批评虚心听取，对许世友等人的“突发事件”宽大处理等等，一件件一桩桩，都是党史上广为传颂的佳话。毛泽东曾说：“让人讲话天不会塌下来。”要让群众的话有处可说，群众有冤要有处讲，群众有难有处申，这才是党一贯坚持的原则。

反观当下，有个别主政的官员却不是这样的，他们往往谈上访就色变，如临大敌一般。他们不及时认真反省自己做错了什么，不管上访群众有什么冤屈，就不分青红皂白，动辄以警力解决，不然就限制群众的人身自由，在大街上围追堵截，强制实行。虽然这样做使事态短时间内得到平息，却让干部与群众之间的裂痕加大。

《贞观政要》中说：“以铜为镜，可以正衣冠；以古为镜，可以知兴替；以人为镜，可以明得失。”习仲勋妥善处理群众“闹事”，就像一面镜子，这是党走群众路线应有的大义。俗话说，“防民之口，甚于防川”，从习近平总书记深入教育实践活动到实地指导实践活动，并由此发表重要讲话，再到刊发《关于认真学习贯彻习近平总书记在河南省兰考县调研指导党的群众路线教育实践活动时讲话的通知》，兰考县掀起了一场学习和贯彻习近平讲话重要精神的高潮，从而不断推进教育和实践活动的开展。

对此，广大的党员和干部们表示，一直被传扬的兰考县委书记焦裕禄的艰苦朴素和廉洁奉公的作风一定要好好学习，还要学他不搞特殊化的高尚情操，要结合自身的道德修养，照好镜子，找出问题，不被利缚、不被欲惑，做到风清气正肝胆如洗。

国学名句集锦

任人而不任法，则法简而人重；任法而不任人，则法繁而人轻。

——北宋·苏轼《私试策问》

自律——欲影正者端其表

“欲影正者端其表，欲下廉者先之身”出自《盐铁论》。意思是，要想让自己的影子正，就要把个人的仪态摆端正；想要让下属廉洁，就要做到自身廉洁。

西汉名将李广一生跟匈奴作战 70 多次，战功彪炳，因此深受士兵和百姓爱戴。但李广此人，纵然身居高位，统率万马千军，而且是有功之臣，却从不居功自傲。李广不仅待人随和，还愿意与士兵同甘苦共患难。每次皇帝给李广的赏赐，李广都先想到他的部下，把那些金银统统分给手下的将士；到了行军打仗的时候，如果遇到粮水供应不济，李广就同士兵一起忍饥挨饿；但到了打起仗来，他又身先士卒，非常英勇顽强，所以只要李广一声令下，士兵个个都英勇杀敌，不怕牺牲。

后来，李广去世。当这个噩耗传到军营里时，将士们全都痛哭流涕，就连许多百姓也纷纷悼念他。因为在人们心中，“飞将军”李广是他们信仰、崇拜的英雄。司马迁在给李广立传时称赞说：“桃李不言，下自成蹊。”意思是说，桃树李树有芳香的花朵和甜美诱人的果实，所以它们就

国学名句集锦

俭节则昌，淫佚则亡。

——《墨子・辞过》

算不会言语，仍然能够引人们来到树下，导致树下面都被踩出一条路，李广就是用他的高尚品德赢得了大家的崇敬。

三国时蜀国丞相诸葛亮，在228年发动了北伐战争。他没有把刘备临终前说马谡“言过其实，不可大用”的嘱咐和忠告放在心上，他认为马谡是个军事人才，于是任命马谡做先锋官。但马谡过于轻敌，违背了诸葛亮的命令，率兵在街亭安营扎寨，而且不听参军王平的劝说，一意孤行。结果，魏军抓住蜀军的薄弱环节，对蜀军进行了围困、烧山等一系列攻击，导致蜀军不战自乱。最终街亭失守。

在诸葛亮斩了马谡之后，后悔没有听刘备的嘱托，让马谡铸成大错。于是他立即给刘禅写信，检讨自己的过错和责任，说自己用人不当，而且治军不严，恳请刘禅将他连降三级，处罚自己，并要求刘禅将他的错误向众大臣通报。因此，诸葛亮的执法严明和严于律己的行为作风一直被人们所称道。

1950年的冬天，湖南韶山乡的百姓正往地里送肥料，只见两个年轻人各自骑着一匹枣红色的大马，从远处慢慢走来。有好奇的百姓走近一看，竟然是毛岸英和毛岸青两兄弟啊。顿时消息就像插了翅膀，一会儿就传到了乡里的各家各户。有人过来问：“你们回来干什么?”毛岸青回答说，是因为父亲毛泽东嘱托他们来的，回家是要转达他对土地改革的意见的。

事情原来是这样的，这个冬天，正在土地改革的韶山乡已到了区分阶级和成分的阶段。那么该给毛泽东家划为什么阶级呢？负责此次工作的乡长黄秋开始有些为难了：这要是按原有的财产划分，应是富农；但是把一个无产阶级革命家的家庭划成富农他又不安心。思来想去，最后黄秋给毛泽东写了一封信，信中写了家乡百姓在党的领导和毛主席的关怀下，土地

国学名句集锦

将失一令，而军破身死；主过一言，而国残名辱。

——《吕氏春秋·似顺论》

改革已经进入了划成分和分田地的关键阶段了。湖南韶山乡每人平均分到九分三厘地，因为不知道主席家里有几个人分地，所以特别跟主席汇报一下，请主席指示。

毛泽东在收到信之后，首先把老家的情况详细地跟毛岸英和毛岸青说了一遍，接着让两个儿子把党的土改政策和自家的情况加以对照，让他们看该是什么成分。此时两个儿子也感到了为难，毛泽东却说："土改这个政策是党施行的政策，我们的情况应该和普通人家的一样，就该照政策办理，不能做人情。"最后，毛泽东考虑了三个意见给孩子们："一、家里的所有财产分给农民；二、成分应当划为富农，并付三百元作为退押金；三、支持人民政府照政策办事，不徇私情。"

毛岸英和毛岸青充分认识到父亲的大公无私，两人都极为感动。这次，毛泽东没有给老家的人写回信，而是直接派毛岸英和毛岸青两人回家一趟，首先是要传达他的意见，保证不会走样，其次可以让两个孩子见见世面，感受教育。回到家乡后，毛岸英和毛岸青转达了父亲的意见，韶山乡的百姓也深受教育，更加敬佩家乡的这位伟人。

习近平在第十八届全国人大第二次会议中，在安徽代表团代表参加审议的时候，发表了关于推动作风建设的重要讲话，他提出"既严以修身、严以用权、严以律己，又谋事要实、创业要实、做人要实"的重要论述，这次讲话被称为"三严三实"。

"严以律己"是中国自古以来的传统美德。不懂得严以律己的人，不可能是一个道德高尚而且有利于社会的人；一个人不注意律己，那就不会有好的形象和好的口碑。作为共产党员，既然要保持先进性，那就要严以律己。常怀一颗律己之心，不仅是共产党员最基本的党性修养的体现，更是共产党保持先进性重要的戒律。

国学名句集锦

明主思短而益善，暗主护短而永愚。

——《贞观政要·求谏》

第三章　法　治

“法治”和“人治”问题是人类政治文明史上的一个基本问题，也是各国在实现现代化过程中必须面对和解决的一个重大问题。从实现中华民族伟大复兴、实现“中国梦”的长远角度来看，实行“依法治国”是全面建成小康社会的重要保障。只有“法治”，才能真正避免“人治”的种种偏颇和弊端。

◎**正心**——有公心必有公道

◎**自治**——立志言为本，修身行乃先

◎**清廉**——从官重恭慎，立身贵廉明

◎**慎刑**——善则赏之，过则匡之

◎**知法**——不知法不足辩

◎**守法**——国有常法，虽危不亡

◎**传法**——以身教者从

◎**执法**——不难于立法，而难于法之必行

正心——有公心必有公道

“有公心必有公道，有公道必有公制。”出自晋朝傅玄的《傅子·通志》。意思是有公心就会有公道，而公道的存在必然会促使公正制度的形成。

所谓公正之心，就是从心底为了公众的利益着想。公心是与私心相对的心理。现实中，每一个人都会有私心，私心为自己着想，这也是自身生存所需要的；而人又是生活在社会这个大家庭里的，因此也会有一颗为公众利益担忧的心。公心是推动整个社会和谐发展的基础；当人的公心大过私心的时候，人就会放弃私心，导致社会秩序良性循环；而当私心大过公心的时候，人就会放弃公心，导致社会秩序恶性循环。

《吕氏春秋·去私》记载了一个这样的故事。春秋时晋平公在位的时候，南阳缺一个地方官。晋平公就问大臣祁黄羊道：“你觉得谁可以胜任这个地方官？”大臣祁黄羊就回答说：“有个叫解狐的不错，他能够胜任这个地方官。”平公闻言很吃惊，问祁黄羊道：“你跟解狐不是有仇吗？为什么还要推荐他当官？”大臣祁黄羊说：“大王问的是谁能胜任，而不是我的

国学名句集锦

法虽不善，犹愈于无法，所以一人心也。

——《慎子·威德》

仇人是谁呀。”晋平公觉得祁黄羊说得有道理，很快就派解狐去南阳报到了。而解狐上任之后，也为当地百姓办了很多好事，受到了当地百姓的爱戴。

又过了没多久，晋平公又问祁黄羊道：“朝廷现在缺一个法官，你觉得谁能胜任这个职位?”祁黄羊回答说：“祁午不错。”晋平公奇怪地问道：“那祁午是你的儿子啊?”祁黄羊面不改色地说：“祁午是我的儿子没错，可您问的是法官该由谁胜任，这跟祁午是不是我儿子无关。”晋平公对祁黄羊的回答很满意，便派祁午出任法官。祁午果然能够胜任，很快成了一个受百姓爱戴的法官。

孔子在鲁国听说了祁黄羊的事，称赞道：“太好了！推荐人才，而不计较私人的恩怨，对自己的亲生儿子也不排斥，祁黄羊是真的大公无私!”于是，后人就总结出“大公无私”这个成语，用来形容那些为集体着想而无私心的人，也用来指办事公正，不因为私利而偏向哪一方。

这种大公无私的精神，正是当下一些党员干部缺少并要学习的。1939年，毛泽东曾写了《纪念白求恩》一文，文中对白求恩的精神高度赞扬，称白求恩的毫不利己、专门利人，值得每一个党员学习。借此倡导要大公无私地处理人际关系，要以此为基本原则。后来，毛泽东又在《为人民服务》中多次强调这个原则，因此“大公无私”就成为党处置内外关系的一项传统和原则，并传承至今。

毛泽东在这些方面以身作则，带头示范，给后人留下了光辉的形象。新中国成立初期，许多亲朋都给毛泽东来信，想借着他的关系谋个好工作或者好差事，但他全都拒绝了。

当朋友李淑一写信让毛泽东帮她说句话，就能让她顺利来北京学习，但毛泽东最终都没有答应。最有说服力的一件事是，毛泽东还把自己的大

国学名句集锦

使法择人，不自举也；使法量功，不自度也。

——《韩非子·明法》

儿子毛岸英也送到了朝鲜战场上，毛岸英牺牲后竟然连尸骨也没有运回。可谓“埋骨何须桑梓地，人生无处不青山”。

每个人在生活中都会面对各种各样的社会关系，经常遇到原则和人情相遇、公事要与私情相抉择，这些事情往往令人为难。

对此，毛泽东有一个原则，专门处理公事、私事碰撞的问题——“做事论理论法，私交论情”，这句话给人以很深的启迪。第一是公私分明。在毛泽东心中，公是公，私是私，公私要区别对待，不能混为一谈；第二是如果个人利益与集体利益冲突，他会优先坚持集体利益。

重温伟人的无私精神，人们收获的不仅仅是感动，更有现实指导的深意。“严以修身，严以用权，严以律己”“谋事要实，创业要实，做人要实”，习近平总书记在审议安徽代表团时，强调“三严”和“三实”的精神，他谆谆告诫，可谓语重心长。因为对各级领导干部来说，“三严三实”的精神，正是正心的守则，也是干事的重要行动准则。

中国先贤曾说“持身要严”“君子求诸己”，说的都是“严以律己”。对领导干部们来说，“严以修身”，就是加强自身修养，要坚定理想和信念，要提升道德的境界，始终追求高尚的情操，始终远离低级的趣味，还要自觉地抵制那些歪风邪气。“严以用权”，意思是坚持领导干部用权都是为民，要按规则和制度来行使权力，要把权力都关到制度的笼子里，党员干部任何时候都不能搞特权，不能以权谋私。“严以律己”，要求党员干部手握戒尺就要心存敬畏，慎独、慎微和自省，始终遵守党纪和法律，为政清廉。始终坚持“三严”，党员干部才能达到“随心所欲，不逾矩”的标准。

中国共产党一贯提倡“做老实人、说老实话、干老实事”，也就是当前的党员干部要坚持发扬的“三实”。“谋事要实”，就是要以实际谋划事

国学名句集锦

一人一心，万人万心，若不以令一之，则人人之心各异矣。

——唐·白居易《策林一》

业，让政策、点子和方案都符合实际情况、客观规律、科学精神，而不是好高骛远脱离实际。“做事要实”，那就要求脚踏实地，肯真抓实干，要勇于承担责任，直面矛盾，并且善于解决实际问题，创造出经得起人民实践和历史检验的成绩。“做人要实”，就是要对党、组织、人民、同志都忠诚，要说老实话、做老实事，要襟怀坦荡，公道而且正派。党的各级领导干部只要做到“三实”，那么中国的改革蓝图就会变成美好的现实。

国学名句集锦

君子为国，正其纲纪，治其法度。

——北宋·苏辙《新论下》

自治——立志言为本，修身行乃先

“立志言为本，修身行乃先。”出自唐朝吴叔达的《言行相顾》。意思是说，一个人树立志向，就需要用誓言为基础；而品德的修养，当以行动为根本。

立志就像立誓，不能只是口头上的豪言壮语，要有实际上的决心；修身就应该践行，不能只闭门思过，独自忏悔，而应该务实，可以通过参加各种社会实践活动来磨炼意志，强身健体，从而建立功业。

关于立志实践，提高自身修养，古代有这样一个故事。汉灵帝时候，有个叫陈寔的小官吏，他心地善良，而且做事也是公正无私，乡里百姓很尊重他。百姓有争论和是非，都愿意到他那里讨公正的判断，而他也一定是据理说明对错。

有一年，当地闹饥荒，百姓非常贫困。这时有小偷夜里来到陈寔家里，偷偷躲在房梁上。陈寔虽然发现了小偷，但是他假装没有看到，起来一边整理衣服，一边让子孙都过来，他严肃地训诫他们说：做人，要时常自我勉励。有些人干坏事，他不一定是天生的坏人，他们只是习惯了，慢

国学名句集锦

进退无仪，则政令不行。

——《管子·形势解》

慢才变成这样子。我们家屋梁上的这位先生就是这样的。

小偷听见后非常惶恐，一不小心从房梁上掉下来，跪在地上叩头请罪。但是陈寔并没有责骂他，而是告诉他：我看你的模样，不像是个十足的坏人，你应该改掉自己偷东西的坏毛病，要重新做好人才行。我想你这样做也许是穷困无奈。说完，陈寔让人拿了两匹绢送给小偷。后来，小偷就把偷东西的坏习惯改了，他听陈寔的话努力做事，最终成了一个好人。

古人的“自治”与“自制”息息相关。明代大学士徐溥天资聪颖，但懂得刻苦勤奋才是求学之道。小时候的徐溥便性格沉稳，举止端庄、老成，很少与人嬉闹争执，即使在私塾读书时，也从来不苟言笑。老师发现徐溥常从衣袋中掏出一个小本子阅读，起初他以为那不过是孩子开小差，等走近了才发现，原来这个本子是徐溥自己手抄的儒家经典语录。

除了日常学习十分刻苦，徐溥还效仿古人，在日常生活中不断地检点自己的言行，对于不好的问题及时做出自我批评。他在书桌上放了两个小瓶子，分别用来盛装黑豆和黄豆。每当自己的内心产生一个善念、说出一句善言、做了一件善事，无论大小，便向瓶子中放上一粒黄豆。如果言行上有了过失，无论大小，就向另一个瓶子中投一粒黑豆。起初黑豆多、黄豆少，徐溥就不断地进行深刻的自我反省，并且及时地激励自己、纠正自己。日积月累，黄豆和黑豆数量持平。经过更严格的自我要求，瓶中的黄豆越积越多，黑豆的数量便显得微不足道了。

即便他后来入朝为官，这一习惯仍旧保留着。正是因为持之以恒的自我约束和激励，使徐溥的自制能力、自治能力、自律能力大大提高，终于成为德高望重的一代名臣。

无独有偶，著名文学家鲁迅先生也是一个懂得自治的人。鲁迅小时候在绍兴城里的一所著名的私塾——三味书屋读书，师从寿镜吾老师。鲁迅

国学名句集锦

禁胜于身，则令行于民。

——《管子·法法》

的座位在东北角，用的是一张硬木书桌。读书期间，他的祖父被逮捕入狱，父亲长期患病，失去了收入来源的鲁迅一家生活艰辛，但他仍然没有放弃读书。有一段时间，鲁迅每天都要奔波于当铺和药铺之间。有一次，他一大早起来就要去当铺换钱，然后去药店为父亲买药，以至于来到私塾的时候，已经开始上课了。老师不了解鲁迅家里的情况，严厉地批评了他。鲁迅并没有做出过多的解释，只是默默地回到自己的位置上。第二天，他早早地来到了学校，在自己那张书桌右上角用刀刻了一个“早”字，默默地发誓，以后一定不能再迟到了。

在这之后的日子里，即便父亲的病愈加严重，鲁迅更频繁地穿梭在当铺和药店之间，为了保证准时上学，他天不亮就起床料理家事，出门典当、买药，没有再迟到过。这种自勉、自律的精神，在后来长久的黑暗社会里，成为鲁迅不断前行的精神动力。

毛泽东说过：“人是要有一点精神的。”这句话指出了每个人、每个共产党员都应该懂得和遵守的基本道理。这就是“人之精神不可无所寄”。在日益崇尚精神修养的当今世界，面对复杂的社会，领导干部更要从人民公仆与一个普通公民的身份比较中，弄清什么才是符合身份的道德修养标准，与社会上一些道德标准有什么区别，最终要发挥表率作用。

2013 年 3 月，习近平在接受媒体采访时曾说：“干部有了丰富的基层经历，就能更好地树立群众观点，知道国情，知道人民需要什么，在实践中不断积累各方面经验和专业知识，增强工作能力和才干。这是做好工作的基本条件。”不久之后，习近平在全国的组织工作会议上再次强调，“早熟的果子长不大，拔苗助长易夭折”，“年轻干部多‘墩墩苗’没有什么坏处，把基础扎实了，后面的路才能走得更稳更远”。可见，实现自治，还是要从一点一滴和小事做起。

国学名句集锦

治身莫先于孝，治国莫先于公。

——北宋・苏轼《司马温公行状》

清廉——从官重恭慎，立身贵廉明

《唐宋文学史》记载了唐代大文学家陈子昂的座右铭："从官重恭慎，立身贵廉明。"意思是做人做事要恭敬谨慎，做官贵在廉洁清白。

汉朝著名天文学家张衡，曾两度做过朝廷的太史令，在永和初年还做过河间相。那个年代，世风日下，但是张衡依旧法治严明，重点打击那些作恶多端的豪强劣绅。有豪富派人偷偷送"金错刀"贿赂张衡，张衡却不被金钱诱惑，他非常生气地拒绝收礼，让这些恶霸的阴谋不能得逞。张衡为官始终坚持"法治不失志"，他在郡中做官不久，上下一片肃然，民风正，百姓安居乐业。

明朝的于谦是一名杰出的军事家、政治家，曾担任监察御史，为官很注重清廉和自律。明朝宣德年间，于谦从河南巡抚到北京做兵部侍郎，当时河南的幕僚都劝他说："你不愿意给领导献金玉，那就带点咱们的土特产吧！绢帕啊、麻菇啊，还有线香什么的都行。"

于谦却大笑，笑完了拿起笔写诗道："绢帕麻菇与线香，本资民用反

国学名句集锦

弊政之大，莫若贿赂行而征赋乱。

——唐·柳宗元《答元饶州论政理书》

为殃。清风两袖朝天去，免得闾阎话短长。”他以此明志，意思是那些麻菇和绢帕是给百姓用的，现在都被拿去讨好领导，就会给百姓生活带来困难，老百姓就会戳他脊梁。“清风两袖朝天去”从此挂上了他的门楣，用来表示他不为利禄所动。而且“两袖清风”还逐渐引申成正直清廉官员的代名词。

于谦为官一直清廉刚正，家无私积，也是同他青年时代写下的那首著名的《石灰吟》有着密不可分的关系：“千锤万击出深山，烈火焚烧若等闲。粉身碎骨浑不怕，要留清白在人间。”

从古观今，现代铁面无私的官员也不少。朱镕基曾担任上海市市长，当时上海市民的火气很大，经常给朱镕基和市政府写信，其中一封信中这样写道：“机关的工作作风拖拉，这是致命伤。往往是设想得很好，但谁会去实现？怎么落实？领导检查时还搞不清是谁的责任。长期如此，难免恶性循环。”

了解到这些不满，1988 年的一天晚上，朱镕基在上海电视台第一次发表讲话。在谈到关于解决上海问题时，朱镕基说，“会白头发很多，但我愿意，只要广大市民满意……”此次讲话中，朱镕基提得最多的就是“高效廉洁”。

朱镕基的这次讲话在上海市民中引起强烈的反响，从而之后，朱镕基的办公室每天收到直接写给市长的信多达 140 封以上。

1989 年，眼看汛期将至，朱镕基对上海的防汛工作十分牵挂。当时龙华机场的边上有条机场河，但因为河道边上有许多的违章搭建物，对泄洪有很大压力。

他立即打电话给区长张正奎，电话里问他汛期前能否将这些违章物清理掉。

国学名句集锦

执法而不求情，尽心而不求名。

——北宋·苏洵《上韩枢密书》

张正奎说："有些东西我保证拆掉，但是河道上仓库很多都是委办局搭建的，让我也无能为力呀。"

"这些名单你给我，让我来想办法。"

没几天，朱镕基就带着相关单位负责人，亲自来到现场办公。朱镕基直接指着河道上的违章搭建物说道："依法办事，第一是依法治官。法要管做官的人，法要管有权力的人！河道是公共的河道，谁也没有权力搭建！"说完，他就让在场的所有官员都表态，当时有人答应拆除，但也有人犹豫说困难。"没有一点困难！一个月时间，要全部拆掉！6 月 17 号那天，我会再来检查一次。"

那时候，国际政治风云变幻，底下的干部问区长张正奎，"朱镕基市长应该是不会来了吧？这件事情要不要放一放？"张正奎认真说道："以他的风格，他说来就一定会来，你们要继续弄。"

果然，6 月 17 日一早，区长张正奎正坐在办公室里，秘书打来电话说："市长来了！"一见到区长张正奎，朱镕基就说："老张，走！"当在河边看到很多违章的建筑物还没有拆除，朱镕基将一些局、办的官员立即叫过来训斥："我再给一个月时间，还弄不好，就撤职！"一言既出，雷霆万钧！在场的哪个官员敢不放在心上？

朱镕基给自己订下"约法三章"，即"不剪彩、不题词、不批条子"。他这一生谨遵这"约法三章"，只有两次"破戒"：一次是中国成立的三个新的国家会计学院，他为其题写校训四个字——"不做假账"；第二次是《焦点访谈》栏目的题词——"舆论监督，群众喉舌，政府镜鉴，改革尖兵"。

政府的清廉和清明始终是广大人民群众最关注的问题。习近平曾为此特别讲话，并发出了廉洁政治建设的动员令，同时也是为实现"三清"的

国学名句集锦

只愁堂上无明镜，不怕民间有鬼奸。

——《警世通言》

政治目标指明了路线。

“反腐倡廉必须常抓不懈，拒腐防变必须警钟长鸣，关键就在‘常’‘长’二字。”习近平提出的这个观点，给人们留下了非常深刻的印象。他指出，党风的廉政建设是我党的一项长期而又复杂艰巨的任务。因此要坚定信念，做到有贪必肃和有腐必反，进而铲除腐败滋生的土壤，要用实际的成效来取信于民。

国学名句集锦

吏不畏吾严，而畏吾廉；民不服吾能，而服吾公。公则民不敢慢，廉则吏不敢欺。

——明·贞庵主人《官箴》

慎刑——善则赏之，过则匡之

《左传·襄公十四年》中有言：“善则赏之，过则匡之，患则救之，失则革之。”意思是说，君王如果做得对你就赞扬他，如果犯错误了你就要纠正他，如果君主遇到灾难你就要援救他，如果他过于放纵你就要告诫他。

《资治通鉴》第五卷，记载了一个战国时期的故事。赵奢曾是赵国负责征收租税的官吏。赵奢在收租的时候，唯独平原君的家奴不肯交租。赵奢毫不客气地依法律处置了平原君家奴，并杀死了平原君家中九名管事人。为此平原君十分恼怒，他想杀死赵奢报仇。赵奢却说：“您平原君在赵国是贵族，现在纵容家人恣意胡为不守法，赵国的法纪就会被逐渐削弱。国家的法纪削弱，实力也就随之衰弱，国力衰弱随之而来的就是各国来犯，久而久之，赵国就不存在了。而您平原君还能去哪里找如今的荣华富贵呢？所以，您应该用您的尊贵和地位，带头来奉公守法，使赵国上下一心，赵国上下一心就会强大，国家变得强大则您的家族就会稳固，那么您作为赵国的王族贵戚才不会被各国贵族轻视。”一番话下来，平原君觉

国学名句集锦

胜法之务，莫急于去奸；去奸之本，莫深于严刑。

——《商君书·开塞》

得赵奢是个贤明的人，便将赵奢介绍给了赵王。赵王从此让他管理赵国的赋税，于是赵国的赋税征收非常顺利，赵国国库也充实了。

赵奢秉公执法，平原君奉公守法，可见在秦国商鞅变法之后，法律制度的重要性已经深入人心，赵奢敢于面对平原君的威胁，只要稍有不慎，他就会因自己的刚正招致杀身之祸，倘若赵奢当时对对方立即采取反抗，那就很难做出正确的判断，就更不用说还能用语言来震慑平原君了。他所说的话为什么能使平原君折服？是因为赵奢对当时战乱的社会环境有深刻的理解和认识，因此他不会为这件事左右摇摆，行动上就显得格外勇敢无畏。所以，赵奢能成为一代名将，是源于他心怀天下的胸怀和那种勇敢无畏的人格特征。

随着时代的进步，政府在执法、执政方面的透明度越来越高。不可避免的，群众很容易参与到执法过程中，这是一种进步。但是在某种意义上也存在着问题。例如在犯罪分子的量刑上，媒体和舆论所起到的影响作用是非常巨大的，甚至直接影响到某些案件的审理结果。曾经轰动一时的“药家鑫案”，是我国首次微博直播审判过程的案件，在某种程度上彰显了我国依法治国进程的加快，体现了司法的公正性和透明度，增强了人民群众的参与意识，也震慑了违法违纪分子，提高了社会对于类似案件的关注和反思，在一定意义上是司法进步的表现。

与此同时，弊端也逐渐凸显出来。很多人会认为，在这个过程中，舆论作为相当程度上不可控的要素，影响了司法的公正性。一些人利用网络媒体炒作导致司法程序受到干扰，利用舆论的压力迫使司法机关从重量刑，影响判决结果。甚至有人认为，并不是司法机关做出了结论，而是舆论、媒介审判了他。

量刑的考量究竟应不应该参考民意，这始终是人们争论的焦点。我国

国学名句集锦

安则乐生，痛则思死。棰楚之下，何求而不得？

——《汉书·路温舒传》

司法机关从前在量刑上，依靠的主要是积累下来的量刑经验和相关法律法规，对具体犯罪行为的社会危害性进行判别，综合考量各种量刑情节和细节，对犯罪行为进行一次性的估量，在审判书中确定对被告人应当判处的刑罚类别。过去的这种量刑方法，主观性较大，不同法官做出的判决结果有时甚至出现巨大的差异，在相当程度上催生了腐败。即便是主观上的差异不大，客观结果没有太大变化，也会因为难以具体说明量刑的过程和理由，导致原本公正、依法做出的判决被人们曲解、误解，让被告人难以服从、群众不满，引起更多人的关注，最后影响司法的公信力。

2011年，我国开始试行的量刑规范化改革应运而生。这一场被称为“法官的自我革命”的改革开始全面试行后，在对具体犯罪应当判处的刑罚、量刑情节的轻重幅度都做出了明确规定。在庭审进行的过程中，公诉人必须提出量刑的建议和量刑理由，被告人及其辩护人可以以此为基础进行针对性的答辩，并且提出被告人方面的量刑意见和理由，在一定的时长范围内，控辩双方要进行充分的辩论，将问题探讨透彻，使量刑、判别的过程更加公开、透明。

司法公平和公正的诉求，就在于“法律面前人人平等”，同罪同罚，罚当其罪。我们所强调的人人平等，不仅指的是人与人之间的平等，也不仅限于立法和执法过程中的平等，更重要的是争取在同一部法律的有效期内，对于一个案件来说，过去、现在和未来的判罚结论应保持基本一致。

党的十八大报告明确提出，中国要依法行政，要切实做到规范、公正的文明执法。自十八大召开，习近平反复强调我党必须始终坚持严格执法，要切实维护群众利益、群众权益以及社会秩序。

党员干部要深刻地认识到，坚持规范、公正、文明执法对国家的重大意义，要准确把握严格执法的基本内涵，要切实把“严格规范公正文明的

国学名句集锦

圣人贵措刑，不贵烦刑。

——唐·陈子昂《答制问事》

执法”实践到方方面面，始终坚持依法治国、依法行政、依法执政，要始终坚持法制社会的一体化建设。

现在，中国还处于社会主义初级阶段，又逢全面建成小康社会的决胜阶段，而改革也进入了攻坚期。执法工作的形势和环境已经发生了复杂的变化。随着当前的形势发展、环境变化、事业拓展、群众期待，这些都对执法工作的进行提出了更高的要求。全体党员干部必须以全局的高度为起点，深刻认识“严格规范公正文明执法”的重要意义，并严格执行。

国学名句集锦

仁义，理之本也；刑罚，理之末也。

——《贞观政要·公平》

知法——不知法不足辩

“不知法不足辩。无法纪则无正义。”这句话的意思很浅显，就是说作为一个领导干部，首先要懂得法律，了解法规，这样才不至于因为无知走上歪路。

“遵纪守法”是指从业人员要遵守的纪律和法律。同时“遵纪守法”是每个公民应尽的义务，是构建和谐社会的基石。

东汉时有个官员叫赵咨，时任“东海相”，即东海国的行政首长。东海国是个小国，大概位于今天的山东临沂。

赵咨去上任的途中经过荥阳，当时荥阳的县令是曹嵩。曹嵩听说赵咨要从荥阳经过，就赶紧跑出去迎接赵咨，谁知却晚了一步，赵咨的马车已经走了。

曹嵩后悔极了，对身边的人说：“赵君名气大，现在过界却不见，必定为天下笑柄。”所以他就把手头的工作停下来，交给旁人做，自己快马加鞭地去追赵咨了。等曹嵩追上赵咨的时候，已经离荥阳很远了。曹嵩返回荥阳后，他不得不辞官，只能回家当老百姓了。

国学名句集锦

和民一众，不知法不可。

——《管子·七法》

这个故事是《后汉书》中记载的，曹嵩名气虽然不大，但他有个有名的儿子叫曹操。让人感到奇怪的是，曹嵩在见过赵咨以后为什么辞官呢？因为在汉代，地方官员是不能随随便便就离开自己辖区的，否则就是严重违纪，即使自己不辞官，朝廷也会将他撤职。

地方官员未经允许不能擅自离开辖区，这其实是中国很多朝代都有的规定。三国时候，魏国有个县官，知道自己的老领导死了，就去京城奔丧，正好被司隶校尉钟繇抓住，当场就被打死。

吴主孙权在位时，有个孟姓的县官，因为母亲去世了，他便没跟朝廷申请，自作主张回老家去办丧事了，孙权知道后非常生气，立即就要砍他的脑袋，幸亏有陆逊在一边求情，孟县官这才幸免一死。

而事实上，这位县官当时即使跟朝廷请假，朝廷也不会批准，这是因为孙权早就下过命令说："遭丧不奔非古也……今国家多难，凡在官司，宜各尽节。"孙权的意思是，父母去世，当儿子的回家治丧这是应该的，但是现在正值军情紧急，政务也异常繁忙，每个岗位都缺人，因此忠孝自古不能两全，就算父母去世，所有官员也应该坚守岗位，而不能回家奔丧。

由此可见，古代的法律之严，以及古代官吏的约束之多。反观现代，仍旧有很多反面典型。某公安局刑侦支队的副队长张某，身为警察却幕后筹建赌场。后来湖南省株洲市政法委正式通报，张某因触犯开设赌场罪和助犯罪分子躲避处罚等罪，被司法机关处以有期徒刑一年零两个月，罚金两万元。

在之前的一段时间里，领导干部做兼职这个话题引起了许多人的关注。因为国家领导干部做兼职会扰乱市场正常的秩序，或者出现因权力寻租和许多不正当竞争带来的交易。重要的是这种行为还会滋生蔓延腐败、

国学名句集锦

礼与法，表里也；文与武，左右也。

——《司马法·天子之义》

攀比等许多不正之风。因此，中组部特地出台了文件作为官员到企业做兼职的标准。

可以说，张某的这件事再次为所有党员干部敲响警钟。要防止党员干部再发生这样的情况，应该从这几个方面重点着手。

第一，加大对干部的权力约束，要将权力关进制度的笼子里去，从而让那些一心想着以权谋私的官员做不成事。第二，加大对党员干部的监管力度，要让官员的举止行为符合在职单位的要求以及法律的规定。接下来，就是加强对干部的思想教育。

为什么不少官员成为阶下囚？说到底是因为他们的思想意志薄弱，经不起糖衣炮弹的连番轰击，最终成为犯罪者的帮凶。只有加强党员干部的思想教育，从根本上认识到违纪违法的危害性，党员干部才能从自身行动上不违规。

2014 年 12 月 4 日是中国的第一个“宪法日”。在第一个国家“宪法日”到来之前，习近平就此作出了重要指示。他强调，中国要以设立“宪法日”为契机，由此深入开展对人民群众的宪法宣传和教育，要大力弘扬和宣传宪法精神，要切实增强国民的宪法意识，从而推动全面贯彻落实宪法的实施，更好地发挥宪法法律规定在建成小康社会、推进依法治国、深化改革中的重要作用。

宣传和弘扬宪法的精神，就要以“三化”为本。习近平指出，弘扬宪法精神，就要重视对宪法教育的宣传作用，要做到将宪法教育的宣传“全民化、长效化、常态化”。

因此，党员干部应将国家“宪法日”作为契机，要在全社会范围开展宣传宪法教育，宣传宪法中确立的党和国家的根本制度、任务，以及基本原则和活动的准则。弘扬宪法精神，就要利用多种形式，比如专题教育、

国学名句集锦

以至详之法晓天下，使天下明知其所避。

——北宋·苏轼《御试重巽申命论》

相声、比赛、童谣等，借此号召全国群众参加到宪法的教育中，要做到通俗易懂，要切实拉近宪法精神和群众的距离。

要定期开展将宪法的教育作为主题的活动，让中小学专门设置法制相关的教育课程，研发针对不同年龄层的法制教材，真真正正地将宪法教育的宣传工作做到“常态化”和“长效化”，进而引导人民群众树立深刻的宪法意识和观念。

坚持从青少年抓起，把法治教育纳入国民教育体系，引导青少年从小掌握法律知识、树立法治意识、养成守法习惯。要坚持法治宣传教育与法治实践相结合，深化基层组织和部门、行业依法治理，深化法治城市、法治县（市、区）等法治创建活动，全面提高全社会法治化治理水平。要推进法治教育与道德教育相结合，促进实现法律和道德相辅相成、法治和德治相得益彰。

要健全普法宣传教育机制，实行国家机关“谁执法谁普法”的普法责任制，健全媒体公益普法制度，推进法治宣传教育工作创新，不断增强法治宣传教育的实效。要通过深入开展法治宣传教育，传播法律知识，弘扬法治精神，建设法治文化，充分发挥法治宣传教育在全面依法治国中的基础作用，推动全社会树立法治意识，为顺利实施“十三五”规划、全面建成小康社会营造良好的法治环境。

国学名句集锦

法令明具，而用之至密，举天下惟法之知。

——北宋·苏轼《策别》

守法——国有常法，虽危不亡

“家有常业，虽饥不饿；国有常法，虽危不亡。”语出《韩非子》。说的是，家庭要有固定的产业保证收入，这样即便是饥荒时期，家人也不会挨饿；国家要有健全的法制，这样即便国家遇到危难也不会灭亡。

商鞅是战国时期政治家、思想家，法家的代表人物，他的变法使秦国变得富裕强大。在政治上主要改革户籍、军功爵位等，经济上重视农业抑制商业，军事上成功收复了河西。“商鞅变法”使得秦国从此踏上了历史变革的快车道，也为统一六国奠定了制度基础。

商鞅改革中遇到的最大阻力来自士大夫阶层，正当他思考该如何消除阻力时，太子嬴驷触犯新法，机会来了，于是商鞅要求法办太子，同时提出“王子犯法当与庶民同罪”的理念。秦孝公觉得为难。商鞅想出了一个折中的办法，法办其师傅公子虔和公孙贾。于是公子虔和公孙贾都受到了严酷的刑罚。

公子虔是什么人呢？他是当朝秦国国君秦孝公的亲哥哥嬴虔，嬴虔被

国学名句集锦

法令者，所以抑暴扶弱，欲其难犯而易避也。

——《汉书·刑法志》

委以重任，平时负责照顾秦国太子的饮食和起居，是为秦国培养储君的人，却因为触犯商鞅的新法被割掉了鼻子，自此在家中闭门八年。

“杀鸡给猴看”这个道理谁都懂。但是，这次商鞅却是“杀猴给鸡看”，震慑力相当惊人。从此秦国所有对新法的阻力都化为乌有，商鞅的新法顺利得到实施，商鞅也在历史上留下了精彩的一笔。

党员干部如果不守法、不守纪，伸手必被捉。冯树文出生于 1962 年，18 岁参加工作，曾经在钻井生产一线工作多年。2002 年 3 月调任新疆塔里木石油勘探开发指挥部，2006 年 4 月担任塔里木公司生产协调科科长，2008 年 3 月任冀东钻井公司生产协调部主任。

随着职务的提升、能力的增强、权力的增大，冯树文逐渐迷失了自己。在工作期间，他利用职务上的便利，在单位的物资搬迁过程中，对于个别单位如中油物流有限公司新疆分公司等“照顾”有加。另外，在单位的整体搬迁工程招投标过程中又以权谋私，帮助这些单位多次中标，收受关联单位行贿人民币 168 万元。其后，冯树文又利用职务上的便利，私自涂改运费结算单，从中攫取本单位公共财物人民币 10 万元。

冯树文担任塔里木公司生产协调科科长期间，因为给过中石油物流公司很多“照顾”，该单位领导为表示感谢，分三次向冯树文的银行卡中汇款 3 万元，冯树文则默许这种行为。通过这样的经历，冯树文尝到了违纪的甜头。2007 年 12 月，在一次搬迁工程招标时，他便贪欲萌生，打起了索贿的主意，约定好以合同标的额的 5% 支付提成后，通过暗箱操作，帮助中石油物流公司中标后，15 万元又到手了。钱来得太容易了，从此开始，冯树文便习惯于以同样的方式获取私利，通常一次招标可以获取合同标的额的 3% 至 5%，如此获利 150 万元。在冯树文看来，这样的金钱往来是“私事”，除了他和行贿人，没有人知道就是“安全”的，“合理”的，甚至是“合法”的。

国学名句集锦

法禁者，俗之堤防；刑罚者，人之衔辔。

——《后汉书·虞诩传》

2008年3月27日，冯树文被新疆维吾尔自治区轮台县人民检察院刑事拘留，同年4月11日被逮捕。2008年11月18日，受贿罪与贪污罪并罚，新疆维吾尔自治区轮台县人民法院判处冯树文有期徒刑16年，剥夺政治权利2年。

冯树文在一夜之间，由手握大权的领导干部沦为阶下囚。究其原因，虽然掺杂了很多外部因素的影响，但主要原因还在于他本人思想意识上的松懈，在工作中放弃了党员最基本的党性修养，惰于对世界观的改造，背离了共产主义信仰，贪欲旺盛，尤其是法制观念淡薄。冯树文以其实际教训为我们敲响了警钟，如果在利益的驱使下，丧失了信念和党性，最终必然走上违法犯罪的道路。

从冯树文走向违法犯罪的历程中可以看出，很多党员干部贪污受贿的主要原因之一便是缺乏遵纪守法意识，法律观念淡薄，从被动地接受“好处费”，到主动地索贿，涂改票据；从单纯的收钱，到主动与对方洽谈提成比例，从收钱后的惶恐到索贿时的心安理得、毫无底线，一步一步堕入罪恶的深渊。

权力的背后是责任，是监督，履职的过程中要问责，要追踪，要究其根本。“法治”并不是有些基层官员理解的那样，只是用法律去治理老百姓，而是用法律约束官员，促使其严格依法行政，保证社会公平性、公正性。如果党员干部能够清醒地认识到，自己在法治的约束之中，必须尊重法律法规，敬畏法律法规，将这种尊重和敬畏转化为日常工作的思维方式和行为准则，在法治范围内思考问题、制定决策、执行落实，就不会出现种种偏差，触犯法律底线。习近平要求领导干部做守法模范，意义正在于此。将权力关进制度的笼子里，不断实现良法善治，是法治中国建设进程中的重要环节。

国学名句集锦

法有明文，情无可恕。

——北宋·欧阳修《论韩纲弃城乞依法札子》

传法——以身教者从

范晔在《后汉书·第五伦传》中提到："以身教者从，以言教者讼。"意思是说，为政者如果用自己的行动来教导人民，人民就会接受你的教导；若只是用言论，百姓就不会听取你的教化，反之还会引发是非。

东汉时，皇室外戚不守律法，第五伦上奏称"以身教者从，以言教者讼"，是希望汉章帝改革并废除损害公益的措施，反映了传统的教育方针——身教胜于言教。

李离是春秋时期晋国的一个狱官，在一次审理案件时，听从了一名下属的片面之词，冤死了一个人。后来知道真相时，李离自责要以死赎罪，晋文公说，"官职贵贱不一，刑罚也轻重有别。而且这案件主要错在你的下属，并不是你的错误。"李离说："平常我并没有跟下面的人一起来担任这个职位，拿到的俸禄也没有和下属一起分享。现在有了过失，要我将这部分责任推到下属身上，我做不出这样的事来。"于是李离拒绝了晋文公的意见，横剑自杀。

国学名句集锦

法立于上，教弘于下。

——《三国志·魏书·钟会传》

以身作则，以自己的行为作榜样才能让人服从，作为管理者，想要管理好下属必须自己做出样板。示范的力量是令人意想不到的。领导干部不仅要像李离那样勇于承担责任，而且要起到带头作用，充分认识“己所不欲，勿施于人”的道理。通过行为表率在人民心里树立起威望，会使得上下同心，同时可大大提高整个团队的战斗力。无数历史事实告诉我们：得民心者得天下，做一个令下属钦佩的领导会使管理有意想不到的成效。

1928年4月25日，朱德率领万人上井冈山。28日，与已在井冈山初创根据地的毛泽东领导的部队会合。一周后，胜利会师大会在此召开。会议上，中国工农革命军第四军正式宣布成立，毛泽东被任命为党代表，朱德任命为军长。在巩固根据地的过程中，敌人不断在经济上对根据地实行封锁，想要把工农革命军困死、饿死在井冈山。

为了粉碎敌人的多次“围剿”，坚持革命斗争，党组织积极动员井冈山周围地区的群众送粮给红军，井冈山根据地的部队也经常下山挑粮。1928年秋季的某天，朱德带领战士们到附近的宁冈古城挑粮。以前挑粮，朱德总是将自己的箩筐装得很满，这次也一样，到了古城就先抢着装粮。在把自己两个箩筐装满后，接着又拿出两个口袋装满加在箩筐上面。

有一个战士看到这个情景后，心疼地对朱德说：“朱军长，你少挑一点就行，我们每个战士可以多挑一点，就可以把差量补回来了。”朱德听后，严肃地说：“我为什么就可以少挑？难道挑不动吗？”说完，他就挑起两个箩筐去过秤，足足有142斤。在朱德这种以身作则的表率下，每个人都很自觉地把自己的两个箩筐装得很满。

在回去的路上，战士们看到朱德一点儿不输那些年轻战士们，虽然身上的军装已被汗湿透，肩上的扁担也被压弯了，但朱军长的步伐依然有力，脸上的神态依然认真严肃，不由得令人更加感动和敬佩，所以战士也

国学名句集锦

法大行，则是为公是，非为公非。

——唐·刘禹锡《天论》

干劲十足，不自觉地齐声唱起了歌。

1947 年 3 月，国民党对陕北解放区、山东解放区进行重点进攻，为了打破敌人的进攻，党领导人决定派朱德、刘少奇组成中央工作委员会，从陕北前往华北。4 月 26 日，朱德等人到达晋察冀解放区，并把主要的精力放在了两个方面上，即土地改革和军事工作。

有一天，张冬月（时任河北平山县土地改革实验组组长、土改工作团团长）等其他三人向朱德汇报土改的工作，汇报完工作后，朱德发现到了吃饭时间，于是热情地招呼工作人员一起去食堂就餐。

这天食堂正好供应的是包子，管理伙食的工作人员看到朱德等人在同一张餐桌前就餐，就给他们端来了四个菜和鸡蛋汤。朱德看到这些菜后，眉头不禁皱了皱，并把管理伙食的工作人员叫过来。问道："今天战士们吃的是什么饭?"当值的管理员感到不解并答道："是包子。"

朱德发现伙食管理员并没有明白自己所说的含义，于是指着桌子上的菜又说："这些是什么?"管理员更加疑惑了，回答说："四盘菜和一盆汤。"听完后，朱德变得严厉起来说："包子里有菜，有肉，还做四菜一汤干啥?"管理员听完后觉得委屈，便答道："因为今天您有客人来了!"朱德接着又问："噢！客饭难道就没有标准了?"工作人员解释说："是有的，但您的客饭是没有什么标准的。"总而言之，是说跟其他干部的客饭的标准不一样的。听完这些后，朱德十分不悦地说："原来你们是用我的名义来搞特殊！今后，谁也不能搞特殊化，一切按规定行事!"朱德面对食堂给他准备的"特殊饭菜"断然拒绝，并坚决要求按照和一般干部的客饭一样的标准来接待自己的客人。他这样厉行节俭的态度，不搞特殊化、以身作则的作风深深地触动了大家，也教育着大家。

"动人以言，其感不深；动人以行，其应必速。"这句话的意思是用语

国学名句集锦

法大弛，则是非易位，赏恒在佞，而罚恒在直。

——唐·刘禹锡《天论》

言打动人，他人的感触不会很深；用行动打动人，他人的反应必然迅速，强调身教比言传更有效果。在管理好部队的方面，各级领导干部的带头作用是不容忽视的。正因为如此，习近平在视察第十六集团军时一再强调："要坚持以身作则，在修身养德、正风肃纪上下功夫。"

作为领导人，以身作则，就要做到带兵和做人方面都要带好头，尤其是个人作风必须正、形象也要好，正如《论语·子路》所言："其身正，不令而行；其身不正，虽令不从。"率领部队最重要的是带好风气，邓小平曾说："连长指导员不以身作则，就带不出好兵来；领导干部不做出好样子，就带不出部队的好风气，就出不了战斗力。"由此可见，法律法规上行下效、言传身教的重要性。只有党员和政府领导干部严格守法执法，才能给人民群众做好榜样。

国学名句集锦

法者，所以适变也，不必尽同；道者，所以立本也，不可不一。

——北宋·曾巩《战国策目录序》

执法——不难于立法，而难于法之必行

明朝政治家张居正说：“天下之事，不难于立法，而难于法之必行；不难于听言，而难于言之必效。”意思是说，国家的一切事，制定法律规章政策并不难，难的是有法必遵；听人说话不难，难的是听到之后去遵守。

张居正曾说：“臣等窃闻尧之命舜曰，‘询事考言，乃言底可绩。’皋陶之论治曰：‘率作兴事，屡省乃成。’盖天下之事，不难于立法，而难于法之必行；不难于听言，而难于言之必效。”这段话强调一切国家大事，制定法律规章并不难，难的是有法必遵。

张居正作为著名的政治家和改革家，他深知有法必遵的重要性和实施过程的困难。他主张实施“一条鞭”法，改变严重不均的赋税制度，使明朝财政有进一步的好转，但新的政令难于完全实施，使他主张的改革受阻，达不到本应有的效果。

在张居正看来，国家的法律规章已经有很多了，之所以我们的内政不修，并不是因为规章条令不健全，而是因为没有严格地依照法律规定办

国学名句集锦

刑，期于无刑。

——《尚书·大禹谟》

事。因此，张居正在内政方面提出了“考成法”，为政方针是“尊主权，课吏职，信赏罚，一号令”。“考成”，意思是考核成绩，到底做没做，必须要查得明白。以此对各级官吏定期考察，解决官吏之间争权夺势等腐败之风。

西汉时期有名的酷吏杜周，为人少言重迟、内心阴刻。历任廷尉、御史大夫等职。汉武帝刘彻对他尤为器重。原因主要有两个：一是他善于治安，二是因为他治狱，一切听从于皇帝的旨意。对于皇帝不喜欢的人，他设法陷害其人；而皇帝想要赦免的人，他想办法，找个借口把此人释放。于是就有人责问他：“君为天下决平，不循三尺法，专以人主意旨为狱，狱者固如是乎？”上文中的“三尺法”意思是指写在三尺长竹简上的法律规章。面对这样的质疑，杜周总是一笑了之，而且振振有词地答道：“三尺法，安在哉？前主所是著为律，后主所是疏为令，当时为是，何古之法乎？”其实，杜周说出的是实情，道出了封建社会执政者的执法心态。杜周能够坦率地承认这种现象，还有几分令人敬佩的。

红军师团级干部黄克功，生于 1911 年，是江西南康人。1937 年 10 月 5 日，他因逼婚未遂枪杀了就读于陕北公学的刘茜，由抗日军政大学第六队队长堕落为杀人犯。该案件得到中共中央领导人的高度重视，中央委员会在毛泽东的主持下召开会议，经过一系列的慎重讨论，表决处黄克功以死刑。1937 年 10 月 12 日黄克功执行死刑。这起案件后称为“黄克功桃色事件”。

毛泽东批准执行死刑的案件在我党我军的历史上并不多，但黄克功是与他共患难，从井冈山根据地就开始跟随着自己的一位军官，却因枪杀他人被毛泽东亲自批准死刑。

肖玉璧是延安时期陕甘宁边区贸易局副局长，是一个战功赫赫、全身

国学名句集锦

法正则民悫，罪当则民从。

——《史记·孝文本纪》

多处伤疤的革命战士。

1940 年秋季的某天，毛泽东到医院去看望这位老红军。肖玉璧劳苦功高，伤疤有九十多处。毛泽东看望他时，这位老战士已经病得皮包骨头，令人心疼，毛泽东便向值班医生咨询其病情，随后又特批取奶证给肖玉璧的医生，叮嘱他每天必须喝半斤牛奶，直到肖玉璧恢复了健康。

肖玉璧痊愈出院后，组织安排他去张家畔税务所担任主任一职，但是肖玉璧拒不服从，来到毛泽东面前，解开自己的衣扣让毛泽东数数身上的伤疤。毛泽东严肃地说自己不识数，无奈肖玉璧只好马上去就任。

肖玉璧上任以后，自认为劳苦功高，就无视法律与规章，竟然贪污了三千多大洋。更过分的是，他把革命根据地十分稀缺的食用油和面粉卖给国民党牟利，从而导致边远地区重要物资流出。

肖玉璧案发后，依据当时的《边区惩治贪污暂行条例》，肖玉璧被判处死刑。他向毛泽东求情，但毛泽东执法如山，严令枪决。

毛泽东问："肖玉璧案件中贪污了公家多少钱？"

林伯渠回答道："三千多大洋。而且他给您一封信，说看在他作战有功、劳苦功高的情分上，允许他去战场，战死在战场上。"

毛泽东并没有看他的来信，低头沉思一阵，让他想起了黄克功的案件。毛泽东跟林伯渠说道："你还记得对黄克功案件是怎么处理的吧？"当时林伯渠就说："当然忘不了！"毛泽东说："既然如此，这次和上次一样，我是完全拥护法院的正确判决的。"于是，从老红军到贪污犯的肖玉璧被依法执行死刑。

2008 年 5 月 4 日，温家宝应中国政法大学学生们的热情邀请来到学校，与同学们共度青年节。温家宝在与同学们交谈中语重心长地说："天下之事，不难于立法，而难于法之必行。"

国学名句集锦

古者诛罚不阿亲戚，故天下治。

——《史记·三王世家》

"难于法之必行"，温家宝的所思所虑在现实生活中也不乏例子，一些有法却不依、执法而不严和违法不追究的情况以不同的程度存在，像宪法不被尊重或者不被遵守，有法律却被漠视甚至践踏的现象还时常发生。

那么怎样才能做到"法之必行"？邓小平曾说过："法制教育要从娃娃抓起。"因此可见，法制宣传工作重要的是教育。就像古罗马人，他们从一出生就被这样教育：你如果想要寻求真正的正义，那就去找法律。

英国哲学家洛克说："哪里没有法律，哪里就没有自由。"当前，在一些国民的心中，我国的法律是用来约束他们行动的，而不是他们的护身符，许多政府官员重点强化了法律对人民的管理功能，却忽视了法律对人民的保护价值，只一味地要求公民遵守法律。所以，这种畸形的现状必须改变，且要见到成效。

法治并不是强调普通百姓要对法律的条条框框有多么深透的理解，而是要努力把这种法治精神、意识、观念熔铸到人民群众的头脑里，让他们体现在日常的行为之中。

国学名句集锦

世不患无法，而患无必行之法。

——西汉·桓宽《盐铁论·申韩》

第四章　和　谐

自古以来，不论是什么形式、什么目的的战争，归根结底，深受其害的都是老百姓。墨子所主张的“兼爱”“非攻”，实质上是利于百姓的崇尚“和谐”的思想。党员干部也应遵循其思想精华，以“兴天下之利，除天下之害”为己任，以国家、人民的利益为一切行为的准绳。

◎**利民**——欲求富国，必先利人

◎**除害**——善除害者察其本

◎**守己**——出淤泥而不染

◎**无争**——为而不争

◎**相爱**——爱人者，人恒爱之

◎**相交**——各出所学，各尽所知

◎**互惠**——见小利，不能立大功

◎**互敬**——敬人者，人恒敬之

利民——欲求富国，必先利人

> “古之善政者，贵于足食，欲求富国者，必先利人。”出自《旧唐书》。意思是说，一个好的国家政策是能让百姓食粮充足，要让国家变得富足就要做利民的事。

“古之善政者，贵于足食，欲求富国者，必先利人”，是唐玄宗李隆基给韦坚下的诏书里的开篇句，反映了他以百姓为先的治国理念。李隆基在位前期是十分重视老百姓的，他曾经下令将许多土地分给没有地的农民，还减轻了百姓的赋税负担，多次告诫官员不能随便侵扰百姓。李隆基这些措施充分稳定了当时社会的秩序，同时促进了社会经济发展。后来这句话就被用来说提高人民的生活质量，维护百姓利益才是让国家走向强大的关键。

这个道理，古人从很早以前就一直遵循。商朝末年，周武王姬发即将要发动征商的战争，出兵征讨的时候，他曾经向姜太公讨教如何克敌制胜。姜太公对姬发说道：“纣王就是因为暴虐，所以失去了民心，现在我们要与他相反，我们要抚爱天下百姓，要用仁德和贤能来应对商朝的昏庸

国学名句集锦

治国之道，必先富民。

——《管子·治国》

和无道。如果我们赢得了百姓的心，就会得到百姓的拥护，那这次征讨就能够取得最终的胜利。”

武王把姜太公的话始终记在心上，所以他在取得灭商战争胜利后，就打开了粮仓，把粮食分发给当地的百姓，还把商纣政府存放在鹿台的财货拿出来，全都分给百姓。而对那些受到商纣残害的吏民，姬发全都给他们平冤昭雪。

比干被商纣挖心而死，武王就修高比干的陵墓。在得知纣王用象牙筷子吃饭，武王就感叹商朝囚禁的大臣箕子，并把他从牢房中放出来，还亲自到宗庙里去拜一拜一直受天下百姓尊敬的商汤。有一天，武王遇到一个人中暑了，就让人把这个百姓扶到树阴下，亲自坐到他身边，扶着他，给他扇风……武王这样的行为，让天下人看到了一个贤明君主的形象。

对商朝的老臣，武王不因为他们以前为纣王做过事而疏远，只要他们有真才华，武王就会重用。他对自己过去的老部下，也没有因此就特别亲近，不会任人唯亲。因此，在他的统治下人们都各得其所，人人有自己的房子住，有自己的田地种，因此天下变得安定有序。武王为了警戒自己犯错误，特意立了一面鼓，如果发现失误，就赶紧敲一敲。

可以说，周武王利民、爱民的措施，不仅让他夺取了天下，还为大周八百年的江山奠定了基础。

1957 年 9 月，周恩来来到石景山的钢铁厂视察。钢铁厂负责人在向他汇报精简机构工作的时候，周恩来问：“全厂现在有多少人？其中生产工人多少？”根据提问，钢厂的领导向周恩来提供了相关的实际数字。

当时，厂里的非生产员工占 30％多，这个数字比例太大了。周恩来问道：“你们这次打算减多少？如何减？”厂里领导回答说：“改革业务并合并机构。”

国学名句集锦

鸟飞准绳，谖充末衡，易政利民，毋犯其凶，毋迩其求，而远其忧。

——《管子·宙合》

周恩来听后，语重心长地跟厂长说："你们在精简机构时，要考虑彼此通气的问题。厂长要考虑党的工作，党委书记也要懂得生产，党政工团都要懂得生产嘛。我们分工不能像唱戏的，唱旦角的不能唱胡子，唱胡子的不能唱旦角，要培养全才。"过了一会儿，他接着说："多管点事情就可以提高干部，你只给他一样工作、一件工作，哪有那么多东西可以提高呢？"

周恩来还详细地询问了工厂职工的工资多少、奖励制度、住房保障、医疗水平等福利保障情况。他关切地询问厂长："奶牛场里一共有多少头奶牛？厂子里职工的疗养设施怎么样？"周恩来平时的工作可谓日理万机，还那么详细地询问普通劳动者的生活问题，感人至深。

当周恩来听说疗养机制是让冶金工会统一安排，而且每年去的员工只有二三十人的时候，他立刻郑重地对他们拿出的具体数字算起账："如果按照 30 人算，一年是 30 人，10 年是 300 人，100 年才 3000 人，你们厂的人轮上一次要 400 年，要工人的子孙才能轮上，那这就是点缀品了。"周恩来多次嘱咐厂里的领导，关心厂里职工的生活，提高工人和群众的劳动积极性。

以周恩来的讲话为精神，钢铁厂党委专门成立了生活调查小组，专门有重点地为工人生活解决一些实际的问题。再后来，随着石景山钢铁厂的发展，首钢职工的住房、收入和医疗保健以及各项福利事业，渐渐都得到了改善。尤其是周恩来关心的职工健康疗养问题，在后来首钢改革后，便有了长足的发展，陆续在全国各地建起疗养点。

民生问题一直是我党密切关注的重点。2013 年 12 月下旬，习近平到北京市供热公司和敬老院实地考察人民生活工作时曾表示："要完善制度、改进工作，推动养老事业多元化、多样化发展，让所有老年人都能老有所

国学名句集锦

治国有常，而利民为本；政教有经，而令行为上。

——《淮南子·氾论训》

养、老有所依、老有所乐、老有所安。”

民生就是民心，民心问题关系着国运问题。“民生”是中国实现改革发展的最大问题，民生问题的解决就是最大的政绩。诚如习近平说的：“我们党和政府做一切工作的出发点、落脚点都是让人民过上好日子。”

关注民生、重视民生、保障民生、改善民生，这些问题是党和国家政府最终的职责和目标。对此，党的第十八次全国代表大会报告指出，想要加强中国社会建设，就必须重点保障和改善民生。所以多为民生谋利，解民生忧虑，重点解决群众最关心的利益问题，要在病有所医、劳有所得、学有所教、住有所居、老有所养这些问题上取得新的重大进展，就是要努力让群众过上更好的生活。

改善民生问题，是实现国家富强和民族振兴的主要内容。新中国成立几十年来，社会经济发展，民生问题改善，始终是我党和人民政府坚持的最重要的工作。无论生活质量还是生态环境，全国各级政府都通过自己的努力，不断拓展着民生问题的内涵。这种以人为本的全面健康发展的“大民生”政策，会让亿万群众共享发展成果。

国学名句集锦

圣人非不好利也，利在于利万人；非不好富也，富在于富天下。

——唐·白居易《策林·不夺人利》

除害——善除害者察其本

白居易在《策林》中说：“善除害者察其本，善理疾者绝其源。”意思是说，善于解决问题的人，总是在开始之前先查找其根由，以便于有的放矢，节省时间和工作成本。善于为人治病的人，也总是先找到问题的源头以断绝疾病。

宋仁宗时期，国舅爷鲁斋郎借着皇威，一向胡作非为惯了，京城里的老百姓也都是敢怒而不敢言。

有一次，鲁斋郎霸占良家女子，为此逼死了好多条人命。这些死者的亲人就告状告到了包拯的开封府。包公将这件案子查明后，顿感怒火中烧，于是下定决心要为民除害。但是鲁斋郎与当今皇帝关系非同一般，杀掉他不是一件非常容易的事。包拯思考半天，最终有了主意。他先给皇帝上奏折说，有个叫“鱼齐即”的，专门坑害京城百姓，而且作恶多端，这几天又伤了几条人命，不知该当何罪。

皇帝看了这个奏折后毫不犹豫地批了个“斩”字。拿到奏折后，包拯

国学名句集锦

利莫大于治，害莫大于乱。

——《管子·正世》

二话不说，当天就把鲁斋郎给杀了。

第二天，皇帝有事传召鲁斋郎上殿，包拯就启奏说："此罪犯乃是您御笔亲判，我昨天已经把他斩了。"宋仁宗大惊，立即问是怎么回事。包拯就把昨天的批文呈交上去。仁宗皇帝看了，也只好说："苦害良民百姓，该当此罪处斩！"

原来，包拯前一天等皇帝在奏折上批了"斩"后，回到自己府里就把奏折上的"鱼齐即"改成了"鲁斋郎"。第二天仁宗皇帝只以为是他自己看花了眼才批准的，所以他也没有怪罪包拯，而包拯也顺利地为民除了害。

新中国成立后，历届党和国家领导人都对腐败深恶痛绝。毛泽东曾说过："对于贪污、浪费和官僚主义的严重现象，如果不加以彻底肃清，它们就要腐蚀我们的党，腐蚀我们的政府，腐蚀我们的军队，腐蚀一切财政经济机构和一切革命的群众组织，使我们的许多干部人员身败名裂，给我们的国家造成极大的灾害。一句话，这就有亡党、亡国、亡身的危险。"

对于腐败问题，邓小平说："执政党的党风问题是有关党的生死存亡的问题。"江泽民说："反对腐败是关系党和国家生死存亡的严重政治斗争。"胡锦涛说："在和平建设时期，如果说有什么东西能够对党造成致命伤害的话，腐败就是很突出的一个。"

由此可见，党和国家领导人对官员作风和腐败问题的重视程度和把关的严格。改革开放后，因腐败而被判处死刑的第一个领导干部是王仲，他担任广东省海丰县县委书记期间大量收受并索取香港商人的收录机、电视机和电冰箱等，再转手卖出，还大量私吞缴获物资。经查明，王仲通过非法手段索取的钱财总金额多达6.9万余元，这在当时是个不小的数目。本案受到时任中共中央纪检委书记陈云的重点关注，先后派了一百多人次的

国学名句集锦

除害在于敢断，得众在于下人。

——《尉缭子·十二陵》

调查组。当时有人说，这是个老同志啊，王仲还是为党做了许多贡献的，是不是可以从轻处理。然而，中央纪检委、特别是书记陈云认为，现在是改革开放的重要时刻，这个案件起到了非常不好的影响，此时如果不能依照国家法律进行严厉惩处，就对国家现在重点打击的经济犯罪活动甚至是“改革开放”都是非常不利的。因此，1983 年 1 月，王仲被法院依法判处了死刑。这件案子被称作是“改革开放反腐第一案”。

中共中央不断加大反腐措施，1982 年 3 月，正式通过《关于严惩严重破坏经济的罪犯的决定》，这部法律是一部惩腐专项法律。另外，政府查办腐败贪污要始终保持一个强劲势头。改革开放初期，除了县委书记王仲的案件，王磊案影响也是极大的。

1980 年的一天，北京“丰泽园饭庄”的大厨陈爱武，特地向中国青年报社记者反映了国家商业部部长王磊私底下大搞特权，在饭庄吃一顿饭付的钱还不够买饭庄的一碗汤。青年报社刊发的当天，王磊就给中纪委写了严格的书面检查。但是 1982 年，王磊还是因此被免去了职务。

2014 年在北京召开的中央政法工作会议上，习近平发表了重要讲话。习近平强调，目前要把维护社会稳定作为重点的基本任务，要把公平正义作为社会的核心价值，要把人民安居乐业的保障当作根本目标，时刻坚持公正司法、严格执法，要不断深化改革，不断加强并改进党中央的政法工作，切实维护广大群众的切身利益，要为“两个一百年”的目标实现、国家的复兴的实现提供有力的基础保障。

习近平还指出，“政法机关”想要完成我党和广大人民所赋予的使命，那就必须要严格、公正司法。所谓“公生明，廉生威”，就是要坚守每一个人的职业良知，做到执法为民，要自觉以职业道德和规范约束自己的行为，对人民群众深恶痛绝的行为就要零容忍，群众急需解决的事务就要零

国学名句集锦

繁为攻伐，此实为天下之巨害。

——《墨子·非攻下》

懈怠。党员干部要树立的是惩恶扬善和执法如山的责任感和存于天地的浩然正气。党员干部要始终信仰并坚守法治，始终做一个知法的、懂法的、守法的、护法的严格执法者，这样才能站稳脚跟，脊梁挺得直，只服从事实，做到秉公执法。

党员干部在执法和办案的环节都要设置一面隔离墙并通上高压线，如果有人违反制度，法律就要严厉处罚，一旦构成了犯罪就要依法追究其该有的刑事责任。始终坚持用公开促进公正、用透明来保证廉洁性，党员干部要增强公开、接受监督的主动意识，不要让那些暗箱操作的不法分子有空间，要用司法让腐败者再也无处藏身。

国学名句集锦

军暴而后戢之，兵乱而后遏之，善则善矣；不若防其微，杜其渐，使不至于暴乱也。

——唐·白居易

守己——出淤泥而不染

“予独爱莲之出淤泥而不染，濯清涟而不妖。”选自宋朝周敦颐的《爱莲说》。意思是说莲花在污泥中长大开花，却丝毫不沾染污秽；它经过清水的洗涤，却又显得妖媚。常用来比喻人在污俗的环境中生活，却依旧能保持良好的品质，丝毫不沾染坏的习气。

《史记》中记载了这样一个故事，上古时期舜的父亲是个盲人，舜的生母死后，舜的父亲又娶了老婆，舜的后母生了儿子。父亲非常喜欢后妻生的这个儿子，总想把舜杀死，舜只要有一点小过失就会严厉地惩罚舜。但是舜却依旧孝敬父母，对弟弟非常友爱，没有一点松懈怠慢。他很聪明，父母想杀他的时候，就找不到舜，但需要舜做事的时候，舜又总是在旁边等着。

有一次，父亲让舜到粮仓上面去糊泥巴，父亲就趁机放火焚烧这个粮仓，幸好舜有两个斗笠，他就像长了翅膀，从粮仓上飞下来逃跑了。再后来，舜的父亲又让他挖井，聪明的舜早就凿出一条暗道。当井挖深了的时

国学名句集锦

虑不先定，不可以应卒；兵不闲习，不可以当敌。

——《邓析子·无厚》

候，他的父亲和弟弟竟然一起往井里倒土，想活埋舜，舜就从暗道里逃开了。父亲本以为舜这次必死无疑了，当看到舜活着回来时，他又假惺惺地说道："你这孩子跑哪里去了？我们找了你好久啊！"尽管生活在这样没有人情味的家庭中，舜依然保持着"出淤泥而不染"的高尚品格，对待父母总是那样孝敬，对弟弟也总是很好。

后来，舜的美名传开，尧帝知道这些事情后，就把自己的两个女儿都嫁给舜，并且让位于舜，天下百姓都愿意归服于他。

这种"出淤泥而不染"的品质，一直为中国古人所推崇，直至近代也有不少典型的例子。英国人包令和晚清重臣林则徐是同一时代人，包令曾任香港总督，他很懂汉语，而且会说广东当地的方言，自己号称是个"中国通"。

包令是个殖民主义者，跟林则徐一直是敌对关系，他对林则徐的为人却佩服得五体投地。

1851年至1852年，英国刊发的《皇家亚洲协会中国分会会刊》里，曾发表了包令的题为《钦差大臣林则徐生平及著述》的文章，文中说林则徐这一生"忠诚地、几乎不间断地为他的国家服务了36年。在社会生活中，他以廉洁、睿智、行为正直和不敛钱财著称"。

包令说得很对，林则徐不仅是近代中国一位重要的政治家，同时也是近代中国少有的一位清官。

中国历朝历代中的贪污腐败以清代最甚。乾隆时期有"盛世"的美誉，但是皇上宠信的首辅军机大臣——和珅却是"千古第一巨贪"。到了晚清的时候，贪官可以说比蝗虫还多，而且代代成阵，情况愈演愈烈。这种现象预示着清朝的统治日薄西山，已经离亡国不远了。

就是在这样恶劣的环境下，林则徐一生可谓"历官十四省，统兵四十

国学名句集锦

兵者，百岁不一用，然不可一日忘也。

——《鹖冠子》

万”，却出淤泥而不染，始终保持清正为人、廉洁做官。林则徐不仅是因为政绩辉煌才天下闻名，他高尚的人格更为他赢得了民心。

然而不是每个人都能做到“出淤泥而不染”，总有一些人，禁不住糖衣炮弹的诱惑。1932 年 5 月 9 日，谢步升被枪决，成为中华苏维埃共和国建立以来第一个被枪决的腐败分子。

谢步升在担任江西省瑞金市叶坪村苏维埃政府主席时，利用职权擅自将打土豪的财物据为己有，并且偷用当时临时中央政府的管理科公章伪造通行证，私下里运水牛去白区销售。谢步升为了谋财，甚至还秘密杀害了一名军医。

谢步升的罪行败露后，当时苏区中央局某领导依然认为谢步升没有大错，希望瑞金相关部门将他释放。瑞金县的县委书记当时是邓小平，他在得知情况后十分气愤，拍桌子说：“谢步升这种贪污腐败分子如果不处理，那我这个当县委书记的还怎么向百姓交代？”因此，邓小平亲自来到苏区中央局反映事实，毛泽东当即表态：“与贪污腐败斗争，这是共产党人的天职，任何人都阻挡不了！”

尽管时代一直在发展，社会一直在进步，但是廉洁奉公一直以来都是为官者必须具备的品格。那些被绳之以法的“苍蝇”“老虎”，哪一个不是因为在贪欲中迷失了自我，漠视党纪国法而身陷囹圄呢？党员干部要从中吸取教训，引以为鉴，时刻警醒自己、激励自己，加强自我批评，严于律己，慎行谦恭，时刻以“莲”的品格作为自己的行为准则。

权力是把双刃剑，党员干部如果在日复一日的磨砺中失去了正确的方向，将会让自己跌入万劫不复的深渊。今天的行为必将成为明日的历史，所有的功绩要留给后人去检验，现在的工作需要人民来评判，个人的党性要靠自觉去磨炼。

国学名句集锦

库无备兵，虽有义，不能征无义。

——《墨子·七患》

党员要做好群众的榜样，干部要给党员起到表率作用。习近平在第十八届中央纪委第五次会议上强调，各级部门要把“严守纪律”“严明规矩”这两项放到重点来抓。只有努力提高廉洁自律意识，秉公用权，严于律己，担负起肩上的责任，才能达到莲花那种“出淤泥而不染，濯清涟而不妖”的花中君子的境界。

国学名句集锦

病人觉愈，弥须将护，若有触犯，必至殒命。治国亦然，天下稍安，必须兢慎，若便骄逸，必至丧败。

——《贞观政要·政体》

无争——为而不争

"天之道，利而不害。圣人之道，为而不争。"出自《老子》。意思是说，天的"正道"，是对旁人有利无害的；而圣人的"正道"就是自己努力做事，不会与别人争夺什么。

《老子》中这句话的全文是："信言不美，美言不信。善者不辩，辩者不善。知者不博，博者不知。圣人不积，既以为人，己愈有；既以与人，己愈多。天之道，利而不害。圣人之道，为而不争。"意思是：讲真话可能不好听，但是好听的话却未必是真的。善良的人不会巧舌如簧，而会说话的人却未必是善良的。真正聪明的人不会炫耀自己知识渊博，而炫耀自己博学的人又未必是真的聪明。圣人如果帮助别人就会全力以赴，因为帮助了人，他会更充实；圣人把所有奉献给别人，他自己反而变得更丰富。因此，天的"正道"，是对旁人有利无害的。圣人的"正道"就是自己努力做事，不会与别人争夺什么。

南北朝时期，有个人叫宗悫，胸中有大志向。他叔叔问他以后要做什

国学名句集锦

君子无所争，必也射乎！揖让而升，下而饮，其争也君子。

——《论语·八佾》

么，宗悫答“愿乘长风踏万里浪”，这也是成语“乘风破浪”的由来。宗悫为人宽厚，从不会计较一些小得失。一次，他的同乡有个叫庾业的人请他吃饭，因为庾业的家底殷实，而且生活非常奢华。所以他有些看不起宗悫，于是当众说：“宗悫就是个粗人，他就喜欢吃粗茶淡饭，因此我不敢用美味佳肴来招待他。”而宗悫并没有动怒，反而坦然拿过庾业给他的萝卜白菜和小米粥，吃得饱饱的就走了。

后来，宗悫做了豫州的刺史，其官位比庾业更高一些。庾业开始向宗悫道歉，而宗悫还是很坦然，他根本就不计较当年庾业的取笑，还是给对方该有的礼仪。他跟庾业说：“事情已经过去了，而且那一次，我吃得也挺饱的！”

这种大公无私、不争名利的精神，在老一辈革命家身上表现得很明显。陈云生前把自己的全部生命都投入到了党的建设事业当中。陈云不喜欢锋芒毕露，对许多公开场合的活动，如果可以不参加，他就不会参加和出席。有的宣传材料有关于他的，如果被他看到，就几乎全都被拿下来。

1945 年，七大召开时，陈云就曾说过：“假设你在党的领导下做一点工作，做得不错，对这个功劳怎样看法？我说这里有三个因素：头一个是人民的力量，第二个是党的领导，第三个才轮到个人。可不可以把次序倒转一下，第一是个人，第二是党，第三是老百姓？我看这次序不能颠倒啊。”

1982 年，在编辑陈云的文稿时，陈云还特别嘱咐说，要在后记中写明，在中央财经委员会任职工作这期间，他所有重大的决策，都是经过调查研究和集体讨论，最后报请党中央通过批准的，一定不能把所有功劳记在他一个人的身上。

新中国成立以后，陈云坚决要求他在待遇和宣传上一定不能和毛泽

国学名句集锦

小利不争，小忿不发；慰言温亲，可以和众。

——明・钱琦

东、刘少奇、周恩来、朱德相提并论。苏联送给中国五大书记每个人一辆汽车，陈云坚持要把他的那辆退回去。到了推行工资制的时候，相关部门把五大书记的工资定为同一级别，他却把自己的改成二级。在党的八大召开之后，《红旗飘飘》书刊要给当时每个政治局的常委登一个个人小传，但他始终不同意。这种事情上，他总是退让。然而，当遇到党和人民的利益问题时，他又从不退缩，向来都是挺身而出。当受到一些打击的时候，陈云又能遇变不惊，泰然处之。

不争，就能“和”。习近平在2015年离京去云南考察的时候指出，如果从个人的角度来讲，党员干部应该切实努力，能在处理工作的问题上，将自己的角色摆正，要自觉地维护集体利益和集体的荣誉，还要做到宽容待人、用人，公正、公平处事；善于放权、放手给底下工作人员，要乐于让名、乐于让利给上下左右的同事，要敢于讲真话、敢于讲实话负责任；重点注意发扬民主精神，积极联系群众，始终坚持大事与民商量、小事与民通气；如果遇到问题就要放低姿态，主动与人沟通，通过做好思想工作化解矛盾、从而消除误解；要真心实意地培养年轻干部的成长，要设身处地帮助广大群众解决实际的生活困难，要尽心尽力地为老百姓办实事；坚持以身作则和言传身教有效结合，要用实际行动引导和创造出和睦相处、气顺心齐、人心思进的良好工作环境，从而形成上下团结、关系融洽的局势。

国学名句集锦

夺利争名，甘居人后。

——明·张岱《自为墓志铭》

相爱——爱人者，人恒爱之

《孟子·离娄下》："爱人者，人恒爱之。"意思是，你爱别人，那别人也会爱你。这种"爱"不是爱情的"爱"，而是一种博爱，一种发自内心的欣赏与倾慕，一种人与人之间友善的表现。

"仁"是中国古代儒家的核心理念，《论语》一书中，"仁"字出现的频率多达109次之多。最典型的一个是"樊迟问仁，子曰：'爱人'"。这也是孔子言论中最简洁最深刻的一句。

所谓"爱人"，就是把别人当作与自己一样的人来看待，并沟通大家的关系，最终结成一个社会群体。

孔子的主张是用"仁爱"协调人的关系，实现"忠恕之道"。"忠恕之道"，就是孔子说的"己所不欲，勿施于人"和"己欲立而立人，己欲达而达人"。

儒家以"仁"为核心，从而提出了一系列的关于做人的学问。孔子主张把"实然"的人升华成"应然"的人；他强调所有人都应该在"仁"的

国学名句集锦

天下兼相爱则治，交相恶则乱。

——《墨子·兼爱》

道德实践过程中实现自身的价值，逐渐成就理想的人格，为儒家“人学”的价值观奠定了坚实的基调。

《战国策·齐策》中有个故事。冯谖是孟尝君家中的门客，有一天，孟尝君询问家里的门客说：“有没有人懂得算账，能够替本君到薛地去收租？”冯谖当即请缨：“在下能。”

孟尝君就派冯谖去薛地收债。临走前，冯谖问孟尝君：“钱都收齐上来，您需要买些什么回来吗？”

孟尝君笑着说：“先生看府里缺少什么就买什么。”于是冯谖赶着马车来到薛城，让官吏召集应当还债的所有百姓都来出示契约。核对完了之后，冯谖就假传命令说，孟尝君把借贷都赐给了百姓，把契约都烧掉，于是当地的百姓全都欢呼雀跃。

回府后，冯谖就说孟尝君府中最缺的就是仁义，他为孟尝君买了仁义，孟尝君心里虽然不高兴，但是也没有说什么。

过了大概一年时间，齐王跟孟尝君说：“寡人不敢用先王的大臣当作自己的大臣。”于是孟尝君只能回自己的封邑薛城。可是他走到距薛城大概一百里的地方，就看见百姓扶老携幼，都等在大路两边迎接孟尝君回封地。孟尝君激动地回头跟冯谖说道：“先生当年帮我买的义，我竟然在今天有幸看到了。”

“仁为天地万物之源，故虚心，故虚识。”“仁义”不是钱或物，它看不见摸不着，所以孟尝君当初对冯谖买“仁义”的举动非常不高兴。但当孟尝君被齐王贬回封地时，他才认识到，曾经失去的钱财在今天都得到了回报。

古人云：“柔亦不茹，刚亦不吐，不侮矜寡，不畏彊御。唯仁者能之。”“仁义”因为看不见摸不着，所以在现实生活中能够真正做到“仁

国学名句集锦

视人之国，若己之国；视人之家，若己之家；视人之身，若己之身。

——《墨子·兼爱》

义”的人并不多。

对于党员干部来说，在日常的工作和生活中，一定要有仁爱之心，行仁义之为，抱仁慈之念。

我们要求“以人为本”，其本质也是“以仁为本”，做一名“仁者”。仁，是慈悲，是善良，是爱。

仁是意念，还要以“礼”为准则。孔子说：“仁起于礼，始于德。”作为党员干部，一定要知“礼”、持“节”，严格遵守“规矩”，守得住底线，掌握好分寸。

有仁念，行礼事，守德行，才能做好官，得民心。《论语·子罕》中说：“知者不惑，仁者不忧。”人为什么而忧愁困惑？因为贪欲。“富与贵，是人之所欲也，不以其道得之，不处也；贫与贱，是人之所恶也，不以其道得之，不去也。”为一己私欲，置人民大义于不顾，置国家、民族安危于不顾，只顾搞自己的政绩工程，不顾大局，不爱民、不亲民，脱离道德准则的要求，这是坏官、赃官的思想和行为。

古人说：“仁者无敌。”因何无敌？因为不囿于个人得失，“不以物喜，不以己悲”。党员干部不能因身处要位而丢失仁念，不能因官当要职而忘记行义，做官要朴实，做人要老实，做事要踏实，诚信守诺取得群众的信任，真诚待人，做好每一项工作，做一个“笃信好学，守死善道”的好干部。

习近平在中共中央政治局第十三次集体学习时强调，要培育和弘扬中国特色社会主义核心价值观，就要立足在中华民族优秀的传统文化之上。深入挖掘中华民族优秀的传统文化所具有的时代价值，让中华民族优秀的文化成为涵养中国特色社会主义核心价值观的源泉。

习近平还将中华民族优秀传统文化概括为：“讲仁爱、重民本、守诚

国学名句集锦

推恩足以保四海，不推恩无以保妻子。

——《孟子·梁惠王上》

信、崇正义、尚和合、求大同。”他的概括可以说是言简意赅，且意义重大。

在中国历史上，各民族发展交流的过程中，儒家主张的“仁爱”观念逐渐成为中国传统价值观的核心内容。“仁”这个字广义来说包括：仁、义、礼、智、信这“五常”，那狭义的“仁”就是这“五常”其中之一。

同时“仁爱”还是“四维八德”的最基本的精神。儒家的“仁爱”思想还具有“草根性”，这是所有老百姓的内心诉求。

中国几千年来的所有蒙学、家训、口耳相传的人文教化，用“润物细无声”的形式普及到千家万户中，并世世代代相传承。

由于儒家在中国数千年的封建社会的重要地位，“仁爱”成为了历代官员品德的重要内容，“为官之道”首先就要关心天下百姓的疾苦，要仁民爱物。因此，“仁爱”思想在当今公民和社会中依旧有着巨大的生命力和影响力。

国学名句集锦

勤劳之师，将必先己：暑不张盖，寒不重衣，险必下步，军井成而后饮，军食熟而后饭，军垒成而后舍。

——《尉缭子·战威》

相交——各出所学，各尽所知

“各出所学，各尽所知，使国家富强不受外侮，足以自立于地球之上。”晚清伟大的爱国工程师詹天佑所说的这句话，意思是大家要用自己所学到的所有才华，倾尽自己知道的所有知识，让祖国变得富强起来，从此不再受外国列强的欺侮，富强的国家足以在世界上立足。

清朝闭关锁国最终导致了什么结果显而易见。一个国家，只有文化和经济等方面不断地交融和交流，才能促使国家不断进步。清政府对外实行闭关锁国的政策，这是封建社会的产物，是自给自足经济体系让人们彼此隔绝，表现在政治上，自然就演变成闭关自守。

乾隆皇帝在《敕谕英吉利国王书》一文中说道：“天朝物产丰盛，无所不有，原不借外夷货物以通有无。”闭塞的自然经济，清朝自然没有贸易往来的需要，清朝的统治者也以此骄傲，开始夜郎自大。当时的英国人觉察到清王朝这一点，英国人说：“在必需品上——虽然不是奢侈品上——可以自给，因此中国政府绝对不重视对外贸易，认为可以随意限制对

国学名句集锦

近者说，远者来。

——《论语·子路》

外贸易。”

直到 1840 年，大英帝国的侵略者终于用先进的大炮将中国的大门轰开。鸦片战争之前的清政府限制并禁止与外国的交通和贸易，只限定广州这一地通商，外国商人来清国贸易要由清政府特准，他们的活动还限于被指定的范围内。

进口的货物收高额税，而出口的货不仅限制品种，还限制数量。这种政策，严重阻碍了近代中国社会的发展。

清政府实施的“闭关锁国”政策让后人清楚地知道，外来东西不能盲目地排斥，不能与外界好好沟通，就选择了把自己与世隔绝，最终导致了中国的落后。

落后的不仅是思想，还有经济上无法跨越的差距。因此，现在的中国必须要与世界紧密相连，要了解这个世界未来的发展要求，要吸收世界上的先进思想、先进技术，不断提高自身，不要再次被这个社会这个世界淘汰。

贝熙业是一个在中国抗战中无私援助中国的“白求恩式”的外国医生，他擅长的是普通医学和普通外科治疗。贝熙业在中国生活了四十多年，直到 1954 年才离开北京重回法国，以功臣的名誉获得法国的首肯，也成为推动中法建交的重要力量。

贝熙业，1870 年生人，毕业于法国博尔都大学。他在民国初来到中国，1937 年 7 月 7 日，震惊中外的“卢沟桥事件”爆发，身在中国的贝熙业挺身而出，致函给中国的红十字会，表示愿意为中国红十字会提供服务，以支援中国的反法西斯战争。贝熙业在中国的时候，坚持为中国的普通百姓治病，而且费用全免。在北京西山的贝家花园附近，还有当地百姓为感念他而建造的“贝大夫桥”。贝家花园的正门上，依旧悬挂着好友李

国学名句集锦

凡交，近则必相靡以信，远则必忠之以言。

——《庄子·人间世》

石写的石匾——“济世之医”。

“贝家花园”还是当时中共地下情报的一个重要联络站。贝家花园的位置与抗日根据地正好相接，而日本人不敢轻易就搜查法国人，所以贝大夫接受朋友的请求，承担起运送中共平西革命根据地药品的秘密任务。

在相当长的一段时间里，贝熙业的这些事情都是秘密的，不为人知，也只有在中共的史料中有一点记载。

《北平人民八年抗战》一书中就有记叙：“帮助地下党黄浩经北平西山运药的，还有一位法国朋友贝熙业大夫，骑自行车运药，载重几十斤，从城里到妙峰山下，行程数十里。”

后来贝熙业买了一辆雪铁龙的小汽车，他开始用这辆小汽车为根据地运药。贝熙业本人甚至秘密为受伤的八路军做过手术。因此贝熙业被称作是“无私援助中国人民的白求恩式医生”。

习近平首次访问联合国教科文组织和欧盟的时候，就将中国的传统世界观、文明观和外交理念做了深刻的阐释，这显示了中国推动人类社会文明的进步、世界和平的促进和发展的深邃智慧，以及积极奉献的责任和担当。习近平的这些观点和理念正确地反映了当前世界的进步潮流，同时丰富了中国外交思想和国际关系的理论，因而对党和国家新时期的外交工作具有非常重要的指导意义。

习近平精辟地论述了中国文明观的特征是交流互鉴。中国共产党历来主张以包容、欣赏和互鉴的姿态看待世界各国文明，一贯主张各种文明要交流学习。以习近平为总书记的党中央能够把握时代背景和大势，能够继承和发展中国传统的文明观。

习近平指出，世界的文明是多彩的，是平等包容的；各国只要秉持文明包容的精神，让不同文明之间相互尊重，“文明冲突”就将不复存在，

国学名句集锦

辅车相依，唇亡齿寒。

——《左传·僖公五年》

“文明和谐”也终将实现。历史证明，不同文明之间交流互鉴，可以取长补短，这既有利于推动世界各国文明的创新和发展，也有利于让各国人民拥有更丰富的精神生活，从而开创更广阔的未来，文明交流是增进世界友谊的桥梁，是推动世界进步的重要纽带，是维护世界和平发展的重要力量。

中国一直倡导树立世界命运共同体的意识，用文明的交流学习取代对抗和冲突；特别是尊重世界各国自主选择的权利，希望通过交流互鉴，能把多样性和差异性转化为各国促进共同发展的和谐动力，最终实现世界长期的和平与繁荣。

国学名句集锦

不知诸侯之谋者，不能预交；不知山林险阻沮泽之形者，不能行军；不用乡导者，不能得地利。

——《孙子·军争》

互惠——见小利，不能立大功

“见小利，不能立大功；存私心，不能谋公事。”出自清朝王永彬的《围炉夜话》。意思是，如果只追求片面的利益，便无法得到真正的益处；有了私心，就难以将公事做好。更多的时候，我们要的是利益最大化，这时往往需要人与人、单位与单位、国与国之间互惠互利。

三国时期，曹操南征荆州，死去的荆州牧刘表的小儿子刘琮在未告知刘备的紧急情况下，选择不战而降。直到曹操的大军已到南阳宛城时，刘琮才派人通知了刘备。大军将至，刘备便同诸葛亮等人南逃。曹操察觉，当即留下辎重，命人带五千精骑追击刘备，双方在长坂相遇。交战后，刘备军败。刘备只能东行和关羽、刘琦等人会合。

但是，加上关羽和刘琦手中的军队，刘备这边也只有两万兵马，实在难敌曹操大军。此时，东吴的鲁肃刚准备以“吊唁”刘表的名义来荆州探探虚实，是想日后好将荆州划归东吴，却被曹操率军抢了先，而刘备也南逃了。于是，鲁肃立即北上，幸好在长坂坡和刘备相遇。

国学名句集锦

君人者，以百姓为天。百姓与之则安，辅之则强，非之则危，背之则亡。

——西汉·刘向《说苑·建本》

鲁肃顺利说服刘备答应与孙权联合，然而此刻孙权却“拥兵在柴桑，观望成败”，持的是观望态度。此时，诸葛亮请命亲自出使东吴，以说服吴主孙权联盟共同抗曹。

诸葛亮到了江东见到孙权之后，孙权此时态度还是犹豫，他问：“你家主公刘豫州刚打了败仗，现在还能抵御此难吗?”诸葛亮当即便向吴主孙权讲述了当时曹刘双方的实际情况，还有曹操必将失败的分析。诸葛亮的一番话是想说，只要孙刘联合，战胜曹操的大军是有可能的。

孙权听了诸葛亮的话十分高兴，他开始与大臣共同商议这件重要的事情。然而长史张昭等老臣却都主张降曹。为此，鲁肃私自见了孙权，表示了他主战的意见。鲁肃建议孙权将身在外地的大都督周瑜召回。孙权有了周瑜和鲁肃的支持，东吴上下终于齐心与刘备联合共同抗击曹操大军。

孙刘联盟的最终形成，是由于诸葛亮先说服孙权，接着鲁肃又旁敲侧击，加上周瑜推波助澜，让孙权更加坚定了与刘备联合抗击曹操的决心。之后，曹军在赤壁之战中大败，再没有越过长江，逐渐形成了三国鼎立的局面。

由此可见，两国之间的互惠帮助，关乎国运。周恩来是一个伟大的外交家，他这一生的外交杰作可谓不计其数。其中的“和平共处五项原则”算得上是周恩来的代表之作。现在这个原则已经基本成为世界公认的国与国之间关系的准绳，几十年来国际风云变幻，但这个原则至今依然有着极其强大的生命力。

1954年，周恩来与印度总理尼赫鲁进行了会谈，联合发表声明，强调两国共同签署的《关于中国西藏地方和印度之间的通商和交通协定》里规定了两国关系必须遵守的五项基本原则，即互相尊重领土主权；平等互利；互不干涉内政；互不侵犯；和平共处。

国学名句集锦

民寡则用易足，土广则物易生。

——东汉·荀悦《申鉴·时事》

该声明还指出，“和平共处五项原则”不仅针对中印关系，也针对一般的国与国之间的关系。同年 6 月 28 日，周恩来访问缅甸，与缅甸总理吴努见面并会谈，发表了中缅联合声明，缅甸同意“和平共处五项原则”作为中缅两国关系的原则。这两次历史性的会谈，促使双方都发表联合声明，也得到了亚洲乃至世界舆论的欢迎。

发展是国家安全的基础，安全是国家发展的条件。国富而后强军，强军进而卫国。国家安全关系着国际关系安全，关系着国际社会安全。可以说，只有当自身安全和共同安全都能够得到保障的时候，才能真正打造出世界命运共同体，从而推动国际社会朝着共同安全、互利互惠的目标前行。

国学名句集锦

因天下之力，以生天下之财；取天下之财，以供天下之费。

——北宋·王安石《上仁宗皇帝言事书》

互敬——敬人者，人恒敬之

“敬人者，人恒敬之。”出自《孟子·离娄下》，意思是说，一个尊敬别人的人，别人也会尊敬他。

尊敬他人的故事自古有很多。春秋时期，孔子的一个叫南宫敬叔的学生奉鲁国君主的命令，要去周王室的京都洛阳代鲁君朝拜天子，孔子觉得这是个好机会，他很早就想向周王室的守藏史老子请教关于“礼制”的知识，于是孔子在征得鲁昭公的准许之后，便与南宫敬叔一同去了洛阳。

刚刚到达洛阳的第二天，求学心切的孔子就徒步去了守藏史老子的府上拜望。老子正在整理周王室典籍，听说那位誉满天下的鲁国孔丘亲自登门造访，他赶忙放下书籍，将衣冠整理好出迎。门外的孔子看见一位老人从大门里走出来，料想这便是老子了，赶紧躬身向前行弟子之礼。

在进入正堂后，孔子向老子再拜之后才入座。老子这才问孔子此次是为什么事而来，孔子恭敬地避席离座回答道：“我终究还是学识不够深厚，对周朝古代的‘礼制’不是十分了解，因此特地来向老师您请教啊。”老子一看孔子如此诚恳敬人，便耐心详细地阐述了自己对“礼制”的见解。

国学名句集锦

居上不宽，为礼不敬，临丧不哀，吾何以观之哉？

——《论语·八佾》

孔子回到鲁国之后，他的学生向他请教老子所讲解的学识。孔子说道："老子知识渊博，通古今，懂得礼乐的根源，明白道德之归属，的确是一个好老师。"同时孔子还打比方来赞扬老子，说道："鸟儿能飞，鱼儿能游，野兽能跑。善于奔跑的野兽可以用结网来将它逮住，会游的鱼儿能用鱼钩来钓到它，鸟儿高飞也可以用弓箭射下来。但是龙，我却不能了解它是怎么乘风云上天的。而老子，就是龙啊！"

尊敬他人不仅是中国的优秀礼仪文化，这种品格在全世界都是通用的。国外有这样一个小故事，讲的是纽约的一个商人，他看到一个贫穷的铅笔推销员，出于怜悯，他给了推销员一元钱。过了一会儿，这个商人又返回来，他从推销员那儿取了几支铅笔，他解释说自己刚刚是忘了取笔了，最后他说："我们都是商人，所以你有东西就要卖。"过了几个月之后，他们再次相遇，那个销售员已经成为一个推销商，他非常感谢这个纽约商人，"是你重新给了当时的我自尊，是你告诉我，我也是个商人。"

著名哲学家弗洛姆说："尊重生命、尊重他人也尊重自己的生命，是生命进程中的伴随物，也是心理健康的一个条件。"日本有一家生意不错的点心店，这天来了一个乞丐，乞丐衣服已经破烂，而且身上还很臭。当乞丐畏缩着走进店，点心店的客人都因此皱起了眉头。有人捏着鼻子，对乞丐露出非常厌恶的表情。这时伙计急忙让乞丐赶紧滚开，而乞丐却紧张地拿出几张非常脏的小额钞票，小声说："我今天不是来向你乞讨的，听说你们这里的点心非常好吃，因此我也想买一块尝尝。这些是我好不容易才凑到的钱。"

点心店的老板看到这一幕，热心地走上前，并且十分恭敬地将两个还冒着热气的点心交给乞丐，不仅如此，他还向乞丐鞠躬，说道："谢谢关照，欢迎您下次光临！"

国学名句集锦

将以民为体，而民以将为心。

——《淮南子·兵略训》

这是点心店老板第一次本人来招呼客人，但是这个客人却只是一个又脏又臭的乞丐！事后这个老板解释道："买一块点心对普通客人来说，是一件再平常不过的事。但对乞丐来说，为了品尝这一块点心，他不惜用很长时间攒出来的一点点钱来买，这是非常难得的，如果我不亲自为这样的人服务，又怎么对得起这份厚爱？"

"既然是这样，您为什么还要收乞丐的钱？"这时点心店老板的孙子问他。老板笑着说道："他今天来这里是作为一个客人，而不是来店里讨饭的，所以我们要尊重他。如果不收他买东西的钱，就是对客人的侮辱。你要记住，应该尊重每一个顾客，就算这个顾客是一个乞丐也要同样招待；因为我们所拥有的一切都是我们的顾客给予的。"

这个故事中的店老板，就是曾经两次作为《福布斯》世界首富的日本著名企业家堤义明的爷爷。长大后的堤义明也同样要求自己公司的员工要像爷爷一样，尊重每一个顾客。

"尊重"本身绝不仅仅是一种礼貌，"尊重"是来自于一个人的内心深处对生命的理解、体谅、关爱与敬重，是一种最纯粹、质朴、值得回报的情感。

人与人如此，国与国之间更是如此。习近平同奥巴马曾在美国加州的安纳伯格庄园会晤。会晤中，习近平向奥巴马阐述了中国在南海问题、钓鱼岛问题、网络安全问题、台湾问题和朝核问题上鲜明的立场。最终双方领导决定努力建成新型的大国关系，并强调要改善发展中美两军关系。

对中美两国新型的大国关系内涵，习近平曾在会晤时用三句话精辟地作了概括：

第一，双方不对抗不冲突。要客观并且理性地看待彼此的战略意图，坚持不做对手；可以通过对话方式合作，绝不用对抗冲突的方式解决，要

国学名句集锦

敬贤如大宾，爱民如赤子。

——《汉书·路温舒传》

妥善处理双方的矛盾和分歧。

第二，要相互尊重。要尊重两国选择的社会制度，尊重对方的发展道路，要尊重对方的核心利益和重点关切问题，两国求同存异，在包容互鉴的过程中共同进步。

第三，要做到合作共赢。要摒弃“零和”思维，双方在追求各自利益的同时要兼顾彼此利益，要在自身发展的同时促进共同发展，从而不断深化利益交融的格局。

当前的国际形势瞬息万变，就“十三五”发展规划而言，我们国家仍旧以发展为第一要务。所以，需要一个和平的国际环境，因而我们会特别注重国与国之间的关系，尤其是中美关系，这是最大发展中国家和最大发达国家之间的关系。习近平一再强调和声明，我们愿意构建的是“相互尊重、合作共赢、互不冲突、互不对抗的新型大国关系”，这与和谐社会、和谐世界的发展理念相辅相成，互相促进。

国学名句集锦

国之有民，犹水之有舟，停则以安，扰则以危。

——《三国志·吴书·骆统传》

第五章　大　同

中国最早的“大同”思想出自《礼记·礼运》，“大同”是中国的“乌托邦”思想，是中国古代对理想社会的称呼。这种理想社会没有私有制，人们劳动不是“为己”而是为了整个社会，这正是我们每一位党员干部应该学习和贯彻的思想精神。

◎**为公**——鞠躬尽瘁，死而后已

◎**无私**——丈夫贵兼济，岂独善一身

◎**选贤**——不拘一格降人才

◎**讲信**——人之所助者，信也

◎**修睦**——仁者无敌

◎**养老**——老吾老，以及人之老

◎**扶幼**——不独子其子

◎**重教**——得天下英才而教育之

为公——鞠躬尽瘁，死而后已

三国时期蜀汉丞相诸葛亮在《后出师表》中说："臣鞠躬尽瘁，死而后已。"这句话说的是一种"春蚕到死丝方尽"的精神。

诸葛亮从出山到协助刘备建立雄霸一方的蜀汉政权，一心想要帮助刘备完成匡扶汉室的梦想。公元223年，刘备病死。在临终前，刘备拉着诸葛亮的手殷切地说："你的才能比魏帝曹丕高出十倍，一定可以完成匡扶汉室的大业。我的儿子刘禅如果可以辅佐，那你就辅佐他；倘若他低劣无能，那你就取而代之。"诸葛亮听后立即痛哭流涕地说："臣会忠心耿耿地帮助新主刘禅，除非我死了。"

刘备死后，诸葛亮便担起了辅助新主治理国家的重任。诸葛亮事必躬亲，出了名的尽心尽责，蜀国很快便恢复了国力，强盛起来。诸葛亮为了刘备生前匡扶汉室的愿望，先后五次率军北伐魏国，希望能够夺取中原。

228年冬，诸葛亮第二次集结军队，兴兵北伐。临行前，诸葛亮给后主刘禅写了《后出师表》一文，他分析了当前形势，以表示自己北伐的决

国学名句集锦

国虽大，好战必亡；天下虽安，忘战必危。

——《司马法·仁本》

心。在文章结尾的地方，诸葛亮写了千古名言“鞠躬尽瘁，死而后已”，也是要表明自己的忠诚和谨慎，要拿出所有的力量，直到死才休止。

刘禅最终同意了诸葛亮的出兵计划。大军再次北上，但由于蜀魏两国实力相差太大，终究没能彻底取胜。而诸葛亮也没有因为目的艰难而变得灰心丧气，一直在组织进攻魏国，最后一次北伐，病死在蜀军营寨里。

改革开放之后，陈云担任了中纪委的第一书记，还分管党风和党纪的工作。陈云要求下属各级纪委要做一个“铁纪委”，而不是“老太婆纪委”。陈云指出：对那些钻改革开放空子的和以权谋私的干部，必须用“除恶务尽”的方法与他们斗争，不管违反党纪、政纪的是谁，都要予以坚决的处理，如果违法就要依法处理，他郑重其事地说：“各级纪委必须按此原则办事，否则就是失职。”

陈云这样要求下属，他自己也是以身作则的。1982 年年初，在陈云和邓小平的推动下，中国掀起了一场严厉打击经济犯罪的斗争高潮。一些同志担心如此大张旗鼓地严厉打击经济犯罪，会不会影响改革开放的发展，陈云却说：“怕这怕那，就是不怕亡党亡国。”

陈云还曾说：“抓这件事是我的责任，我不管谁管？我准备让人打黑枪，损子折孙。”陈云还要他的秘书转告子女，出门时要注意安全，他还特意交代他的秘书也要小心。当他的秘书转身要走时，陈云又把他叫回来补充说道：“你的爱人也要加强警惕。”陈云就是抱着这种决心和勇气，来与腐败者斗争的。

作为一名共产党员，就要敢于讲真话，敢于与恶势力作斗争，要有为国家为人民无私奉献的精神。

习近平 2012 年在《求是》刊文《始终坚持和充分发挥党的独特优势》指出：“始终坚持全心全意为人民服务的根本宗旨，是我们党始终得到人

国学名句集锦

不以天下之病而利一人。

——《史记·五帝本纪》

民拥护和爱戴的根本原因，对于充分发挥党密切联系群众的优势至关重要。我们任何时候都必须把人民利益放在第一位，把实现好、维护好、发展好最广大人民根本利益作为一切工作的出发点和落脚点。”

在中国新的历史环境下，坚持全心全意地为广大人民群众服务，有着重要的意义。

首先，我们党处在执政位置上，要带领群众取得突飞猛进的发展，百姓生活富了好了，就容易滋生脱离群众、骄傲自满、不思进取、贪图享受、形式主义、官僚主义等背离共产党的执政宗旨，甚至去侵犯百姓利益的思想和行为。

其次，党现在处在全国改革开放的大环境中，伴随着发达国家先进科技的引进和对外交流的日益频繁，资产阶级的许多腐朽和颓废的思想乘虚而入，导致封建主义思想也死灰复燃，享乐主义、个人主义、奢靡之风、拜金主义都有一定的市场，甚至有人还宣扬一些“不爱讲为人民，只爱讲为人民币”“不要专门利人，只要专门利己”“人的本性是自私的”等颓废观念。如果党不能及时应对考验，必然动摇党的执政根基，所以开展群众教育的实践活动，从而防止出现背离群众、背离党的行为和思想，坚定理想和信念，将党的宗旨牢记，始终保持与群众血肉相连，永固共产党的执政基础。

国学名句集锦

大道之行也，天下为公。

——《礼记·礼运》

无私——丈夫贵兼济，岂独善一身

“丈夫贵兼济，岂独善一身。”出自唐代诗人白居易的《新制布裘》。诗中描述了白居易严冬季节身上穿着布衣却温暖如春，并由此推己及人，以救济天下穷人为己任，反映了白居易能超越自我而“兼济”天下的博大胸怀。

“无私”的做官精神，从我国古代就已经被倡导，这可以从很多记载和民间传说中体现出来。很多去开封旅游的人都会去拜包公祠。开封出名不仅是因为它是中国七大古都之一，还因为著名的青天大老爷包公曾做过开封府的府尹，他公正无私的作风可辉映日月。

包公即包拯，曾做过县、州、府等地方的长官和监察御史、龙图阁直学士、天章阁待制、三司使等朝中官职，官至枢密副使（相当于副宰相）。历朝历代有这样经历和品级的官员不计其数，而官至宰相和身为帝王的人也有不少，但是如包拯这样家喻户晓、流芳千古的好官还是十分稀少的。

包拯在开封期间，一直流传着一句话：“关节不到，有阎罗包老。”这句话的一个意思是说穷苦百姓打官司，没有钱没有人通关节也不用怕，有

国学名句集锦

公正无私，一言而万民齐。

——《淮南子·修务训》

阎罗王包公为你做主；第二个意思是说，就算大官和富豪他们有足够的钱通关节，但是什么样的关节也通不到包大人那里。“阎罗王”这个称呼是佛教中说的地狱里的神，他铁面无私，在阳间任何的请求也休想通到阎罗王主管的“阴曹地府”。

据史书记述，包公一共做官二十多年，历任职位二十余，但不管升降或是平调，他都不改为官的初衷。包拯一生光明磊落，办案铁面无私，因此政绩突出，名声极好，最终赢得千古清名，得万民颂扬。

这种大公无私的精神，在老一辈革命家的身上多有体现。不占国家便宜，不搞个人特殊化，这是陈云家风的最大特色。全国刚解放的时候，陈云担任中央财委主任，他的妻子于若木也在中财委的机关里工作，她完全可以搭乘陈云的汽车上下班。但是于若木从来都是自己骑着自行车去单位，没有搭过陈云一次便车。

之后，于若木被调到中国科学院上班，单位远在香山。她平时就住在单位，周末要骑自行车一个半小时才能到家。后来改革开放了，便有人就此事采访她，于若木的回答也简单：“我们的家风有一个特点，就是以普通的劳动者自居，以普通的机关干部标准严格要求自己，不搞特殊化。”

新中国成立不久，由供给制度改成工资制。陈云家有三个孩子在学校上学，住宿学校的学费和伙食费都要从他的工资中扣，家里一下子交不出这么多钱来。于若木为了省钱，只好把孩子转到附近的一所普通小学来走读，这样在家吃住。后来在三年困难时期，国家的棉布开始定量供应，于若木为了省布票，就把大人穿过的衣服拆了，自己改给孩子穿；再把大一点的孩子的衣服拆了，改了给小一点的孩子穿。孩子用的书包也都是她自己用缝纫机一点点缝的，陈云穿的衬衣和睡衣也都是于若木做的。

“文革”期间，陈云被下放到江西南昌，他身边没有亲人，因此大女

国学名句集锦

大明无偏照，至公无私亲。

——《贞观政要·刑法》

儿陈伟力就向单位请了假去照顾陈云。他对女儿说：“这段时间你来照顾我，所以不该拿工资，回去后要把工资退给公家。”陈伟力回单位之后果真就按照父亲的话，将那段时间请假的工资全额退给了单位，财务部门还因此专门给她开了收据。

上海解放初期，陈云就给家乡老战友的子女回信，并叮嘱老战友和在家乡的表弟说：“千万不可以革命功臣的子弟自居，切不要在家乡人面前有什么架子或者有越轨违法行为”。陈云要求“必须记得共产党人在国家法律面前是与老百姓平等的，而且是守法的模范”。陈云在信中还说道：“你们必须安分守己，束身自爱，丝毫不得有违法行为。我第一次与你们通信，就写了这一大篇，似乎不客气，但我深觉有责任告诫你们。”“我与你父亲不是功臣，你们更不是功臣子弟。”由此可见，陈云不仅对家人要求严格，他对所有认识的朋友亲戚也都是这样严格要求的。

老一辈革命家无私奉献的精神，应该是党一贯秉持的优良传统和精神。作为党员干部，从拥有这个称号开始，就不再是为了自己而活着了。我们的身份从一个普普通通的自然人，转变为人民公仆，我们的信仰从简单的穿衣吃饭过好日子，转变为为人民谋福利，“大庇天下寒士俱欢颜”。共产党的事业是群众的事业，要靠千万党员干部的忠诚奉献才能得以实现。

古人赞颂“春蚕到死丝方尽，蜡炬成灰泪始干”的奉献精神，也是当代党员干部应该追求的精神目标和真实写照。“鞠躬尽瘁，死而后已”，前有周恩来，后辈有孔繁森、郑培民、郭明义……这些模范爱国报国感人的事迹和无私奉献的崇高精神时刻鼓舞着当代党员干部，提醒我们不忘初心，才能得始善终。

国学名句集锦

凡为天下国家，当爱惜名器，慎重刑罚。

——北宋·苏轼《转对条上三事状》

选贤——不拘一格降人才

“九州生气恃风雷，万马齐喑究可哀。我劝天公重抖擞，不拘一格降人才。”是龚自珍的《己亥杂诗》，龚自珍这首诗的意思是，选拔人才要不拘一格。全诗洋溢着强烈的爱国情怀。

古之爱国者，从不缺乏，宋朝张耒亦有诗作《送杜君章守齐州》：“人才之难万冀一，一士其重九鼎轻。”意思是人才是万人中才有一个的，一个人才甚至关乎一个朝代的兴衰。由此可见，人才对国家的重要性。

鉴于人才选拔的困难性，中国古代从隋朝便实行了科举制。当时隋朝刚刚统一天下，隋文帝为了应对封建政治关系的变化，同时为了扩大统治阶级的政权要求，进而加强中央集权，需要把选拔官员的权力集中中央。于是他废除了九品中正制，逐渐采用考试的方法为朝廷选拔官员。隋文帝令“诸州岁贡三人”来朝廷参加科举考试，考试合格的就可以做官。

因为这一制度对统治者有明显的维护性，所以隋朝以后的一千三百多年，科举制度都成为中国选取人才的重要途径。后来经过唐朝统治者的继

国学名句集锦

千羊之皮，不如一狐之腋；千人之诺诺，不如一士之谔谔。

——《史记·商君列传》

承和完善，到宋朝的发展，直至明朝的僵化，最终清末将科举彻底废除，中国的科举制度一直伴随着国家的大起大落。

通过一种方法可以看出，科举制对中国的兴盛或衰落的重大影响，那就是比较中国最兴盛的朝代和最衰弱的年代，将这两个朝代时期的科举制度对比，就可以看到科举的伟大作用。结果显而易见，最兴盛的就是大唐，而最虚弱的就是清朝。

究其原因，唐朝建立之后，唐太宗李世民总结了历史上的经验和教训，以为“致安之本，惟在得人”。

统治者只有做到“量才授职，务省官员”，“任官惟贤才”，这样才能加强政权的统治，从而使国家达到长治久安。因此，唐朝继承了隋朝的科举制。

唐太宗、武则天和唐玄宗都是完善中国科举制度的关键性人物，唐朝科举常科的考试有秀才、进士、明经、明法、俊士、明算、明字等等五十多种，而自唐高宗之后“进士科”特别重要。武则天在位时期，就曾亲自“策问贡人于洛成殿”，这也是中国科举制度里“殿试”的开端。

在考试上，唐朝不断提高有效性和严密性，使得通过科举考试而榜上有名的人一般都是真正的人才。

这一系列的举措使得唐朝吸纳了无数的人才，其中包括有素质有才华的文官，还有有身手有谋略的英勇武将。

伴随着唐朝官员素质的不断提高，朝廷的行政效率和唐朝的军队战斗力大大提高，所谓“君贤臣能”，因此这个时代的空前强盛不是一个偶然。科举制度让社会发生巨大的变化。

新中国成立以来，特别是改革开放以来，我国人才队伍建设取得了显著成绩，各届国家领导人均非常重视人才。

国学名句集锦

朝无争臣则不知过，国无达士则不闻善。

——《汉书·萧望之传》

1986 年 3 月里的一天，邓小平在办公室里紧盯着办公桌上一份报告，他正在沉思。这份报告是我国四位科学家的强烈呼吁："世界高科技发展日新月异，中国不能再落后了！"

面对这样的呐喊，邓小平执笔，毅然在报告上做出重要批示："找些专家和有关负责同志讨论，提出意见，以凭决策。此事宜速作决断，不可拖延。""这个建议十分重要。"

很快，国务院根据邓小平的指示，批准了名为《高技术研究发展计划纲要》的文件，即大家熟悉的"863"计划，也就是从此，中国也有了高技术研究的发展计划。它直接决定了中国在 21 世纪的国际竞争力，是维护中国在世界上大国地位的一项重大决策。

发展高科技的关键是选拔和培养优秀的人才。所以，邓小平接受了著名科学家李政道的介绍，培养国家的博士和博士后，并建立起一套相对完整的培养博士后流动站的制度。

邓小平的这一伟大决策很快让中国企业受益。当时广东一家空调厂是从日本引进的生产技术和生产设备，合作较为融洽。但后来，该日本厂商拒绝提供一些高新技术给广东厂商。因此，厂家只能向"863"计划的专家请求帮助。

广东厂家在专家组的帮助下，最终建起了自己的一条生产线。这时候，原来的日本厂商又找上门来主动要求与厂家合作。一位国家科委的领导对此深有感触，他说国际间合作的本质是什么？那就是用珍珠来换玛瑙。一个国家没有珍珠就换不到人家的玛瑙。

2014 年 6 月 3 日，习近平在国际工程科技大会上发表演讲："中国是世界上最大的发展中国家。要发展，就必须充分发挥科学技术第一生产力的作用。"

国学名句集锦

猛虎在山，百兽莫敢侵；忠臣处国，天下无异心。

——北周·燕射歌辞《商调曲四首》

习近平强调指出，中国拥有 4200 多万人的工程科技人才队伍，这是中国开创未来最宝贵的资源。我们把创新驱动发展战略作为国家重大战略，着力推动工程科技创新，实施可持续发展战略，通过建设一个和平发展、蓬勃发展的中国，造福中国和世界人民，造福子孙后代。”

习近平此次对人才问题作出了一系列重要的指示，论述中涉及到人才的培养、激励、使用、引进等多个方面，再次丰富了具有“中国特色社会主义”色彩的人才理论，揭示了人才对中华民族的振兴和富强的重要意义，也体现了党和中央对人才的关心和重视，更彰显了中国要广纳天下人才的博大胸襟。因此学习领会贯彻习近平对人才工作的重要论述，对更好地实施人才强国重要战略，造就一支高素质的宏大的人才队伍，具有重要意义。

国学名句集锦

一国之政，万人之命，悬之于宰相，可不慎欤？

——北宋·王禹偁《待漏院记》

讲信——人之所助者，信也

“人之所助者，信也。”出自《周易·系辞上》。原文是：“易曰：‘自天佑之，吉无不利。’子曰：‘佑者助也，天之所助者，顺也；人之所助者，信也。履信思乎顺，又以尚贤也。是以自天佑之，吉无不利也。’”

所谓“天之所助者顺，人之所助者信”，意思是那些经常助人，让他人的工作和生活都顺利，不去妨碍他人的人，这样的人的工作和生活顺利，不会遇到麻烦。因为一个人信誉如果很高，从不骗别人，能够言行若一，那大家就会愿意去帮助他，心甘情愿为他出力。由此告诉人们，做事要多积德行善，诚实守信。

“信”这个字是会意字，从人，从言。本意是说人的言论应当是诚实可信的，人与人之间的交往应该是真心诚意的。“信”是儒家实现“仁”的重要条件之一，也是其提倡的道德修养的主要内容。孔子及其弟子所倡导的“信”，总结起来就是要求人们能够按照“礼”的规定和约束互守信用，以此为基础来调整统治阶级、对立阶级之间的矛盾和摩擦。在儒家看

国学名句集锦

赏罚信乎民，何事而不成？

——《吕氏春秋·似顺论》

来，“信”是立国、治国的根本，是从国君到人臣、到百姓都必须遵循的伦理。到了汉朝，汉儒便将“信”列入了“五常”——“仁、义、礼、智、信”之中。

北宋年间的著名词人晏殊，向来以诚实著称。晏殊十四岁的时候，有人向皇帝举荐他。皇帝见了晏殊，并让他与其他进士一起参加考试。但是晏殊发现试题是自己不久前练习过的，于是他如实向皇帝禀告，请求皇帝改换题目。宋真宗因此对晏殊的诚实品质非常赞赏，便赐晏殊为“同进士出身”。晏殊做官的时候，正值宋朝天下太平的时候。所以，开封的官员便都到郊外游玩，不然就在酒楼和茶馆举行各种各样的宴会。而晏殊家里贫穷，没有多余的钱出去肆意地吃喝玩乐，便在家里和自己的兄弟们读写文章打发时间。

有一天，皇帝提升晏殊去辅佐东宫读书。大臣们都非常惊讶，不明白皇帝为什么做出这个决定。真宗皇帝解释说：“最近，群臣都去游玩饮宴，唯独晏殊一人闭门读书，这么自重谨慎，不就是东宫官员最合适的人选吗？”晏殊谢过皇帝恩典后说道：“臣其实也喜欢游玩饮宴，只因为家贫而已。如果我有钱，我也早就去宴游了。”两件小事，让宋真宗更加信任晏殊了。

事物总有两面性，有“信”就有“不信”。西周的周幽王喜欢一个美女叫褒姒，幽王为了博取褒姒一笑，下令将二十多座烽火台全都点起。结果周围的诸侯见到周朝的烽火，匆匆率领士兵赶到。但当他们弄明白这是周幽王为博美女一笑的花招之后，都愤然离去。而褒姒看到那些平日里威仪赫赫的国君手足无措、慌里慌张的样子，终于笑了。直到五年后，犬戎大举攻周，当烽火再次被点燃时，各国诸侯却没有来，因为谁也不想上第二次当了。最终的结果就是幽王被杀，而美女褒姒也被犬戎俘虏。

国学名句集锦

上不信，下不忠。上下不和，虽安必危。

——西汉·刘向《说苑·谈丛》

这两个例子都很典型，一个正面一个反面，正如《周易》中讲的“人之所助者，信也”。如果说人与人之间的“信”是小信，那么国家的“信”就是大信，这代表了这个国家的道德品质。

在中国人民抗日战争暨世界人民反法西斯战争取得胜利七十年之后，日本竟然还有人无视历史事实，而且无视在反法西斯战争中数千万无辜牺牲的生命，还坚持逆历史潮流，一再否认和美化罪恶的侵略历史，严重破坏了国际互信，肆意制造亚太地区局势紧张，引起了包括中国在内的全世界的爱好和平国家的强烈谴责。

2014 年 7 月 7 日，习近平在出席“全民族抗战爆发 77 周年”纪念活动时明确指出：“历史就是历史，事实就是事实，任何人都不可能改变历史和事实。付出了巨大牺牲的中国人民，将坚定不移捍卫用鲜血和生命写下的历史。任何人想要否定、歪曲甚至美化侵略历史，中国人民和各国人民绝不答应！”

从历史文化传承中可以看出，“信”不仅是国与国之间交往的前提，更是一国立国之本。“人无信不立，国无信则衰”，“信”是一个国家最强的软实力，是进行市场经济活动的基本道德准则，建设现代化法制社会的一项基本法律原则，是社会主义核心价值观的重要组成部分。加快建设社会信用体系、构筑诚实守信的经济环境和社会氛围是我国社会主义和谐社会建设的一项极为重要的任务。作为党员干部，讲信、守信是工作中必不可少的操守，也是必须具备的国民品格。面对群众要讲究“信”，面对自己的内心更要讲“信”。

国学名句集锦

若号令烦而不信，赏罚行而不当，则天下不服。

——北宋·欧阳修《准诏言事上书》

修睦——仁者无敌

“仁者无敌”出自《孟子》。意思是说，施行仁政的君主，一定能够得到人民的拥戴，当全国上下一心，百姓众志成城，这样的国家就是无可匹敌的。

在《论语·子路》中，孔子说：“君子和而不同，小人同而不和。”真正的君子在交往中能够与人一直保持和谐友善的恰当关系，而在看法上却不必与对方苟同。小人喜欢在问题和看法上主动迎合对方的心理，甚至附和对方的言论，但小人在内心却并没有和谐和友善的态度。自古以来，和谐的国际和社会关系对一个国家都是非常重要的。古之圣贤是如何做到“天下归心”的？

郑和七下西洋，是中国古代和世界航海史上的一次伟大壮举，更是中外关系交流上的空前伟业。这次壮举之所以会在永乐朝出现，并绵延了近三十年之久，是和明成祖朱棣的开放外交政策，加上精心部署和认真组织并任命郑和出海活动分不开的。

郑和下西洋的壮举前后共七次，六次都是在永乐朝。只要看看《明成

国学名句集锦

上下不和，虽安必危。

——《管子·形势解》

祖实录》，不难找到下西洋的决策、动议和主使人的确定。从舰船的制造到下西洋船员和内侍的生活费用的日常支出，明成祖朱棣无不是亲自过问，亲自批示。

比如，永乐四年，郑和使团第一次回国途中，生擒了海贼陈祖义等人，押至京师共三人，明成祖朱棣就亲自下令全都杀了。又比如爪哇国西王喜欢侵略，而且狂妄自大，对周围国家造成了严重威胁，他甚至还杀了郑和带领的使团官兵一百七十余人。在郑和义正词严多次谴责下，爪哇国不得不对明朝表示畏服，并且愿以六万两黄金谢罪，却仅给了一万两，还有五万两没有能力支付。明成祖朱棣对此事件处理得十分高明。他既对西王严厉申斥，又从实际情况判断和两国长远的利益出发，于是在上谕文书中说道："朕离你很远，只是想让你知罪而已，怎么会贪图你的黄金呢？今天你既然知道错了，那你所欠的黄金，就免了吧。"

朱棣这样的处理，不仅体现了一个国家的尊严和原则性，又体现其在具体问题上的灵活性，最终取得了很好的政治反应，不但改善了明朝和爪哇国的关系，还让爪哇西王从此对朱棣感恩戴德，给明朝的朝贡年年不断。

中国与邻修睦的传统由来已久，直到今天，中国人也一直秉持这样优秀的传统。在巴基斯坦，人们用"比海深、比蜜甜、比山高"这样的语言，来赞颂珍贵的"中巴友谊"。

"中巴友谊"体现的不仅是相互扶持，同样扎根在互利合作、共同发展上。无论政府还是企业，无论国家领导人还是普通民众，他们通过实实在在的努力，不断谱写"中巴友谊"的新篇章。

联合能源集团在巴基斯坦的故事是在巴中资企业的缩影。2011 年 9 月，中国联合能源集团正式接手了英国石油公司在巴基斯坦的全部石油天

国学名句集锦

乐民之所乐者，民亦乐其乐；忧民之忧者，民亦忧其忧。乐以天下，忧以天下，然而不王者，未之有也。

——《孟子·梁惠王下》

然气的资产和权益，这是自2010年以来，中国对巴基斯坦最大的一次企业投资。短短几年时间，石油公司扭亏为盈，还向巴基斯坦的公益事业投入超过310万美元。

这家中资企业特别重视教育培训。公司主管萨德尔丁·哈桑·阿里说，当地的就业需求非常旺盛，中资公司和“胡纳尔基金”合作，开展了“青年机械”和“电子技术”两个科目的培训，重在“授人以渔”。除此之外，该企业建立的女子学院中，已经相继走出了超过4000名毕业生，她们都来自偏远农村，培养了一批巴基斯坦的女工程师、女教师和女医生。

萨德尔丁·哈桑·阿里说：“当地人非常感激，认为公司变成中资后让他们获益良多。”联合能源集团更被当地巴基斯坦媒体赞扬为“具有高度社会责任感”企业。

与人修睦，和平共处，一直是中国外交政策中的重要部分，也一直把“积极进取、有所作为”作为重要的外交方针。

中国政府首先积极改善并稳定中美两国关系，推动“共建新型大国关系”；其次，重视全球局势，在重要的战略方向上要积极进取；构建世界伙伴关系网络，促进“一带一路”发展建设，稳定好周边关系，促进亚太自贸区的建设，推动在合作发展上的安全与合作。

在习近平的领导下，仅仅用了两年时间，中国的外交局面从被动变为主动，彻底扭转了一度面临的外交困难局面。2015年“两会”期间，中国外交部部长王毅在记者招待会上表示，习近平提出的构建“合作共赢”新型国际关系成为中国外交史上的重大创新。中国的“习式外交”已经成型。

国学名句集锦

君臣遇合，天下事迎刃而解。

——北宋·苏辙《历代论·姚崇》

养老——老吾老，以及人之老

“老吾老，以及人之老。”出自《孟子·梁惠王上》。意思是，在孝敬自己的父母时，不能忘记那些与自己没有血缘关系的老人。

中国自古以来孝子有很多，陆绩就是其中一个。他是三国时期吴国人，算是那个时代的全能之才，不仅在经学方面有造诣，曾经为五经之一的《周易》注释；他还通晓天文，代表作有《混天图》；陆绩在仕途上也很顺利，做过太守。

陆绩在六岁时，曾经见袁术于九江。袁术觉得陆绩很可爱，于是拿出一些橘子招待他吃。陆绩拿起一个，偷看袁术一眼，袁术正在跟大人说话，陆绩就把橘子偷偷揣进怀里，接着又拿了两个，也放进怀中。过了不一会儿，旁边的大人谈完事了，要起身辞别，他也要跟着行礼。却不想这一弯腰，怀里偷藏的橘子不小心掉了出来，滚到袁术脚下。

袁术看看橘子，就盯着陆绩问：“你既身为我的宾客，怎么能把我的橘子装进自己怀中?”

国学名句集锦

子生三年，然后免于父母之怀。夫三年之丧，天下之通丧也。

——《论语·阳货》

陆绩害怕，赶紧跪下说道："因为我想拿回去给家中母亲尝尝。"对此袁术十分惊奇，因为陆绩装进衣服里的不仅是橘子，还有他对母亲深深的爱，小小年纪，他就懂得把好东西留给父母。

在中国，赡养父母是"孝"的最基本要求。这个道理很简单，你的父母辛苦地将你养大，让你能自立，学会享受生命，现在他们老了，孩子就必须承担起赡养的责任，这是毋庸置疑的。

孟子曾经专门列出了五种不孝，前面三种都是在赡养方面的不孝，一是儿女自身懒惰，而不去照应父母的；二是赌博饮酒，不管自己父母的生活；三是贪求钱财，或者为私偏袒自己的妻子儿女，置父母的养育之恩于不顾。

孝顺父母，不能只给父母养老到送终，这不算是尽孝道。孔子曾说："所谓的孝，现在说的只是赡养父母。但是像犬马这些畜生，他们也能为老人服务。所以如果缺少了尊敬，就不能区分人和犬马了。"

2009 年，时任国家副主席的习近平，前去洛阳市矿山的机器厂视察，他的父亲习仲勋 1965 年到 1966 年间曾经在这里当副厂长。那天习近平执着地寻找曾经在 1966 年春节时给他的父亲习仲勋送过饺子的夫妇，但是这对夫妇此时早已去世。几经周折，习近平终于找到了这对夫妇已经白发的女儿。

习近平先是代表父母对这位老人表示感谢，然后他亲自恭恭敬敬、毫无领导架子地向老人九十度鞠躬。当时在场的人，全都动容。习近平还没有离开厂子的时候，消息就已经迅速传遍厂子上下，近千的人民群众自发来到习近平的必经之地，深情地向习近平表达他们的敬爱之心。

实际上，在更早的 2001 年，习仲勋老人在深圳举办了他的八十八岁寿宴，这也是习家一次难得的大团聚。席间唯独没来的是时任福建省省长

国学名句集锦

老者安之，朋友信之，少者怀之。

——《论语·公冶长》

的习近平。习近平作为一省之长，公务实在繁忙，不能脱身，只能抱愧向父亲写了一封亲笔信拜寿。

信的内容并不长，说话的辞藻也不够华丽，但是饱含父子情，也表现了习近平的一片拳拳赤子之心。这是一位老党员、老干部送给儿女的宝贵精神财富，更是儿子继承父亲伟大人格、品德、胸怀、作风、信仰、追求的诺言。它就像一段故事，让人感动肺腑，更像一面镜子，让人深思。

2014 年临近元旦，习近平亲自来到北京市供热公司和敬老院，实地考察民生工作，亲自看望一线的职工，并慰问老年人群众。

考察期间，习近平来到北京市“四季青”敬老院。在路过餐厅时，习近平看到餐厅门口的墙上挂着一周的食谱，他便过去仔细察看，还问管理人员，这里饭菜品种能否照顾到老人不同的口味。在得知敬老院餐厅每天有六个不同的菜，有行动不便的老人，就会安排人按时送饭之后，给予充分肯定。

进了敬老院之后，一阵读书声将他的目光吸引，十多位老人正在兴致勃勃地高声朗读。对此习近平说，活到老，学到老。要有健康的心态和身体，就需要有不断的学习。其中有老人说想和总书记合影留念，习近平就招呼老人们一起过来，把坐轮椅的那个老人亲自安排在自己的前面。在合影之后，他跟有关人员说要把照片给每一个参加合影的老人都送去。

习近平还强调，中国的老年人口近年增加很快，而与中国的老年服务相关的产业发展滞后。因此，要加大力度推动养老事业的多元化和多样化发展，要让所有老人老有所养、老有所安、老有所乐、老有所依。

当今社会，年轻人有很多不良倾向。比如，信奉“拼爹”的歪理，把人生的不如意都归咎于没有一个好父亲，终日不思进取，只会“怨爹尤人”；还有“啃老”族，说“既生了我就得养我”的话，好吃懒做，无所

国学名句集锦

老有所养，壮有所用，幼有所长，矜寡孤独废疾者，皆有所养。

——《礼记・礼运》

事事；还有嫌弃自己父母，觉得父母是“又老又穷带不出去”，终日不见人影，更何谈孝敬；更有子女“仗爹欺人”，他们以为无论做什么错事，背后都有当爹的撑腰，因此无法无天，到处肆意妄为。

这种种现象，归根结底，就是因为有不少子女当孩子没有“孩子”样。我们党员干部，身为子女或在教育子女的时候，就该如习近平那样关心父母，发自内心地孝敬父母，还要挖掘老一辈人身上的优点，传承老一辈人的传统美德。在政治层面上，贯彻国家尊老、敬老的政策，让每一位老人都能得到“及人之老”的待遇。

国学名句集锦

三年耕，有九年储。仓谷满盈，斑白不负戴。

——东汉·曹操《对酒》

扶幼——不独子其子

“人不独亲其亲，不独子其子。”出自《礼记·礼运》。说的是在最理想的社会中，人们的“爱”都不是狭隘的，不止对自己的父母儿女有爱，而且将爱广博地分享给每一个人。

《礼记》中是这样描述“大同社会”的：当政治上最高的理想得以施行的时候，那天下将是共有的，要把品德高尚和德才兼备的人才选出来，每个人都讲诚信，气氛和睦。所以人们不再只赡养自己的亲生父母，也不会只抚养自己亲生的儿女，要让每个老年人都能终其天年，中年人每人都能为社会出力，年幼的孩子都能顺利成长，还要让那些老而无妻、老而无夫、幼而无父、老而无子，还有残疾人都得到社会无私的供养。让男人有职业，让女子有好归宿。对于钱财，人们讨厌憎恨那种把它随便扔在地上的不道德行为，但却不会自己私藏。每个人都愿意为天下之事而竭尽全力，却不会为自己牟取私利。故而不会发生奸邪之谋，那些盗窃谋反和害人的事情也不再有，所以每家的门都不用再关闭，这就是理想的社会。

国学名句集锦

臣无祖母，无以至今日；祖母无臣，无以终余年。祖孙二人，更相为命。

——西晋·李密《陈情表》

大同社会虽然有一定的理想性，但这是儒家提出的人人都向往的社会。因此，不管这样的社会能不能实现，人们都会朝着这个方向努力。本节主要谈的是“扶幼”，即《礼记》中的“不独子其子”。

《隋唐演义》中，第八条好汉即忠心耿耿誓保大隋江山永固的“靠山王”杨林让人印象深刻，不是因为他的武艺多高强，而是他广收义子。此人一旦看到谁年纪轻轻就武艺、智谋出众，且是个可造之材，便会将他收为自己义子。就连大唐开国功臣秦琼都作过他麾下的十三太保。

元朝末年，天下大乱，中原群雄并起。时局动乱，许多家庭妻离子散，颠沛流离，因此各地义军的将领几乎都有收养孩子的习惯。其中明太祖朱元璋收养的义子，能见诸史册记载的就不下十余人，出名的如沐英、李文忠、何文辉，等等。这些人几乎都为他的开国大业建立过功勋。

在中国现代，一对农村的普通夫妇，一直照顾着一个与自己没有任何血缘关系的孤儿。这个孩子一出生就是脑瘫，同时还患有癫痫等严重疾病，而这对夫妇却始终如一地照顾了她十四年。

那是一个上午，在吉林市的儿童医院病房内，一个14岁的女孩正在打吊瓶，她的母亲段凤波就坐在她的病床旁。女孩言语表达非常困难，甚至不会给自己盖被，但她每次看见段凤波走过来，眼睛都会一直盯着母亲的脸看。“今年女儿已经生了三场大病了。”段凤波如实说，她家住吉林省蛟河市的白石山镇友好村，14年前，段凤波的丈夫和朋友一起出门喝酒，在西山大岭的道旁，意外发现一个包裹在襁褓中的小女婴。

“他打开襁褓，就发现襁褓里有孩子的一些衣服，上面还写着这个孩子的出生日期。孩子当时出生还不满十天。”段凤波还说，她和丈夫这么多年都没有孩子，于是就打算将这名女婴收养。第二年，段凤波和丈夫就办理了合法的收养登记证。

国学名句集锦

慈母手中线，游子身上衣。

——唐·孟郊《游子吟》

据段凤波回忆，随着女孩一天天长大，他们渐渐发现这孩子有些不太正常。孩子经常出现抬不起头或者坐不起来的症状，直到一岁半还不能走路。她带着女孩去哈尔滨的一家医院检查，诊断结果是这个女孩患有脑瘫。

之后，段凤波便带着孩子去黑龙江等多家著名医院，但是得到的结果都是孩子病情太严重，只能试着进行康复训练来争取做回一个正常的孩子。

而那个时候，段凤波已经怀孕了，但是为了孩子，那期间她上了不少火，腹中的胎儿意外流产。“有人曾劝我，说这个孩子的病难治，不如送回福利院，我以后可自己再生孩子。但我觉得，这个女孩我们养了这么久，已经有了感情，所以我不能放弃她。”

2014年5月30日，国务院总理李克强亲自来到“八一”儿童医院，来看望在医院住院的残疾孤儿，同时向全国的少年儿童表示节日祝贺。期间，李克强听取了现场“残疾孤儿手术康复明天计划”的情况介绍。

十年来，这个计划已经让八万多残疾孤儿受到良好的手术治疗、康复训练等，李克强对此给予了充分肯定。李克强说，党和政府要始终重视青少年的成长，要关爱保障残疾和孤儿的生活，让他们健康成长，这是民生工作的一个重点，更是中国社会文明程度的一项重要标志。中国要加大投入，来支持发展“明天计划”的规模、水平，让更多儿童特别是贫困地区的儿童受益。除此之外，我们各个阶层的党员干部还要动员更多的慈善力量和资源，要把爱的力量汇聚到一起，不能发生打破道德底线的事，要让残疾孤儿同样拥有灿烂美好的明天。

青少年儿童是国家和民族未来的希望。地方各级党委和政府要建立新的有效机制，健全义务教育，建立健全社会救助等相关制度，大力发展少年儿童成长的相关专业机构，推动并营造出公平、文明、法治的社会环境，让广大的少年儿童健康快乐地生活和成长。

国学名句集锦

将出牵衣送，未归倚阁望。

——清·黄遵宪

重教——得天下英才而教育之

《孟子·尽心上》："得天下英才而教育之。"这是一种教育观念，更是一种君子之道。

孟子认为，作为一个君子，有三件让人快乐的事，但是雄霸天下的人却不在其中。第一件快乐的事是：父母健在，我的兄弟没病没灾；第二件快乐的事是：对天，心中不觉得内疚，对人，亦不觉得内心惭愧；第三件让人快乐的事是：得到天下所有优秀的人，并亲自教育这些人。

可见，在中国古代的思想中，教育是占有非常重要的位置的。

康熙皇帝对皇子皇孙严于教育，是中国历代皇帝中非常特殊的一个。因为康熙皇帝儿子有 35 个，女儿 20 个。据统计，其孙子辈也有 97 个之多。这么庞大的子孙队伍，康熙皇帝又是怎么教育的呢？

康熙皇帝的教育方式有很多，像言传身教，让孩子们跟着一起打猎，或者跟他巡视民间，甚至在作战的时候，偶尔带着他们一起。一句话，就是他在实践活动中对孩子进行培养和教育。然而，其中最重要的就是学校教育。

国学名句集锦

善政不如善教之得民也。

——《孟子·尽心上》

皇子皇孙们上学的地方名为“上书房”，上书房在畅春园的无逸斋。每天的寅时开始，皇子们就要按时到上书房开始复习昨天的功课。而通常的情况是，皇太子要比其他皇子更早到。到了卯时，教习满汉文的两位老师来到课堂上。老师先向皇太子行跪拜之礼，然后开始检查皇子的功课，监督他们背书。

到了辰时，上课已经超过了四小时，此时康熙下朝，就会来到上书房。皇子皇孙们到斋外跪迎康熙皇帝。康熙皇帝落座之后就开始检查儿孙们背书的情况。康熙在检查完皇子们的功课没有问题后，才去忙政事。

就这样，康熙的皇子皇孙从早晨三点开始到晚上七点结束，天天如此上学，无论寒暑从无间断。

由此便可以看出，康熙皇帝对孩子的教育是非常严格的，在这样严格的教育之下，他的皇子和皇孙里面没有出现一个纨绔子弟。

进入现代社会，中央政府对于教育的投入力度同样是巨大的，对于教育、教师的关注也是非常高的。2015 年教师节，习近平在与北京师范大学师生代表座谈时指出：“教育是提高人民综合素质、促进人的全面发展的重要途径，是民族振兴、社会进步的重要基石，是对中华民族伟大复兴具有决定性意义的事业。”有一句话人们常常提到：“教师是太阳底下最光辉的职业。”中华民族自古以来就尊师重教、崇智尚学。孔子作为教育事业的先祖，被推崇为“大成至圣先师”，被誉为“万世师表”，可见人们对教育事业的认可。“国将兴，必贵师而重傅；贵师而重傅，则法度存。”在中华民族五千年文明发展史上，教师的辛勤耕耘和无私奉献功不可没。

随着时代的发展和教育技术的革新，国民教育事业也有了长足的进步，人们对于教师的要求也越来越高。教师不仅仅是教育的执行者，其教育能力更代表着一个国家文明的程度。对于个人来说，一位好老师是人生

国学名句集锦

明于古今，温故知新，通达国体，故谓之博士。

——《汉书·成帝纪》

之幸；对于学校来说，一位好老师是学校荣光；对于一个民族来说，一位好老师决定着民族的希望。当我们的国家拥有了无数踏实肯干、业务突出、甘于奉献的好老师，整个民族都是充满生机的。

陶行知说，教师是“千教万教，教人求真”，学生是“千学万学，学做真人”。唐代文学家韩愈说：“师者，所以传道授业解惑也。”司马光说：“经师易得，人师难求。”优秀的教师，应该不仅是“授业”、“解惑”、解读“句读”，而是“经师”和“人师”的统一。在自己的专业范围内业务要熟练，还要以行为师，为人表率。

邓小平 1978 年 4 月 22 日在全国教育工作会议上讲话指出：“一个学校能不能为社会主义建设培养合格的人才，培养德智体全面发展、有社会主义觉悟的有文化的劳动者，关键在教师。”教师的重要性，就在于他们的工作是在塑造孩子的灵魂，塑造孩子的生命，这是一个塑造人的工作。

优秀的教师，能够促进国家的繁荣、民族的振兴、教育事业的不断发展，所以，无论从哪一个层面来看，我们国家都需要大力培养并造就一批业务精湛、师德高尚、充满活力、结构合理的素质高的专业教师队伍。当今世界，随着科学技术日新月异，国与国之间的竞争日趋激烈。尤其是经历了罕见的国际性金融危机，世界各国纷纷开始调整发展路线和战略，更加注重“科技进步”和“创新驱动”。所谓的综合国力的竞争，说到底也是人才的竞争，人才的重要性越来越被重视，已经成为推动各国经济社会发展的重大资源，那么教育的先导性、基础性和全局性的地位作用也更加突显了。

国学名句集锦

威恩参用以成化，文武相资以定业。

——唐·王勃《平台秘略论·忠武》

第六章 无 为

“无为”是由老子提出的，在他看来，“我无为，而民自化；我好静，而民自正；我无事，而民自富；我无欲，而民自朴”，即不应该过多地干预百姓的行为，应该使之通过自治而达到自我实现。由此可见，“无为而治”本意是不妄为，并不是不作为。

◎**简政**——精兵简政，简政放权

◎**利导**——因势利导，顺势而为

◎**察人**——为政之要，惟在得人

◎**善任**——任人唯贤，择能而使之

◎**求实**——为治之道在于务实，不尚虚名

◎**客观**——兼听则明，偏信则暗

◎**授意**——行有余力，则以学文

◎**规范**——行于万物者，道也

简政——精兵简政，简政放权

> “精兵简政”在《吴子兵法》中有不少论述，它是先秦兵家所提出的一种治军治国思想。兵家思想的精髓就是效率，追求用最少的付出获得最多的收益，“精兵简政”其实就是兵家效益思想。

与孙子齐名的战国初期卓越的军事家、统帅、著名的政治改革家吴起，曾在《吴子兵法》中提到“约者，法令省而不烦”，意为“约，就是说法令要简明而不烦琐”，即“简政”。排除统治阶层的政治干扰，减少不必要的官僚等级，让政令得以贯通实施，凡战即可“令不烦而威震天下”。

精兵简政不仅适用于治军，而且适用于治国，历史上多次被统治阶级用作治国方略，进行行政体制改革。“简政”并不比“精兵”容易。

《隋书》曾经记载：“当今郡县，倍多于古。或地无百里，数县并置，或户不满千，二郡分领。县寮以众，资费日多。吏卒又倍……动须数万，如何可觅？所谓民少官多，十羊九牧。”这是当时的度支尚书杨尚希所述的“十羊九牧”与官吏俸禄频频拖欠、财政入不敷出的记载。杨公所言的

国学名句集锦

水浊，则无掉尾之鱼；政苛，则无逸乐之士。

——《邓析子·无厚》

“十羊九牧”、冗官冗员并非隋朝独有的现象，而是整个封建社会的痼疾。精兵简政用于政改，其关键在于精简政府官员，紧缩政府机关。

西汉末年王莽乱政，“慕从古官”，肆意封官晋爵收买人心。当时有谚语称：“烂羊胃，骑都尉；烂羊头，关内侯。”王莽灭亡后，连年战乱，土地荒芜，为维持统治，减轻百姓负担，东汉光武帝裁汰冗兵冗官，实行了精兵简政方针，节省国家开支。建武六年下诏曰：“夫张官置吏，所以为民也。今百姓遭难，户口耗少，而县官吏职，所置尚繁；其令司隶、州牧各实所部，省减吏员，县国不足置长吏者并之。”仅一年就裁减官吏数万人，合并400多个县，“吏职减损，十置其一”。

第二年，光武帝又下令让兵士“还复民伍”，挂印解甲当普通老百姓。对此，《通典》评论说：“光武中兴，务从节约，并官省职，费减亿计。”精兵简政的政策使东汉初年民众得到休养生息，很快稳定了政局，“而四海从风，中国安乐也”。

然而，精兵简政往往只在王朝创立初期实施，政权稳定后，官僚群体会迅速膨胀，官场腐败、卖官鬻爵的现象就会层出不穷。宋朝就曾饱受“三冗”之苦，即冗官、冗兵、冗费，用现在的话说就是官多兵多耗费多，使国家不堪重负。

史尧弼在《冗官策》中指出：冗官“无其事而虚设其官，无其功而空食其禄”，“坐无事之人而食有限之禄，尽无穷之欲而尽有穷之财，海内所以虚耗，国用所以凿空”。官吏不为百姓办事，搜刮民脂民膏，贿赂成风，国家因此而“积弱”“积贫”。

为革除“三冗”弊政，王安石实施了一系列变法措施，其核心思想就是精兵简政，精简政府机构，裁汰冗兵冗官，寓兵于农，使财政收支好转。但改革受到官僚集团的强烈抵制，机构名字、官员名称是改了，但人

国学名句集锦

三人共牧一羊，羊不得食，人亦不得息。

——《史记·田敬仲完世家》

员裁不下去，编外的“员外”多如牛毛，精兵简政成了单纯的精简机构。最终，改革以失败而告终，而宋朝也终因无法解决“三冗”问题而走向灭亡。

很多人认为类似宋朝这种“三冗”问题只会出现在政权稳定之后。其实不然，任何政权的产生，都会带来类似的问题，如果不能及时发现这一问题，意识到冗员可能带来的危害，往往就会走向灭亡。精兵简政不光可以作为巩固统治的利器，还可以在不利的情况下，成为一种行之有效的扭转战局的法宝。

延安时期，本就贫瘠的陕北需要供养边区数万党政军人员，这对陕北地区军民来说十分困难。为解决这一难题，中国共产党一方面带领当地人民在南泥湾开荒，解决部分供给，另一方面实行精兵简政的策略，减少“吃皇粮”的人数，将部队中的优秀分子留下，淘汰、转移那些不合格或者不够优秀的人员，使部队更加精良，提高了战斗力，最终为抗战的胜利提供了强有力的支持与保障。

“以古为镜，可以知兴替。”在社会主义事业空前发展、综合国力日益增强的今天，我们依然要意识到在这政治稳定、人民安居乐业的大好形势下仍然隐藏着许多不容忽视的问题，令人不能不深思。比如被群众广为议论的办理各类诸如“证明你妈是你妈”的奇葩证明，这种证明不仅占用了大量的公务资源，更给群众办事平添了许多奔波之苦。证明满天飞，说明政府审批事项太多，也从侧面说明职能部门间存在壁垒。

在“简政放权、转变政府职能”的时代要求下，如何提升服务质量，减掉不必要的公章，打破不合理的惯例，是每一个政府部门都应当认真思考的重要课题。冗员过多、“十羊九牧”，其结果必然是增加政府和社会负担，加大国家财政压力。这不仅会挫伤部分干部职工的工作积极性，还会

国学名句集锦

去苛礼而务至诚，黜虚名而求实效。

——北宋·苏轼《策略》

导致不正之风的蔓延，重叠设置的职能机关会带来例如乱罚款、乱收费、吃拿卡要等不良现象，甚至导致贪污受贿，严重影响正常的经济运行秩序以及干群关系，不利于社会稳定。

冷静地反思历史，深入地分析现实，结论就是：机构人员的减政放权势在必行，迫在眉睫。简政放权可以有助于各部门机构管理服务水平，也能使行政能力更加适应当今社会的需求，有助于转变职能、简政放权、激发市场和社会活力，有助于推进经济发展、社会进步和行政改革。对于从体制机制上保障和改善民生、加强社会建设、完善社会主义市场经济体制都会起到积极作用。

正如李克强在 2015 年 5 月 12 日国务院召开推进简政放权放管结合转变工作电视电话会议上所说的“以敬民之心行简政之道”，只有坚持简政放权、放管结合、优化服务、“三管齐下”，把转变政府职能持续推向深入，才能把行政体制改革和政府职能转变推向纵深。大道至简，有权不可任性。

简政放权思想的落实，要求党员干部牢固树立群众观点，及时回应群众关切的问题，开门搞改革，从政府部门“端菜”变为人民群众“点菜”。只有以群众需求为导向，从反映突出问题入手，才能切实做到以敬民之心行简政之道，提升全社会的运转效率，惠及全体人民群众。

国学名句集锦

主大计者，必执简以御繁。

——北宋・苏辙《上皇帝书》

利导——因势利导，顺势而为

《史记·孙子吴起列传》中说："善战者，因其势而利导之。"后世将其简称为"因势利导"。"因"表示遵循，"势"代表趋势，"利导"就是引导的意思。就是说，要顺应事情发展的趋势，向着有利于实现目标的方向加以引导。

《孟子·公孙丑上》中说："虽有智慧，不如乘势。"就是说"与其有很高的智慧，不如乘机借助时势"。古人虽推崇知难而进、逆流而上的气节和勇气，但是因势利导、顺势而为的却往往更能被世人所接受。

《过秦论》是贾谊政论散文的代表作，全文分上中下三篇，其中上篇着重叙述了秦朝得以兴盛强大，最终一统天下的原因是"因利乘便，宰割天下，分裂山河。强国请服，弱国入朝"。意思是说秦国趁着有利时机，征服天下。强国主动表示臣服，弱国也纷纷入秦朝拜。秦国之所以能统一六国，就是因为看准了天下发展的大势所趋，顺应民意，按照民心所想的方向制定国策，民之所向，天下归心。

国学名句集锦

法令所以导民也，刑罚所以禁奸也。

——《史记·循吏列传》

秦国坐拥天下一切优势资源，而天下未被缩小削弱，雍州的地势，崤山和函谷关的险固，也依然是原来的样子。陈涉的地位，不比六国的国君更加尊贵；锄头木棍也比不上钩戟长矛的锋利；那些迁谪戍边的士兵更无法和九国部队抗衡；论深谋远虑，行军用兵的方法，他们也远远比不上先前九国的武将谋臣的情况下，依然被陈涉等义军消灭。

对此，贾谊也给出了明确的答案，那就是："仁义不施而攻守之势异也。"就因为不施行仁政而导致攻守的形势发生了变化。秦统一天下，结束了天下多年的战乱，本来处在很好的发展形势中，但秦始皇以暴虐治天下，焚书坑儒；秦二世继位后，也未能改正之前的过失，终致国家倾覆。《过秦论》的下篇后部分，作者承接前文，指出在"诸侯并起，豪俊相立"的时候，如果子婴能修正原来错误的政策，"闭关据厄"，"荷戟而守之"，是可以守住三秦之地的，以后"安土息民"，徐图发展，甚至也还可以重新恢复国家的统一。可是遗憾的是，秦朝缄口不言的一贯政策，导致上下"雍闭"，子婴孤立无缘，终于不免灭亡的命运。表面上看是陈涉等义军推翻了秦王朝，实际上是秦王朝自己没有把握住民心，因势利导，最终导致国家的衰败灭亡。

势，是一种整体性的客观力量，在社会中具有各个层面的意义。魏源在《默觚·治篇》中曾经指出，"人所聚而势生焉"，"圣人乘天下之势，犹蛟龙乘云雾"，"天子者众人所积而成"，认为社会历史发展的趋势是由天下众生的力量聚积而成，在民意中集中体现出来。

中国人自古便将"大势所趋"与"人心向背"联系起来，孙中山就曾指出："一国之趋势，为万众心理所造成，若其势已成，则断非一二因利乘便之人之智力所可转移也。"而在改进和阐述"因势"的范畴时，李大钊与孙中山有异曲同工之处，就是反驳了英雄史观，认为民意才是历史趋

国学名句集锦

历法禁自大臣始，则小臣不犯矣。

——北宋·苏轼《策别》

势的真正源泉。李大钊说："历史上之事件，固莫不因缘于势力，而势力云者，乃以代表众意之故而让诸其人之众意总积也。是故离于众庶，则无英雄，离于众意总积则英雄无势力焉。"

"因势利导"对于执政者来说是非常好的策略。在一定的形势下，顺应时代需求、人民的审美和追求，能够更好地让群众接受新的制度和规范，利用群众喜闻乐见的形式普及社会主义核心价值观。

从人民群众主体意愿去确定社会历史发展趋势，才会得到广大人民群众的拥护。我们现在很多党政机关还残留着过去计划经济时期的一些陋习，凡事"一刀切"，不考虑群众的真正追求，给百姓的生活带来了很多不便，党员干部身为人民的公仆，应更多地考虑群众的需求，倾听百姓的心声。

国学名句集锦

事机作而不能应，非智也；势机动而不能制，非贤也；情机发而不能行，非勇也。善将者，必因机而立胜。

——三国·蜀·诸葛亮《将苑·机形》

察人——为政之要，惟在得人

《贞观政要》中对于人才的重要性这样描述道："为政之要，惟在得人。用非其才，必难致治。"意思是说，治理国家的关键，在于使用合适的人才。用人不当，就难以治理好国家。

《墨子·尚贤上》中说："夫尚贤者，政之本也。"明太祖朱元璋说："构大厦者，必资于众工；治天下者，必赖于群才。"清代康熙皇帝则直白地说："政治之道，首重人才。"由此可见，古人很早就知晓人才对于国家发展的重要性，历朝历代的皇帝都花费大量的时间和精力来选任人才，能否选贤纳士成为衡量一个皇帝称职与否的重要标志之一。尽管在如今看来，古代的科举制度有很多的弊病，但是我们也不可否认在古代，科举制度为国家的人才选拔起到了至关重要的作用。

唐代文学家韩愈在《马说》中提到："世有伯乐，然后有千里马。千里马常有，而伯乐不常有。故虽有名马，祇辱于奴隶人之手，骈死于槽枥之间，不以千里称也。马之千里者，一食或尽粟一石。食马者不知其能千

国学名句集锦

论至德者不和于俗，成大功者不谋于众。

——《商君书·更法》

里而食也。是马也，虽有千里之能，食不饱，力不足，才美不外见，且欲与常马等不可得，安求其能千里也？策之不以其道，食之不能尽其材，鸣之而不能通其意，执策而临之，曰：‘天下无马！’”意思是说世上先有了伯乐，然后才会有千里马。千里马经常有，可是伯乐却不会经常有。因此，即便有千里马，也往往只能在仆役手中受屈辱，和普通的马一样死在马厩里，不能以千里马著称。一匹日行千里的马，有时一顿能吃一石草料。喂马的人不懂得喂养它时要根据食量多加饲料，这样的马即便有日行千里的能力，也吃不饱，力气不足，它的才能和好的素质也就无法表现出来，想要和普通的马一样尚且办不到，又怎么能要求它日行千里呢？鞭策它，却不按正确的方法，喂养它，又不足以让它充分发挥自己的才能，它嘶叫的时候也无法知晓它的意思。反而拿着鞭子走到它跟前说：“天下没有千里马！”

韩愈在这篇借物寓意的杂文中，以马为喻，谈的是人才问题，表达了作者对统治者不重视人才、不能识别人才、埋没人才的强烈愤慨。千里马卓尔不凡，却被当作凡马视之，它能够被发现，全是因为有伯乐这样的知马、懂马的人出现。这个典故，告诉我们这样的道理：安定局势需要人才，但人才得以充分发挥才干的前提，是需要有识才之人。

要想知人，知人者必须要勤于去知，要舍得花时间认真考察。不能以自己是公务员，是领导干部，挣死工资，干多干少都一样为借口，混日子。有人问：日本政府部门职工通常也是终身制、“铁饭碗”，为什么他们干部的积极性都很高？其实也不一定都很高，但是有一点值得我们重视：就是他们对于职工，尤其是对于干部的考察、挑选是非常严格的。

在领导的众多职能中，决策、用人是最重要的两点。领导与管理其实只是叫法不同，在工作内容上，二者并没有太大的区别。越是处于高位的

国学名句集锦

与其溺于人也，宁溺于渊；溺于渊犹可游也，溺于人不可救也。

——《大戴礼记·盥盘铭》

领导越要重视人才的甄选，不管你所在工作单位是只有几个人的小部门，还是拥有数千人的大机构，领导干部都有责任确保正确的人处在恰当的位置上。

对于中国许多中层干部来说，20 世纪 80 年代初是令人兴奋和难以忘怀的。那时干部队伍的“四化”（革命化、年轻化、知识化、专业化）浪潮拍打着曾在文革中上下流动的众多年轻人。

1985 年春，温家宝被任命为中共中央办公厅副主任。而他的直接领导是当时的办公厅主任王兆国。

“胡耀邦选干部不任人唯亲，他很注重才干。1985 年前后，他特别委托中央组织部考察干部，主要是省部级干部，希望物色到中央办公厅主任的合适人选。当初我知道的挑选标准有四个：副部级以上、年轻、学历较高和有才能。”2002 年 2 月 27 日，一位曾在中共中央办公厅工作近 10 年，作为温家宝直接下属 4 年多的人士说，“中组部考察时，发现他各方面才能很全面，人品也好，而不仅仅是个只懂技术的干部。”

经过几轮筛选，那次选拔只留下 3 个干部，其中之一就是日后成为国家总理的温家宝，另一个是时任中共上海市常委的吴邦国，还有一位吉林省的高级干部。对于不熟悉温家宝经历的人来说，很难将“地质工程师”和“国家总理”这两个毫不相干的标签同他联系起来，如果没有当初胡耀邦这个伯乐，温家宝最终可能是众多默默无闻的地质工作者之一，吴邦国也可能只是上海的一任地方官，正是因为有了胡耀邦识英才、重英才的举措，才有了日后“已为国家服务 45 年未谋过私利”的平民总理。胡耀邦的伯乐相马堪称当代领导的用人典范，党员干部的本质是人民的公仆，有责任、有义务为百姓谋福利、办实事，慎用手中的权力。不能为一己之私就任人唯亲，甚至为了避免被能力卓绝的下属所取代，就恶意打压有真才

国学名句集锦

治天下者尊贤考功则治，简贤违功则乱。

——《汉书·谷永传》

实干的人才。

古人云：“君子用人如器，各取所长”。领导干部在用人时，应着眼于他的优点和长处，而非用人之短，这样才能发现人才，用好人才，留住人才。当领导的，如果对下属总是横挑鼻子竖挑眼，一味求全责备，在巨大的压力之下，必然会导致人心离散。只有用其所长，各得其所，才能让属下心情舒畅，团队效率才会不断提高。在选人的环节中，领导干部不能戴着有色眼镜，要尽可能立足于政府的未来发展，以平和的心态来对待人才的识别和引进。

同时，政府部门要舍得在人才培养方面投入，只有合理投入才能换来合理的回报，还要打通人才的内部成长通道，公平地为每一位做出贡献的人提供良好的发展平台。邓小平曾说过，“领导干部的胸怀有多大，事情就能够做多大。”只有善于宽厚待人的领导干部，才会不断把整个团队带到一个个崭新的高度。

国学名句集锦

不察，何以烛情照奸？察然后知真伪，辨虚实。夫察而后明，明而断之、伐之，事方可图。察之不明，举之不显。

——明·张居正《权谋残卷》

善任——任人唯贤，择能而使之

《史记·高祖本纪》中记载，刘邦说："夫运筹策帷幄之中，决胜于千里之外，吾不如子房；镇国家，抚百姓，给馈饷，不绝粮道，吾不如萧何；连百万之军，战必胜，攻必取，吾不如韩信。此三者，皆人杰也，吾能用之，此吾所以取天下也。"

刘邦称帝后，在都城洛阳南宫大宴群臣。席间，他向百官询问他与项羽的区别，众人纷纷夸赞刘邦的大仁大义，但是刘邦却说："论运筹帷幄，我不如张良；论安抚天下百姓，我也不如萧何；论率军打仗，我比不上韩信。但是，我能清楚地知道他们三位俊杰各自的优势，并合理地使用，所以我能得到天下。"

刘邦的用人之道便是知人善任，他非常清楚地知道，一个成功的领导最重要的能力是什么。相比于卓越的个人能力，如何调动下属的积极性，部下都有哪些方面的才能，他有什么性格、特征，他的优点和缺点分别是什么，他在什么位置上最合适……这些才是一个领导真正应该思考

国学名句集锦

举直错诸枉，则民服；举枉错诸直，则民不服。

——《论语·为政》

的问题。

如何发现人才、调动人才，也是我们领导干部应该具备的一项本领。领导虽然应该以身作则，做出表率，但这并不是说要党员干部亲自去做每一件事。对于党员干部来说，事必躬亲固然很重要，但一个人的精力毕竟有限，如何能充分发挥每一个下属的能力，群策群力，以有限的精力调动无限的能力，才能物尽其用，人尽其才，这才是真正符合新时期党员干部基本技能的要求。

作为一个党员干部，一定要珍惜人才，合理地利用人才，将他们放在恰当的位置上，最大限度地调动他们的积极性，能够充分发挥自己的作用。刘邦深谙此理，用张良出谋划策，韩信带兵打仗，萧何保障后方，一切都安排得井井有条，有条不紊。刘邦也因此自然而然地成为他这个集团的核心。

古今中外，很多成功人士都深知人才的重要性。卡耐基认为，要做到知人善任，才能掌握高超的用人之道。知人，指的是对人的识别、选择、考察，就是要了解人；善任，指的是对人才要使用得当。知人善任，就是要确切地了解干部、认真地考察干部，把每个干部都安排到合适的岗位上去，充分地让他们施展才干、发挥自己的特长。这是做好领导工作的根本任务之一。

那么，怎样才能做到“善任”呢？首先应该着眼全局，充分考虑人才的具体特点，将其放到合适岗位上。尺有所短，寸有所长，假如不能将人才的长处用在恰当的地方，就是对人才的压制，也是对才能的一种极大浪费。

每个人的长处和才能各属特定类型，有的擅长技术，有的擅长分析，有的精通财务，有的善于交际，有的擅长综合，有的擅长管理。特定类型

国学名句集锦

所贵圣人之治，不贵其独治，贵其能与众共治。

——《尹文子》

的才能应与特定的工作性质相匹配。

工作对人的要求不同，因此才能与职务应该相称。党员干部给予下属的职务应能最大限度地刺激他发挥自身优势，扬其所能，工作自然会积极，管理效能也必然会提高。

世上无无用之人，贵在所用恰当。任人唯贤是我党一贯坚持的干部路线，必须坚持以德和才为标准进行选拔任用干部，这样选择出来的干部才能带来整个工作氛围的改变。

那些一心为民、任劳任怨、切实解决人民群众的实际问题的党员干部，才是我们真正需要的。干部的好坏就是要由人民群众来评价，让人民群众来评价干部的功与过。朴实无华、一心为民、两袖清风的好干部，人民群众绝不会埋没他。

此外，组织部门还要多同干部进行交流沟通，观察他们的工作细节，了解他们的思想动态，发现思维明确、有创新意识、勤恳做事的人才委以重任。之后，还要进行不定期的监督回访，确定其并未在得到重用后在作风上问题滋生，思想上发生变化，这才是我们需要的实干家。

此外，用人唯贤还可以有效地杜绝党内贪腐问题，人才的发掘、干部的升迁完全凭借自身的能力而非其他旁门左道，不但可以有效地提高整个政府部门的办事能力，还能在党内、在社会上形成良好的风气。

如今，很多人为了能有“铁饭碗”，挖空心思地讨好那些“有能力”的干部，很多原本优秀的党员干部就是因为经受不住各方诱惑而走上贪赃枉法、玩忽职守的犯罪之路，而那些被“破格提拔”的干部为了能有更好的发展，往往只注重面子工程，将大部分心思用在讨好上级而非为百姓谋福利上面。

这样一来，下面的员工也上行下效，不将提高个人能力作为升迁的途

国学名句集锦

事在四方，要在中央。圣人执要，四方来效。

——《韩非子·扬权》

径和资本，凡事拼关系、比后台。个别政府职能部门的员工，虽然只是一名普通职工，但是仗着所在部门的无限权力，也处处对来办事的民众“吃拿卡扣”，造成了极坏的社会影响。

只有所有的党员干部，将全部的精力都用在为群众办实事、办好事上面，才能扭转群众对公职人员“脸难看，事难办”的形象。也只有这样，才能保证党的一切惠民方针政策都能正确、有效地实施，国家才能够长治久安地发展下去。

国学名句集锦

一日万机，一人听断，虽复忧劳，安能尽善？

——《贞观政要·求谏》

求实——为治之道在于务实，不尚虚名

雍正曾说“自古圣贤为治，皆尚实政，最恶虚名”，“为治之道在于务实，不尚虚名”，总是劝诫臣下要“公忠诚勤，实心任事”，“做实在好官”，“惟以实心行实政，重公忘私，将国事如身事办理”。

史书上记载，雍正是个勤勉公正的皇帝，铁面无情，对庸官、贪官毫不留情。雍正即位伊始，便颁发谕旨，痛斥朝中大臣坐班、议事时“群相附合，以图塞责”或“彼此推诿，不发一言”。后来，他改设分班议事制度，命令议事大员分头议事，必尽言责。

雍正主张“去庸人而用才干”。在他看来，“治天下之道惟用人，除此皆末节也”，“庸碌安分、洁己沽名之人，驾御虽然省力，恐误事”。雍正还下令不可一味迎合上司，要“因地制宜，化裁取当”，不能因为“随朕一时谕他人之谕，来惑自己主见”。时任两广总督的孔毓珣曾因土地使用问题而上奏请旨，雍正御批道：“朕不洞知地方情形，难以悬谕。”可见，他承认皇帝在具体执行上面有局限性，主张地方官员据实施政。

国学名句集锦

物有华而不实，有实而不华者。

——东汉·王充《论衡·书解》

雍正皇帝在位13年，顶着种种压力，不遗余力地整饬吏治。对此，学者杨启樵曾评价道：“康熙宽大，乾隆疏阔，要不是雍正的整饬，清朝恐早衰亡。”

康熙末年，贪腐之风日趋严重，群臣“念念只营功名，时时只顾身家，刻刻只虑子孙，而国家之安危，民生之休戚，毫不相关”。吏治腐败废弛几乎不可救药。对于吏治腐败的危害，雍正形象地概括为：“人心玩愒（贪图安逸）已久，百弊丛生。”在雍正看来，相比于其他方面的危害，吏治废弛的危害更大，“命案、盗案，危害不过一人一家之害而止”，如果官吏不认真替百姓办好事、办实事，甚至不办事、办坏事，“在一县则害被一县，在一府则害被一府，岂止杀人及盗之比”。因此“治天下之道，惟在察吏一事”。

在整饬吏治中，雍正一方面提倡做个好官，一方面告诉群臣什么样的官才是好官。例如，雍正给各省封疆大吏发上谕说：朕望天下总督、巡抚大员，“屏弃虚文，敦尚实政”，并形象地说，“惟以实心行实政，重公忘私，将国事如身事办理”。他深知“为治之道在于务实，不尚虚名”，“自古圣贤为治，皆尚实政，最恶虚名”。“朕生平最憎‘虚诈’二字”，“一处不实，则事事难以为信也”。

每个官吏应该奉行的是“实心任事，洁己奉公，一毫不欺”，“实力实心，勇往办事”。对官吏的教育，雍正还提倡去除私心，克己奉公。他经常提醒大臣要铭记“公”字，崇尚“公”字，践行“公”字，将“为公”当作毕生的追求。

纵观整个雍正时期，吏治为之一清。更为重要的是，社会风气发生了变化。不但肃清了康熙末年以来官场的不正之风，也为接下来的乾隆盛世奠定了重要的吏治和物质基础，对于整个大清王朝的兴盛有

国学名句集锦

有名而无实，则其名不行；有实而无名，则其实不长。

——北宋·苏轼《策别安万民》

着不可磨灭的贡献。

纵观中国几千年的历史，每个朝代的兴盛都和执政者的勤政、务实分不开。求真务实不光是维护社会稳定的必然要求，也是广大群众的心声，更是做好一切工作的根本保证。我党自成立之初，便将“全心全意为人民服务”、“求真务实”作为立党之本、执政之基。

求真务实归根究底是一种觉悟、一种品德、一种精神、一种境界，是分析、研究、解决问题的利器。求真，就是要讲真话、报真情、制定决策、推进工作要符合客观实际，坚持一切从实际出发，反对虚报浮夸、弄虚作假。务实，就是要求实效、办实事、谋实招，真正将科学发展观和正确的政绩观结合起来，并将其落实在行动上，贯穿于工作中，创造出经得起群众、历史和实践检验的政绩。

“天下大事必作于细，古往今来必成于实。”无论什么时候，都要明白“空谈误国，实干兴邦”，任何时候都要知道“搭一次花架子，就把群众心伤一回；走一次过场，就与群众的距离远一分”。

习近平 2014 年 3 月 9 日在十二届全国人大二次会议安徽代表团参加审议时对广大党员干部提出了“三严三实”的要求，即“严以修身，严以用权，严以律己”，“谋事要实，创业要实，做人要实”。这是党的领导干部的行为准则和为官之道。要引导领导干部树立正确的政绩观，谋事要实、创业要实、做人要实，激励领导干部加强党性修养，增强宗旨意识，坚定理想信念，严以修身、严以用权、严以律己，强化责任担当，让党员干部经得起实践、人民、历史的检验。

改革没有完成时，只有进行时，只有真正做到“三严三实”，保持韧劲，保持力度，善始善终，作风建设的内涵才能不断得以升华。《党章》中关于党的建设必须要坚持的四项基本要求，就是“坚持解放思想，实事

国学名句集锦

立业建功，事事要从实地着脚，若少慕声闻，便成伪果。

——明・洪应明《菜根谭》

求是，与时俱进，求真务实”。

中央一贯反对弄虚作假、虚报浮夸等党内不良之风。求真务实，是贯彻党的实事求是思想路线的必然要求，也是我党要求的一贯作风。要想推进各项改革建设事业更快的发展，就要大力弘扬求真务实的作风。

2014 年 1 月 12 日，习近平在十八届中央纪委第五次全体会议上向全党提出了“大力弘扬求真务实精神，大兴求真务实之风”的要求，这对于我党全面推进建设新的伟大工程，确保改革开放以及现代化建设的顺利进行，具有重大的指导意义。在日常实际工作中贯彻这一要求的关键在于真抓实干。

所有党员干部要充分认识到不真抓实干的危害性，将真抓实干作为全部工作的基本要求，努力形成真抓实干的良好局面。人是做好一切工作的决定性因素，我们要提高领导干部抓落实的能力，工作落实与否，关键在人。

干部队伍的能力和素质是抓好落实工作的重要基础。只有具备善抓落实、敢抓落实的高素质党员队伍，才能在工作中无难不克、无坚不摧。要想建立这样一支高素质的党员干部队伍，必须不断提高党员干部依法执政的能力、应对复杂局面的能力、驾驭市场经济的能力和总揽全局的能力，以求加强党的执政能力建设。

因此，我们应当建立和完善奖惩制度以及科学的干部政绩考核体系，形成正确的用人导向、用人制度，引导和规范各级领导干部树立正确的价值观、政绩观。通过制度建设和完善，使求真务实、勤政为民的干部得到褒奖，让那些弄虚作假、好大喜功的干部受到惩戒，在广大干部尤其是党员领导干部中形成踏实苦干、勤政为民的浓厚风气。

国学名句集锦

禁大言以务实。

——《曾国藩家书》

客观——兼听则明，偏信则暗

《资治通鉴》中记载："贞观二年，上问魏征曰：'人主何为而明，何为而暗？'对曰：'兼听则明，偏信则暗。'""兼听"就是要听取多方面的不同意见。

唐贞观二年，唐太宗问魏征："作为一国之君，我如何才能明辨是非，不受蒙蔽呢？"魏征回答道："作为国君，如果只听一面之词，往往会糊里糊涂，作出错误的判断。只有广泛地听取各方的意见，采纳正确的主张，才能避免受欺骗，下边的情况您也就知道得一清二楚了。"

自此，唐太宗广开言路，鼓励大臣直言进谏，为大唐盛世的出现奠定了坚实的基础。《管子》中也曾说过："夫民，别而听之则愚，合而听之则圣"，也是同样的意思。

古人崇尚客观公正，尤其表现在为政之中。《尚书·洪范》中提到："无偏无党，王道荡荡；无党无偏，王道平平；无反无侧，王道正直。"意思是说，做到公平无私，就能使王道平坦、顺利。类似这样的观点还有很多。

国学名句集锦

不聪不明，不能为王；不瞽不聋，不能为公。

——《慎子·内篇》

明人汪天锡认为："夫居官守职以公正为先，公则不为私所惑，正则不为邪所媚，凡行事涉邪私者，皆由不公正故也。"宋代的陈襄说："事惟公平可以服人心。"在他们看来，坚守客观公正，不仅可以服人心，还能在行政过程中得到民众的拥护，事半功倍。

历史上不乏因为偏听偏信而自食其果的例子。明思宗朱由检在即位之初，重新重用大将袁崇焕对抗金兵，袁崇焕在戍边御敌方面也颇有成绩。然而好景不长，袁崇焕在崇祯二年击退皇太极，解了京都之围后，被魏忠贤的余党以"擅杀岛帅""市米资敌""与清廷议和"等罪名弹劾，最后被朱由检以通敌叛国罪凌迟处死。

袁崇焕之死加速了明朝灭亡的进程。自此，明朝再无人能抵挡住清军的入侵，崇祯帝最终也落得个景山自缢，以死殉国的下场。袁崇焕被杀，固然有皇太极实施反间计的功劳，但是崇祯帝自己听信谗言，罔顾朝中忠臣劝谏才是最重要的原因。如果崇祯能好好调查一番，多听朝臣劝谏，袁崇焕可能就不会被误杀，明朝可能也不会在他这一代灭亡。然而，历史就是历史，永远无法被假设。历史虽然不能更改，却能给后人带来警示和启迪。

"以史为鉴，可以知兴替；以人为鉴，可以明得失。"党员干部一定要吸取教训，在关键岗位上不偏听偏信，一定要多走多看多调查，切莫因自己的一时不查而酿成无法挽回的后果。

党员干部的主要任务是决策和用人，要想做出好的决策，用对正确的人，基本前提就是了解真实、客观的情况。要想做到这一点，只有多方面听取意见，广泛调查取证，才能明辨是非得失；若只听一方意见，只听片面之词就信以为真，往往会做出不当的判断。

"兼听则明，偏信则暗"并不能只当成一句口号，领导干部只有善于

国学名句集锦

不怀爱而听，不留说而计。

——《韩非子·八经》

兼听，才能增强决策的科学性，减少思想的盲目性；才能为老百姓的幸福、经济的腾飞办更多的实事好事。

近年来，有些党员干部习惯于听一面之词，不善于“兼听则明”；听不得报忧，只听得报喜；听不得“场面”外的话，只听得“场面”上的话；听不得“圈子”外的话，只听得“圈子”内的话，给国家和人民带来了巨大的损失。

客观，是维护法纪公正的必要条件，为官者只有做到客观、公正，才能最大限度地保证公平性。作为领导干部，不仅要有“兼听”之德，更要懂得“兼听”之术。

领导干部“兼听”，要广泛听取不同利益阶层的不同意见，向乞丐询问鲍鱼龙虾的味道，不可能得到真实的描述。同样，如果向腰缠万贯的富人询问底层民众生活的艰辛，也未必能得到真实的回馈。政府部门在一些涉及到民生的问题时，不能光听某一方的观点，一定要多听、多问、多看，这样才不会有失公平。更不要听结党营私之言，不听谄谀之言。有些人为了自身利益，凭借自身三寸不烂之舌逢迎上司，粉饰太平。党员干部一定要避免鼓吹之风带来的飘飘然的感觉，在不理智的状态下做出错误的决策。

党员干部要不轻信数传之言，不听不验之言，不听不负责任、捕风捉影、道听途说的闲言碎语，未经调查研究，绝不轻易决策。古人云：“貌言华，至言实；苦言药，甘言疾。”意思是说漂亮的话是花，真实的话是果，苦涩的话是良药，甜美的话是病。良药苦口利于病，忠言逆耳利于行，忠言常常是不好听的，但却是最宝贵的。

2015 年，习近平在同各民主党派及无党派人士代表共迎新春时说：“对中国共产党而言，要容得下尖锐批评，做到有则改之，无则加勉；党

国学名句集锦

得言不可以不察。

——《吕氏春秋·慎行论》

员干部要敢于讲真话，敢于讲逆耳之言，真实反映群众心声，做到知无不言，言无不尽。”

所以，广泛听取群众意见，是正确制定实施决策的重要环节，也是党员干部必备的内在素质。

我们党的事业，归根究底是人民的事业，没有了人民群众，就无事业可言。因此，作为执政党的代表，党员干部必须牢固树立以民为本的思想，虚心听取各方的批评意见，始终保持与广大人民群众的“鱼水”关系。只有这样，方能做到“万事民为先，情为民所系，利为民所谋，权为民所用”。

国学名句集锦

治狱者得其情，则无冤死之囚。

——《三国志·魏书·王朗传》

授意——行有余力，则以学文

> “行有余力，则以学文。”出自《论语》，这里的“行”，指的就是道德行为，“文”讲的是文化知识，是强调要将德育放在文化教育之前。

我国古代教育家和思想家关于德行教育提出了许多方法和原则。韩愈说：“师者，所以传道授业解惑也。”就是说，一个教育者的职责，首先是“传道”，即对学生先进行道德教育，然后才是“授业”和“解惑”，即传授业务知识，解决疑难问题。

南北朝时北周有一个叫于义的人，承袭父亲于谨的爵位，后来担任了安武郡的太守。在地方治理上，于义主张教化要多于严厉的刑罚。当时安武有两个百姓，为了钱打起了官司，其中一个叫张善安，一个叫王叔儿。知道这件事后，于义没有指责别人，而是第一时间自我反省，他认为是自己传递给百姓和属下关于爱的程度，对于以德治郡这个思想的传播还不够，是自己做太守做得不够好，于是就把自己私人的财物分给这两个人，对他们教化了一番。听了他的这番话，张善安和王叔儿都觉得很惭愧，便决心

国学名句集锦

能为人则者，不为人下矣。

——《左传·昭公元年》

改过向善，不再只关注得失。从此以后，安武的民风越来越淳朴和谐。

明朝时的王恕曾经对别人讲过这样一个道理："宋朝人说，凡是在朝廷为官的人，有人送礼物上门是可耻的事情；不在朝廷而在外地为官的人，哪怕是私底下有什么礼物送到京官手里去，也是很可耻的。但是现在做官的人，动不动就找个理由送礼，虽然没有人耻笑自己，可是自己就不觉得羞耻？"

王恕为人正直坦荡，注重为官者的德行，参报到皇帝那里的奏疏很多，整个朝堂上的大臣和皇帝身边的亲信，没有不怕他的，甚至心虚得不敢正眼看他。王恕死的时候已经 93 岁了，皇帝赐他谥号"端毅"。王恕一生耿直，也用这样的为官思想来教育后辈，后辈儿孙里面出了很多贤人。

宋朝张浚的母亲计氏是一个非常有德行而且懂得教育的女人。在儿子年纪还小的时候，她就教张浚学习他父亲的言谈举止和道德品行，即便他不懂，也让他照着父亲的样子做。后来张浚考取功名，在朝为官。有一天，母亲发现张浚神思恍惚、心事重重的样子，便问明原因。原来，张浚看到奸臣秦桧为害国家，不顾百姓疾苦，而且这种行为越来越严重。张浚有心到皇帝面前竭力劝谏，让皇帝有所觉悟，可是他又担心，秦桧在朝中权势滔天，万一报复他，母亲的年纪大了，自己又丢了命，怎么对得起这一大家子人呢？忠孝难两全。

计氏听了儿子的解释，找出张浚的父亲在绍圣初年写过的一篇文章中的几句话，大概意思是说，我情愿说完劝谏的话，受斩刑而死，也不忍心默不作声辜负了百姓和天子的期待。张浚便下定决心劝谏皇帝。果然，当他把奏章送到皇帝面前后，就被贬了官，流放到很远的地方去了。计氏为他送行的时候说，家里不必担心，读书人、做官的人的德就是忠诚、正直，你如果为此而遭遇横祸，只能说明你尽到了自己的责任。

国学名句集锦

尊于位而无德者黜，富于财而无义者刑。

——西汉·陆贾《新语·本行》

“德”的内涵十分丰富，外延非常广泛，不仅在家庭中，古今中外的执政者都将德行教育放在重要位置，因为思维决定行动，道德高尚的人，通常不会做出有损于他人的事情。反之，道德败坏的人，往往唯利是图，损人利己，这样的人多了，社会必然动荡，国家必然不安定。

党员干部的“德”是政治品德和道德品行，是与社会、他人、家庭、自然等各方面发生关系时的行为表现。做好党员干部德育建设，就要将德育贯穿在社会主义建设的始终，有效整合社会主义物质建设与精神文明建设。

我党历来重视党员的精神文明建设，毛泽东曾经说过：“凡是有利于党和人民事业的，就坚决干、加油干、一刻不停歇地干；凡是不利于党和人民事业的，就坚决改、彻底改、一刻不耽误地改。”这其实就是要培养党员干部全心全意为人民服务的思想意识。

近年来，党内贪腐事件频现，不但影响了党和政府在民众心中的公信度，还在一定程度制约了社会经济的发展，这对我党的发展十分不利。党的十八大以来，“改作风，树新风”一直是领导干部工作中的一项重要任务，显示出党和国家对反腐倡廉、深入推进党风廉政建设的决心，以及营造政风清新、吏治清明的发展环境的坚决态度。这也就要求广大党员干部，必须将“以身作则、率先垂范、立言立行”即“三个表率”，作为执政过程中长鸣的警示钟。

“三个表率”是党和国家关心群众、心存群众、爱护群众的体现，是党和国家为人民服务的见证，更是党和国家时刻警醒党员干部，要为人民办实事、办好事，忠于职守的体现。“三个表率”是做执行政治纪律的表率、做转变作风的表率、做廉洁自律的表率。对党员干部干部来说，政治纪律既是“紧箍咒”，又是“高压线”，一定要心存敬畏。

国学名句集锦

但使仓库可备凶年，此外何烦储蓄？后嗣若贤，自能保其天下；如其不肖，多积仓库，徒益其奢侈，危亡之本也。

——《贞观政要·辨兴亡》

规范——行于万物者，道也

“通于天地者，德也；行于万物者，道也。”出自《庄子》。意思说的是，贯穿于天地的，是顺应自然、上下通透的“德”；能够通行于万物的，是听任自然、遵循规律的“道”。

《孟子·离娄上》：“离娄之明，公输子之巧，不以规矩，不能成方圆。”即便拥有像离娄那样精明的眼睛，公输般那样灵巧的工匠，不用规和矩，也是无法画成方圆的。这句话虽短，但却揭示了一个重要的道理——无论做什么事情都要有规矩、懂规矩、守规矩。

社会是由人集合而成的，社会活动是人的活动，不同的人有不同的活动动机和目的，如果人人都各行其是，没有一个规矩来约束，社会就会陷入无秩序的混乱中。小到邻里间的日常相处，大到国与国之间的交往，无时无刻不受到规矩的约束。

然而，历史上从没有一个国家，只单纯依靠法律或道德的教化，就能形成良好的社会风气。因此，我们要构建和谐社会，也不能单纯依靠法律

国学名句集锦

避天下之逆，从天下之顺，天下不足取。

——《尸子》

法规，既要坚持依法治国的方针政策，也要大力提高人们的道德品质水平。既要自觉遵守社会公德，文明诚信，也要通过完善和加强法律法规制度建设，规范个人的行为。只有将自律和法律结合起来，才能形成健康的社会风气，社会才会安定。

古人云："勿以善小而不为，勿以恶小而为之。"这就是告诉我们，遵纪守法要从小事做起，从我做起，从现在做起。"规者，正圆之器；矩者，正方之器。""不以规矩，不成方圆。"这些耳熟能详的名言告诫人们小至立身处世，大至治国安邦，都必须遵守准则和法度。

日月交替，大江东流，大自然生生不息，都是在演绎着规矩、规则的力量。没有规矩的自由，终究会因无限制的自我膨胀而毁灭。人类社会也同样如此，军队的战斗力离不开铁的纪律，政府部门的执行力和竞争力来自严格的规章制度。

规矩与我们的生活息息相关，规矩是人类自己制定的信条。遵规守纪是每一个公民的职责，更是一个合格的党员干部应具备的基本素质，它是我党执政的需要，是社会稳定的需要，绝对的无拘无束是不存在的。

国有国法，家有家规，纵观华夏几千年历史，严格纪律严守规矩的大有人在。威震四方的"岳家军"，之所以能够攻无不克，战无不胜，靠的就是严明的军纪。

据说，有一次，岳云违抗军令，私自带兵出战，结果不但惨败而归，还差点令岳家军全军覆没。岳飞不顾父子之情，一定要军法处置岳云，经众将劝解，才勉强免除其死罪，但仍然打了岳云一百军棍。

三国时候，曹操拥有卓越的领导才能，对下属赏罚分明，军纪严明。曹操亲自制定了禁止战马踏入良田、不可骚扰沿途民居的规矩，违者以死罪论处。有一次他带兵出征，不料坐骑突然受了惊吓，踩倒

国学名句集锦

上因天时，下尽地利，中用人力。

——《淮南子·主术训》

了一片麦苗，曹操为严明军纪，当即拨出佩剑，打算自裁，后经劝解以割发代替死罪。

历史总是相似的，在革命战争年代，无数革命英烈也是严守革命纪律，用自己的实际行动，甚至是宝贵的生命，践行着我党完成祖国统一的光荣使命，并最终换来了全国的解放和新中国的成立。

自觉遵守纪律、增强纪律观念、坚决维护纪律、严肃执行纪律，是我们党的独特优势和光荣传统。习近平指出："党要管党、从严治党，靠什么管，凭什么治？就要靠严明的纪律，严格的规范，严肃的态度。党面临的形势越复杂，肩负的任务越艰巨，就越要加强党纪法规建设，越要维护党的团结统一，确保全党统一意志、统一行动、步调一致前进。"

党的十八大以来，习近平反复强调提高纪律执行力的重要性。他在十八届中央纪委第三次全体会议上讲话指出："党的规矩，党组织和党员干部必须遵照执行，不能搞特殊、有例外。各级党组织要敢抓敢管，使纪律真正成为带电的高压线。"因此，党员领导干部要深入落实中央八项规定精神，坚决杜绝违法乱纪行为。

党的纪律是铁的纪律，所有党员必须无条件遵守。习近平指出："遵守党的纪律是无条件的，要说到做到，有纪必执，有违必查，而不能合意的就执行，不合意的就不执行，不能把纪律作为一个软约束或是束之高阁的一纸空文。"

纪律历来都是具有强制性的，不允许做选择、搞变通。所有党员、干部都要无条件地遵守党的纪律，资格比较老、地位比较高、个人意见正确、工作能力强，这些都不是不服从纪律的借口，只要是共产党员，就必须按照党的纪律行事。

国学名句集锦

风行草偃，其势必然。

——唐·刘禹锡

党的纪律是不可触碰的高压线，但如果在执行和维护上有所松懈，“高压线”就可能变成了“低压线”，甚至“无压线”。只有敢于对那些违反纪律的行为亮剑，确保党的各项纪律都严格执行，才能形成震慑，让党员、干部对纪律都心存敬畏和戒惧，不敢越雷池半步。

党的各级组织应该按照中央要求，自觉担负起执行和维护党纪规范的政治责任，切实做到遵守纪律没有特权、纪律面前人人平等、执行纪律没有例外情况。

各级纪律监察机关要坚守责任担当，铁面执纪，敢于动真碰硬，不怕得罪人、不讲情面，加强对纪律执行情况的监察，对违反党纪行为零容忍，从而保证党的先进性和纯洁性。

国学名句集锦

天下大势之所趋，非人力之所能移也。

——南宋·陈亮《上孝宗皇帝第三书》

第七章　王　道

孟子学说中的“民本”“仁政”“王道”和“性善论”等政治理想一直被后世所推崇，尤其是“王道”，认为如果圣人成为君王，那么他的统治思想就是“王道”，也就是“圣王之道”。“王道”在本质上是指以仁义治理天下，以德政安抚人民的统治方法。

◎**重民**——政之所兴，在顺民心

◎**贵民**——民为贵，社稷次之，君为轻

◎**安民**——为治之本，务在于安民

◎**恤民**——上下交，而后能成和同之治

◎**爱民**——意莫高于爱民

◎**为民**——国以民为本

◎**敬民**——视民知治不

◎**畏民**——水能载舟，亦能覆舟

重民——政之所兴，在顺民心

“政之所兴，在顺民心；政之所废，在逆民心。”出自《管子·牧民》。意思是说，一个政权兴盛起来，是因为顺应了民心；如果一个政权废弛，是因为它违逆了民心。

自古以来的中国历史政统中，天下不会是一家人或者一个姓氏能够永远拥有的，而是“有德者居之”。一个政权的“德行”如何，就要看百姓是否安居乐业。

早在先秦时期，齐国管仲就已经清楚地意识到，一个政权要想稳定和长久，顺乎民意的政策就必须推行。而在当前社会，要做到顺乎民意，首先就必须要了解“民心”——现在想要的是什么。当前的中国老百姓，他们生活中的困难、需求是什么？这就需要党员干部深入基层调研、走访，而不是一味坐在机关里就能想出来的。

“得民心者得天下”，这句话出自三国时魏国司马懿之口，司马懿临终时对两个儿子说：“得民心者得天下，得君子之心者得诸侯，得诸侯之心者得士大夫。”

国学名句集锦

三年耕，必有一年之食；九年耕，必有三年之食。

——《礼记·王制》

历史上从来不缺乏重民的封建君主。几乎每朝每代都会有一个辉煌的时期，都会有一个明君伟岸的身影，如汉高祖刘邦、唐太宗李世民、清圣祖玄烨，均为百姓生活安居乐业和繁荣稳定做出突出的贡献。虽然他们统治的时代不同，却印证了一个亘古不变的道理，那就是：得民心者得天下。

刘邦和项羽不但是同一时代的人，还是留名千古的盖世英雄，可刘邦成就了四百年大汉江山，后者却只能无奈饮恨自刎于乌江，难道真是天意吗？

当然不是。刘邦和项羽二人如果相比较，项羽更富有才能却恃才傲物，不愿意与属下沟通想法，偏要一意孤行，逞匹夫之勇不算，还经常有妇人之仁，种种原因，导致他走向灭亡。

而刘邦这个人没有什么突出才能，但善于听取旁人正确的意见，故而身边有很多谋士，他们常常倾心交谈，做到上下沟通，所以才有“萧何月下追韩信”。他有运筹帷幄的张良，有战无不胜的韩信，最终成为四百年大汉王朝的开创者。

到了清代，又出现了一个改变历史的人——清圣祖康熙，他的才华不亚于刘邦，体魄如项羽一般强健，他的军队比铁木真的军队还要勇猛，这样的条件，他足可以安稳地坐在皇帝的宝座上。但是，他遭遇了天下百姓的反抗，只因他是满人。在中原汉人的心中，满人永远是蛮夷，是入侵者，所以全国各地反清武装不断出现，这也成为清朝统治者长久以来的心病。但是，康熙从没有想过要用武力让汉人臣服。

有一次，康熙去长城察看情况，他看着早已破落残败的万里长城，有人建议要重新加固，以防万一。但康熙却说：“朕要修的是天下人心中的坚固长城，比这里的长城艰难几倍！”他说得异常坚定。是啊，这才是一

国学名句集锦

尚力务本而种树繁，躬耕趣时而衣食足。

——西汉·桓宽《盐铁论·力耕》

个明君该有的抉择，得民心者得天下。在位期间，康熙多次微服私访，亲自体察百姓的实际状况，他的真诚最终打动了百姓，让天下人臣服，最终成为一代明君，开启了“康乾盛世”。

纵观古今，想要成就大业，了解老百姓的心意是必不可少的。毛泽东在领导群众革命的过程中，就是依靠百姓的力量，他始终都站在广大劳苦百姓的立场上，因此他领导的革命就是让人民群众自己拯救自己。

毛泽东在中共七大上总结中国军民抗战胜利的历史经验时曾说过：“人民，只有人民，才是创造世界历史的动力。”1955 年，毛泽东写了一篇叫《多余劳动力找到了出路》的文章，强调：“人民群众有无限的创造力。他们可以组织起来，向一切可以发挥自己力量的地方和部门进军，向生产的深度和广度进军，替自己创造日益增多的福利事业。”

在新中国建立前夕，毛泽东指出：“中国的命运一经操在人民自己的手里，中国就将如太阳升起在东方那样，以自己辉煌的光焰普照大地，迅速地荡涤反动政府留下来的污泥浊水，治好战争的创伤，建设起一个崭新的强盛的名副其实的人民共和国。”“世间一切事物中，人是第一个可宝贵的。在中国共产党领导下，只要有了人，什么人间奇迹也可以造出来。”

毛泽东一再强调：人民群众是伟大的。中国共产党既然要一切都为了群众利益负责，那就必须一切依靠群众，相信人民群众的力量是无穷尽的。这就要求我党必须走群众路线。

2013 年 12 月，习近平发表《在纪念毛泽东同志诞辰 120 周年座谈会上的讲话》，讲话中提到：“政之所兴在顺民心，政之所废在逆民心。”党员干部坚持走群众路线，必须坚持以“全心全意为人民服务”为宗旨，这也是中国共产党行动的一切出发点、落脚点，是中国共产党与其他政党的区别和标志。

国学名句集锦

农事伤则饥之本也，女红害则寒之原也。

——《汉书·景帝纪》

党的所有工作，必须以所有人民群众的根本利益作为标准。要检验党的工作成效，就要看最广大的人民群众是否真正得到了实惠，是否真正得到了生活上的改善，是否在权益上得到了保障。因为群众对过上更好生活有所期待，所以党就不能有一点的懈怠和自满，要再接再厉，让发展成果公平地惠及全体中国人民，为实现“共同富裕”稳步发展前进。

“政之所兴在顺民心，政之所废在逆民心。”实现“中国梦”，全面建成小康社会，从根本上看，就是要努力让中国的广大人民群众过上更美好幸福的生活。因此，知民意，聚民力，顺民心，让人民群众过上好生活，坚持把改善和保障民生作为党所有工作的出发点，才能得到广大群众的真心拥护。

国学名句集锦

耕桑之民日耗，则田荒桑枯矣。

——北宋·高弁《望岁》

贵民——民为贵，社稷次之，君为轻

“民为贵，社稷次之，君为轻。”出自《孟子·尽心下》。在孟子看来，天下最重要的就是百姓，国家排第二，国家的君主为最轻。所以，想要做天子就要得到民心，想要做国君就要得到天子的喜爱，想要做大夫就要得到国君的喜爱。国君如果危害到国家，那百姓就可以改立国君。

古人就觉悟到，百姓的地位在君之上、在国家之上。因为君主的权力是百姓所给的，所以国家利益就是百姓的根本利益。因此，必须将百姓的地位放在国家之上。孟子的“民为贵，社稷次之，君为轻”，说的就是这个道理，可以防止一些官员以“国家”的名义，侵害广大人民的利益。而统治者如果能认识到这些道理，就会认真听取百姓的意见，愿意接受百姓的监督，并关心百姓疾苦，做到与民同乐。

《荀子·王制》中说：“君者，舟也；庶人者，水也；水则载舟，水则覆舟。”荀子认为，统治者是船，人民群众就是河水，河水既可以把船浮起来，也可以把船打翻。

国学名句集锦

地利不如人和，武力不如文德。

——西汉·桓宽《盐铁论·险固》

“怨不在大，可畏惟人。载舟覆舟，所宜深慎。”出自魏征的《谏太宗十思疏》，意思是怨恨再大都不可怕，可怕的是人心背离。载船的是水，打翻船的也是水，所以应该重视民意。

唐太宗李世民对这一观点十分赞同，在与大臣讨论治理国家的问题时，多次重点强调了这一观点。李世民在《论政体》中说“君，舟也；人，水也；水能载舟，亦能覆舟”，说的也是这个道理。

荀子、魏征和李世民三人都是在强调百姓力量的强大。他们的先进思想，也被后代统治者接受。

对于中国传统的孔孟儒家思想，毛泽东说：“孔孟有一部分真理，全部否定是非历史的看法。”对于孟子提出的“民为贵，社稷次之，君为轻”的思想，毛泽东极为赞同，并以此为基础提出了“为人民服务”、“人民是创造世界历史的动力”等重要思想。所以，毛泽东才在长期的革命斗争中及新中国成立后，始终相信并依靠广大群众。毛泽东从人民群众中汲取了无限智慧，又依靠这些最基本的智慧领导广大人民群众走向最终的胜利。

每个党员干部都应该把“全心全意为人民服务”当作工作宗旨，作为一生的座右铭。毛泽东的一生是在关心人民，相信人民，热爱人民中度过的，因此他顺理成章地成为广大群众爱戴的国家领袖。他还认为群众是推动整个社会历史发展的动力：“人民群众有无限的创造力。他们可以组织起来，……向生产的深度和广度进军，替自己创造日益增多的福利事业。”“人民，只有人民，才是创造世界历史的动力。”

习近平 2014 年 2 月 24 日在中共中央政治局第十三次集体学习时讲话指出：“中华传统美德是中华文化精髓，蕴含着丰富的思想道德资源。”因此，广大党员干部要以“人文思想”作为我党执政为民最主要的根基和磐石，对历史文化传承下来的价值观和道德观念，要坚持推陈出新，古为今

国学名句集锦

一日不再食则饥，终岁不制衣则寒。

——《汉书·食货志》

用，不墨守成规，努力用伟大的中华民族在发展过程中创造的所有精神财富来以文润事、以文资政、以文化人，不断丰富中华传统的优秀思想。

中国五千年的传统文化中安民、乐民、富民、以民为本的德政思想，为后人治国理政提供了理论参考。儒家主张并提出的“仁政”治国理念，阐述了治国不能依附强权和武力，重要的是要顺民心，只有如此才能让天下得到太平和安宁。这与我们党所倡导的德政观念也是一脉相承的，是我们党以人民利益为重的集中体现。

国学名句集锦

是则一夫耕，百人食之；一妇桑，百人衣之。以一奉百，孰能供之？

——东汉·王符《潜夫论·浮侈》

安民——为治之本，务在于安民

“为治之本，务在于安民。”出自《淮南子》。意思是说，治理国家的根本，必须让百姓得到安定。

几乎所有朝代的统治者对国家的稳定都非常上心。如汉惠帝二年，丞相萧何去世后，曹参迅速做好安排：“将行装收拾稳妥了，我马上要去长安当丞相了。”果然没有几天，就有长安的使臣来召曹参任职。曹参过去的地位非常低微，跟萧何还是朋友，等到两人都封侯拜相之后，就产生了隔阂。但是当萧何快死了的时候，他给皇帝推荐的人才却只有一个曹参。

曹参做了丞相之后，没有任何自己的作为，一切还是遵守萧何生前制定的那套规矩。他选拔郡和封国的官员的标准一律都是——呆板、语钝、忠厚，满足这些条件的，他就任命为官员；而那些说话精巧苛刻的、追求名利的人，他就全都赶走。

不仅如此，曹参还日夜喝酒。朝中许多官吏和他府上的宾客见到他不正经做事，都想劝劝他。但一有人来，曹参就拉着他们喝酒，一见对方又有话想说，他就再向对方劝酒，直到喝醉了才能离开，大家见无法劝说

国学名句集锦

安民之本，在于足用；足用之本，在于勿夺时。

——《淮南子·诠言训》

他，也就见怪不怪、习以为常了。甚至后来对于别人的一些小过错，曹参也不予纠正，反而一心为他们遮盖。

曹参有个儿子叫曹窋，当时也在朝廷做官，听到了惠帝责怪曹参不理国事的话。于是曹窋利用休假的时候就回去了，找了个机会向曹参进言，把惠帝的话原原本本地说给曹参听。结果引得曹参大怒，打了曹窋以示惩戒，并说："你还是赶紧去侍奉皇帝陛下吧，这种关乎天下的大事不是你这个位置的人应该讨论的。"

于是到了上朝时，惠帝就问曹参："你为什么处罚曹窋？这些话是我让他跟你说的。"曹参赶紧谢罪，并问道："您觉得您和高皇帝相比，谁更圣明英武？"汉惠帝说："我不能与先帝相提并论。"曹参接着问："您再看我和萧何相比谁更强？"汉惠帝回答："你比不上萧何。"曹参接着说道："您说得非常正确。高皇帝和丞相萧何让天下平定，规定了明确的法令，现在您垂衣拱手而治，我这样的大臣恪守职责，让之前的法令得以延续，难道不对吗？"汉惠帝听后，只能说："好，你可以歇着去了。"

曹参做了三年的丞相，一直极力提倡清静无为的不扰民政策，遵照已经制定好的法令来治理汉朝，让西汉的政治得以稳定、经济飞速发展、百姓的生活日渐提高，曹参也得到了百姓的称颂，而他治国的故事则被称为"萧规曹随"。

"人心是最大的政治"，立规矩、正规矩、治规矩这三步，其根本就是凝聚民心。在十八届中央纪委五次全会上，习近平发表了重要讲话，提出了一系列相关的论断和要求。讲话中的一大亮点，就是对政治规矩的反复强调。

当前，规矩已经有了。那么接下来的重点就是，监督和检查。习近平在讲话中说："讲规矩是对党员、干部党性的重要考验，是对党员、干部

国学名句集锦

百姓安则乐其生，不安则轻其死，轻其死则无所不至也。

——唐·陈子昂《上军国利害事·人机》

对党忠诚度的重要检验。”这句话表明，现在党员干部在讲规矩这个问题上，已经涉及到党性和忠诚这两个高级层面。更从侧面透露出，中央对守规矩的重要性已经提升到新的高度。只有党员干部讲规矩，社会秩序才能稳定，民心才能安定。

此次会议中，习近平还提出了“五个必须”的观点，受到了广泛的关注，如遵守政治纪律和政治规矩，必须维护党中央权威，在任何时候任何情况下都必须在思想上政治上行动上同党中央保持高度一致；必须维护党的团结，团结一切忠实于党的同志；必须遵循组织程序，重大问题该请示的请示，该汇报的汇报，不允许超越权限办事；必须服从组织决定，绝不允许搞非组织活动，不得违背组织决定；必须管好亲属和身边的工作人员，不得默许他们利用特殊身份谋取非法利益。

“为治之本，务在于安民”，“五个必须”就是以此为目的，所指出的问题都极具针对性，不是泛泛而论。讲规矩如果只是理念上的一般约束，那么习近平的“五个必须”就是党员干部的五条底线，是不容置疑的，全体党员干部必须遵守执行。

国学名句集锦

备之以储蓄，虽凶荒而人无菜色。

——唐·白居易《策林一》

恤民——上下交，而后能成和同之治

“天地交，而后能成化育之功；上下交，而后能成和同之治。”语出明朝政治家张居正的《论时政疏》。意思是说，天地相交，然后才能生成养育这世间万物；领导与底下人通气，才能有和睦的同心同德的清明政治。

《易经·泰卦》中也有类似的观点：“天地交而万物通也，上下交而其志同也。”可见，“体恤下情”这个观念的历史是非常悠久的。

明朝正统年间，有个叫周济的人做了御史，因为四川的官员与当地土人之间发生了冲突，出现了仇杀的案子，所以周济被皇帝派去镇压。而周济了解当地情况后认为，此时朝廷应该先采取相对和缓的政策安抚民心，而不是直接发兵镇压。皇帝听从了周济的建议，让周济主持安抚调停工作。四川的矛盾顺利得到解决，最终没有造成混乱的局面。

正统十一年，周济被任命为安庆知府。当时安庆正经历饥荒，百姓生活困苦不堪，纷纷逃亡外地。周济上任后的第一件事，便是开仓放粮，并下令不准再买卖子女换粮食。他还向朝廷上疏，请求免除安庆两年的赋

国学名句集锦

上下不和，令乃不行。

——《管子·形势解》

税，以恢复当地的生产。周济的这些赈灾措施，让许多灾民受惠。等经济恢复、民心安定之后，他又废除了当地的许多陋俗和婚丧嫁娶的规矩，严禁铺张浪费。在短短几年内，就让安庆的风俗为之大变。

周济不仅为官正直，还爱民如子。在刚任安庆知府的那几年，曾有饥民哄抢了地主家的粮食。地主就到官府告状，希望严惩这些灾民。周济却认为，发生此类事情是因为百姓饥饿，所以他允诺地主家可以将百姓抢走的粮食数量据实上报，由官府代为偿还。因为体恤民情，周济去世时，当地官民皆罢市哭泣。

新中国成立初期，毛泽东每天都保持着阅读至少五封群众来信的习惯。1959 年，毛泽东在《党内通信》中说："一定要每日每时关心群众利益。"

一路走来，尽管党的中心任务和群众合法权益问题都发生了变化，但毛泽东所提出的执政观不能变。当前，中国正面临着实现中华民族伟大复兴的"中国梦"和全面建成小康社会的重要任务，更要做到"一定要每日每时关心群众利益"。

体恤民情关心群众，首先体现在关心人民的基本生活上。2014 年 3 月，李克强亲自去赤峰做农业考察，北方很多地区此时还都非常干旱，而赤峰更是缺少雨雪。在考察过程中，天上突然下起小雨，李克强立即下车亲自来到农田，铲土察看，了解实际情况。

从农村最底层到高等学府北京大学，再到共青团；从人口最多的河南省到重工业大省辽宁，最终进入中央最高决策领导层，李克强一路走来，统筹和决策的能力不断得到提升，也积累了丰富的阅历和经验。在熟人眼中，他平实而亲切，能够在紧要关头勇于担当、雷厉风行。而在群众面前，他能够做到睿智、自信，谈吐博雅却掷地有声。体恤百姓疾苦一直是

国学名句集锦

富国有道，无所不恤者，富之端也。

——北宋·苏辙《上皇帝书》

李克强思想的底色，所以无论他在什么岗位上，都将“万事民为先”作为坚定的执政理念。

在 2012 年的中共第十八届一中全会上，李克强当选为中共中央政治局常委。当选六天后，李克强在一次工作座谈会上说，“改革过程中，要更加注重权利公平、机会公平、规则公平”，“改革是中国发展最大的红利”，“推进改革要善于运用法治思维和法治方式”，“我们身上责任重大，必须往前走，必须勇于试，这是我们的责任所系。不干可能不犯错误，但要承担历史责任”，“要让人民过上更加美好的生活，必须通过改革开放”，“改革如逆水行舟，不进则退”。这些话都向人民群众明确传达出了党中央深化改革的坚强决心。

国学名句集锦

人之乱也，由夺其食；人之危也，由竭其力。

——元・邓牧《伯牙琴・吏道》

爱民——意莫高于爱民

“意莫高于爱民，行莫厚于乐民。”出自《晏子春秋·内篇》。意思是说，最高尚的想法就是爱护百姓，最宽厚的做法就是让百姓安乐。

“爱民”不仅是立场，还是要求。作为立场，首先要摒除“官本位”的思想，充分认识到权力的本源，不要为自己的私利谋算，或为某个利益集团而服务；作为要求，首先是要考虑并解决问题，从人民的角度看问题，而不是搞形象面子工程，甚至为了所谓“政绩”而罔顾群众的利益。

汉高祖时期，举国上下满目疮痍，废墟一般，国库空虚，皇帝出行竟然都找不到一辆用四匹同色马拉的车。百姓在常年的生活尚且过得去，灾年时便会赤地千里，遍野伏尸，卖妻卖子，颠沛流离。

到了汉文帝时期，为了恢复经济，文帝采取了许多稳定百姓的政策，如募民还乡、抑商养农、减轻赋税等，让这个濒临崩溃的王朝很快就有了生机。但汉朝刘氏宗室和诸国列侯的骄奢淫逸风气日益严重。为了满足私欲，他们不惜增加封国百姓的负担，让稍有恢复的民生经济又变得糟糕起来。

国学名句集锦

意莫高于爱民，行莫厚于乐民。

——《晏子春秋》

为了解决这个问题，汉文帝以身作则推行节俭，并最终影响到了官风，甚至民风。有史记载：“孝文皇帝即位二十三年，富室苑囿，车骑服御，无所增益。有不便，辄弛以利民。”汉文帝的示范作用也给“文景之治”的出现奠定了坚实的基础。

党的十八大以来，习近平几乎每到一个地方，就会到农村和边远山区探望农民。习近平曾说：“我经常去农村，同农民见面，了解他们的温饱冷暖和喜怒哀乐。”而事实也是这样，2013 年临近春节的时候，习近平来到了甘肃的一个小山村，看望慰问困难群众，这里的海拔高达 2400 多米，人均纯收入只有 1400 多元。习近平还和乡亲们一起商量脱贫致富的办法。在出席过“博鳌亚洲论坛”2013 年“两会”后，习近平来到琼海市看望渔民，他还强调说：“小康不小康，关键看老乡。”

2013 年 6 月，习近平在天津考察，特意去了丁家村查看小麦田。他仔细察看了当地小麦的长势，并向农民认真询问了管理经验和预计产量的情况。大家都知道，习近平有一段下乡做知青的经历，还当过村支书。或许正是因为他是从基层做起，与真正的农民相处过，所以对基层有清楚确切的理解，对国情有深刻清晰的认识，对农民有深厚的感情。

现在有许多领导干部，因为官职高了，随之权力变大了，但是却把人民群众弄丢了。要知道，善于和老百姓交流，拥有厚实的群众基础，是党取得社会主义建设、改革开放、革命斗争胜利最有力的保障。现在很少有干部下农村，即使下农村也是坐着车子到处转转，隔着窗子看几眼，根本看不到百姓生活的真实情况，听不到百姓的心声，不知百姓的问题所在。

所以，习近平说：“做好农村工作，特别是集中力量帮助农村贫困人口脱贫致富，让农民们都过上幸福生活，是我们很重要的任务。”“爱民”就应该围绕这个重点任务积极开展，如果小康社会没有农民，又何谈全面小康？如果不能解决农村的脱贫致富，影响的不仅是全面小康社会的建成，也会影响到“中国梦”的最终实现。

国学名句集锦

衣食以厚民生，礼义以养其心。

——元·许衡

为民——国以民为本

“国以民为本，君以民为本，吏以民为本。”出自汉代贾谊《修政语》。意思是说，一切的根基都是百姓，所以，所有的工作思想和执行都要从民众出发。

中国的封建社会是“家天下”，因此统治者谈不上是“为人民服务”，只要勤政就很难得了。清朝雍正帝，从登基到驾崩，一共在位 13 年。在位期间，雍正在政治和经济上有过很多创造性的做法。

首先在经济方面，雍正推行了“摊丁入亩”的重大土地改革。实际上，“摊丁入亩”是关于税收的改革。明清时期的税收有“土地税”和“人头税”两部分，其中“人头税”又叫丁银，就是按照人口数来交税。“土地税”又叫田赋，是按每户拥有的实际土地数来征税，但连年的征战让许多贫苦百姓没有地或地很少，根本交不起额外的人头税。无奈之下，这些百姓就只有隐瞒家里的人口数或者干脆逃跑，产生了很多流民，严重影响了社会的治安和稳定，也影响了国家的财政收入。此时，“摊丁入亩”的政策很好地解决了百姓的问题，让社会重新变得稳定。

国学名句集锦

德惟善政，政在养民。

——《尚书·大禹谟》

雍正皇帝是历史上出名的勤政的皇帝，他在位期间，白天上朝与大臣讨论政事，听取大臣的建议，处理许多突发的事情，晚上批阅各地的奏章。雍正还首创了“秘密奏折”，规定全国各地送来的密折，只能让皇帝拆阅。

雍正批阅过的奏折，有很多都被保存了下来。查看奏折上的批阅时间，就会发现很多是在半夜完成的。雍正与父亲康熙和儿子乾隆都不同，他在位期间，没有一次南巡或北狩，不去视察大江南北，也不去巡视全国，几乎都是在紫禁城中度过的，用现代的话说，算是一个“工作狂”了，直到他五十八岁时把自己累死在皇位上。在中国历史上，像他这样的帝王还是很少见的。

“为人民服务”这个观念，从毛泽东投身革命时就已经开始孕育。毛泽东青年时期曾在湖南的省图书馆里自学，那时候他就已经决心改变中国人民的困苦境地，要为中国生活艰难痛苦的百姓贡献他全部的力量。毛泽东从心忧天下到亲近农民，再到建立人民共和国，他的人生始终在朝着“为民”的光辉目标迈进。

1934 年，毛泽东在《关心群众生活，注意工作方法》一文中说，想要得到广大人民群众的真心拥护，就得全心全意为老百姓谋利益，确切解决广大人民群众在生产和生活中的问题。

在中国共产党的不断实践中，毛泽东根据马克思主义思想，提出了“全心全意为人民服务”的重要指导思想，并将其发展实践。1939 年 2 月，他在写给张闻天的信里就第一次提出了“为人民服务”的思想概念。

“对于过去时代的文艺形式，我们也并不拒绝利用，但这些旧形式到了我们手里，给了改造，加进了新内容，也就变成革命的为人民服务的东西了。”这是 1942 年 5 月，毛泽东在延安文艺座谈会上的讲话，明确指出

国学名句集锦

百姓多寒无可救，一身独暖亦何情。

——唐·白居易《新制绫袄成感而有咏》

文艺也应该“为人民服务”。

1944年9月，在张思德同志的追悼会上，毛泽东以《为人民服务》为题，详细系统地阐述了什么是“为人民服务”：“为人民利益而死，就比泰山还重；替法西斯卖力，替剥削人民和压迫人民的人去死，就比鸿毛还轻。”“因为我们是为人民服务的，所以，我们如果有缺点就不怕别人批评指出。”“我们的共产党和共产党所领导的八路军、新四军，是革命的队伍。我们这个队伍完全是为着解放人民的，是彻底地为人民的利益工作的。”

习近平曾亲自到河南兰考作调研，重温和学习了焦裕禄为人民无私奉献的精神和事迹，并认真听取了当地干部和群众的建议，亲自指导了兰考的教育活动。

改进工作作风、坚定群众立场、增强群众观念，是所有党员干部都应该学习弘扬的焦裕禄精神。人民是一个国家的根本，人民群众安定国家就安定，“为人民服务”才是最聪明的为官之道，让百姓安居乐业才是真正高明的为官之法。

习近平高度概括了“焦裕禄精神”，实质就是始终保持与人民群众血肉相连的意识。要以焦裕禄的所作所为为榜样，把党和人民群众的事业作为最高追求，要不断丰富我党的精神宝库，引导更多的党员奋然前行。

党员干部要把“焦裕禄精神”作为标杆，每个人都应该扪心自问：我当官是为什么，做官能为子孙后代留下什么精神财富，当官能为广大贫苦百姓做什么有益的事。要将焦裕禄的伟大精神当成镜子，做到见贤思齐，经常自省为政之德，不改一颗作为公仆的本心，不断提升思想境界和素质，从而改善党员的作风和形象，要做跟焦裕禄一样“为人民服务”的好干部、好党员。

国学名句集锦

不当民务者，皆禁而不行。

——北宋·高弁《望岁》

敬民——视民知治不

“人视水见形，视民知治不。”出自《史记》。也就是说，人们可以在水面上看到自己的外表，想要知道政治是否合理，就要看民众的反应。

商朝是中国有史记载的第二个奴隶制王朝，开国国君是成汤。大约在公元前 1620 年，成汤对不祭祀的葛伯进行征讨前，对丞相伊尹说：“人的影子会倒映在水面上，故而在水中可以看见人的形象如何，而想要知道一个国家治理的状况如何，看百姓的精神面貌就清楚了。”用一句话来解释，即“以民情为镜”，这也是中国历史上有据可查最古老的“镜子论”。

通过成汤的这一段话，可以看出中国早在奴隶社会，就已经以民情的好坏评判统治者执政水平的好坏了。后来“以人为镜”这个观念也逐渐被后世的开明国君所接受。《大戴礼记·保傅》中说：“明镜者，所以察形也；往古者，所以知今也。”《诗经·大雅》中也说：“殷鉴不远，在夏后之世。”《新唐书·魏征传》中记载，魏征去世之后，再没有人那么直言敢谏，唐太宗因此感慨：“以铜为鉴，可正衣冠；以古为鉴，可知兴替；以

国学名句集锦

民恶忧劳，我佚乐之；民恶贫贱，我富贵之。

——《管子·牧民》

人为鉴，可明得失。朕尝保此三鉴，内防己过。今魏征逝，一鉴亡矣。”

中国历史上第三个王朝——西周，到周厉王时社会矛盾极为剧烈。周厉王时有个宠臣叫荣夷公，最擅长的就是搜刮国人财物，用残酷的手段欺压百姓。他的横征暴敛、倒行逆施，让百姓强烈不满，朝野上下也是杀机四伏，人人自危，民怨越来越沸腾。

召穆公听到这些不利于国家的议论，看到社会越来越动荡不安，就赶紧进宫劝说厉王：“您和荣夷公这样倒行逆施，让天下百姓已经无法忍受啦，您如果还不收回荣夷公的权力，京城的百姓可能会暴动，到时候局面就不好收拾了。”

厉王却不以为然：“小事一桩，何须大惊小怪。”紧接着，周厉王就下达命令，不准国人随意批评朝廷政治。他还专门从卫国请来巫师，负责刺探那些说朝政坏话的人。厉王对巫师说：“只要有人敢在背后说我坏话，你就立即跟我说，我会下令严惩这些说坏话的刁民。”强大的压力让百姓再也不敢公开议论国家之事。厉王对此十分满意。

于是，周厉王变本加厉，根本不去收敛自己的暴行。三年之后，即公元前841年，周朝百姓忍无可忍，终于掀起了一场规模巨大的暴动。暴动的百姓将王宫包围，一定要杀了厉王才罢休。厉王无奈，只能慌忙中带人逃命，直到过了黄河进入彘地才停下来，并一直居住在此直至去世。

赶走周厉王后，周朝大臣们实行了“共和行政”长达十四年，至周厉王死后，才又拥立太子姬静做了天子，这就是周宣王。周宣王当政后，虽出现了短暂的中兴局面，但是周朝逐渐外强中干，最终也无法扭转不断衰落的命运。

从这件事中可以看出，人民对国家的重要性。即使在奴隶社会，统治者如果不爱戴百姓，得不到百姓的拥护，那他的统治也会土崩瓦解。

国学名句集锦

与百姓同乐，则王矣。

——《孟子·梁惠王下》

2015 年 6 月，习近平在一次乘车赶赴贵阳的时候，临时决定停靠在某高速公路上的服务区内。下车后，他走进服务区里的超市，亲自察看超市的商品。他拿起货架上的“沙琪玛”，认真地查看保质期，还问服务员：“这上面有生产日期吗？”服务员赶紧回答：“有，都有的。生产日期是 2015 年 1 月 24 日。”

习近平“临时下车”的这件事，被许多媒体拍到并热传。这件事不仅让人意外，还展现了中国领导人关爱百姓日常生活，并意有所指。这次习近平突然询问超市食品的保质期，就是非常直接、清楚地表达了党和国家领导人对食品安全的重视。

习近平 2014 年 1 月 20 日曾在群众路线教育实践活动第一批总结暨第二批部署会上的讲话中引用了“人视水见形，视民知治不”，旨在表明中国要实现民族复兴，实现“中国梦”，就必须拆除横在党和人民之间的隔阂，让党与群众血肉相连。他自始至终都将“人民”当作党执政治国的核心内容，以“敬民”为话语坐标，反复强调指出：利民有真成效、爱民有真措施、亲民有真感情，要做到“紧紧依靠人民，充分调动最广大人民的积极性、主动性、创造性”。

群众是载舟的水，是种子生长的土地，是枝叶繁茂的根本。因此，人民的重要性无论怎样强调也是对的。所以，党的十八大之后就开展了党的“群众路线教育”，要发扬中国共产党一直以来的优良传统，加强党群的血肉关系。针对这次活动，习近平反复告诫党员干部“切忌自说自话、自弹自唱”，一再强调要“坚持开门搞活动”。他引用古语，把群众比喻为照见国家好坏的水，也是在表明，无论是教育实践活动，还是党的其他工作，都要受群众监督、请群众评判、让群众参与，坚持以群众为镜、为标尺，切实回答如何敬民、爱民的问题。

国学名句集锦

民之所好，好之；民之所恶，恶之。

——《礼记·大学》

畏民——水能载舟，亦能覆舟

“水能载舟，亦能覆舟。”出自唐太宗李世民的《论政体》。李世民这句千古名言，流传甚广，从这句话中可以看出李世民对统治者和百姓关系的深刻认识，他明白群众力量的强大和重要性。人民群众的力量不仅可以支持统治者上位，还可以将统治者换掉，因此爱民的同时还要畏民。

老子说：“人之所畏，不可不畏。”意思是说，大家害怕某种事情不是没有原因的，所以必须时时保持警惕。

春秋时期，齐国在齐桓公时期变得强盛。齐桓公死后，齐景公做了君主，当时的相国是晏婴，非常有才干，不但学富五车，还聪明机敏。晏婴因为关心齐国百姓的生活疾苦，甚至敢于对国君的错误进行批评，所以成为齐景公治国的重要助手，被齐国百姓尊称为“晏子”。

据说，齐景公特别喜欢养鸟，有一天他得到了一只非常好看的鸟，于是就派烛邹专门看护这只鸟。没想到几天后，这只鸟居然飞走了。这可把

国学名句集锦

战战兢兢，如临深渊，如履薄冰。

——《诗经·小雅·小旻》

齐景公气坏了，非要杀死烛邹不可。

当时晏子就站在旁边，他说："主公，按照条例，是不是应该我宣布了罪状之后，您再杀他，这样大家看着也都明白。"他说得有道理，齐景公便答应了。

于是晏子立即板起脸，严厉地对烛邹说："你的罪状一共有三条：第一，主公让你养鸟，你却让鸟飞了。第二，让国君竟然为了一只鸟杀人。第三，这件事传出去，别的诸侯都会以为在齐国国君的眼里只有鸟而没有人的性命，这会让人家看不起齐国。所以，现在我们的国君要杀你。"说完，晏子从容地转身对齐景公说："您现在可以动手了。"齐景公当然明白晏子话中有话。他只得尴尬地说："我看还是算了，放他走吧。"

就是通过这样委婉的劝谏，晏子帮助了许多平民百姓，因此他的名声和故事一直流传至今。

1945 年 7 月，著名民主人士黄炎培到延安访问。毛泽东在与黄炎培谈话时每个字用得都十分精准。毛泽东认为，不仅国家要实行民主，还要让广大的人民群众来监督国家政府，这样政府官员才不敢有丝毫松懈，也就是说各级政府官员应该对广大的人民群众抱着一颗敬畏之心。"要敬畏百姓，让自己做的事情对得起养育我们的人民。"

胡锦涛曾就"敬畏百姓"强调说："中国共产党人最博大的爱就是爱人民，最深切的爱也是爱人民，最真挚的爱还是爱人民。"对百姓的敬畏就是敬重，是要投入真感情去爱的。做一个地方的官员，就要为一方造福，当好这个官，就要把群众当自己的亲人一样去爱。

俗话说"当官不为民做主，不如回家卖红薯"，党员干部应该时刻谨记自己人民公仆的身份，时刻为人民群众的生活谋福祉。范仲淹说"先天下之忧而忧，后天下之乐而乐"，也就是说作为党员干部要做到吃苦在前，

国学名句集锦

川不可防，言不可弭。下塞上聋，邦其倾矣。

——唐·韩愈《子产不毁乡校颂》

享乐在后，加强与群众的血肉联系。

习近平 2013 年 11 月 26 日在山东菏泽与当时菏泽及其下辖的各县区负责人开展工作座谈。他给当地主要领导读了一副对联：“得一官不荣，失一官不辱，勿道一官无用，地方全靠一官；穿百姓之衣，吃百姓之饭，莫以百姓可欺，自己也是百姓。”

习近平说，这副对联用浅显易懂的语言表明了官民之间的关系。封建社会的官吏尚能认识得如此清楚，党员干部就更应该有比这副对联高得多的思想境界。

对联的意思简单易懂，“自己也是百姓”。在成为党员干部之前，大家都是平常百姓，只是因为后来人民赋予了我们权力，才能成为地方或者国家的领导者。而人民群众选择自己的领导者，不会喜欢那种高高在上，只会指手画脚不干正事的人，更不会选择那些吃喝玩乐、虚飘浮夸、贪污腐败的人。人民群众需要的，是能竭心尽力为群众服务、实实在在为群众办事、全心全意尊重广大人民群众的人。

国学名句集锦

怨不在大，可畏惟人。载舟覆舟，所宜深慎。

——唐·魏征《谏太宗十思疏》

第八章 文 治

《礼记·祭法》提到了“文治武功”，说的是治理国家的方法。治理的方法从细节看来是“文治”，指的是从细小之处做起，而安邦定国之道在于“武”，国力强盛、军力强大，便可以“去民之灾”。一个国家的文化习俗是其传承民族精神的载体，因而“文治”对于太平盛世更是不可或缺的理政手段。

◎**文化**——犹食笋而去其箨

◎**文明**——不学礼，无以立

◎**文教**——无文治而有武功，祸莫大

◎**文艺**——劳者歌其事

◎**文章**——文章千古事

◎**文凭**——三十功名尘与土

◎**文雅**——雅者，正也

◎**文俗**——千里不同俗

文化——犹食笋而去其箨

“学古之道，犹食笋而去其箨也。”出自清人魏源的《默觚·治篇五》。意思是说，学习古代的文化就要去其糟粕，取之精华，就好比吃笋要先把笋壳剥去。

在如何对待中国古代文化遗产这个问题上，历来有两种传统——“泥古”和“贵古贱今”。对此，魏源态度鲜明地提出了自己的主张，反对照本宣科地盲目追随古人，是非常可贵的。这句话用了比喻的手法，却言简意赅地说明了，对待古代文化后人既要批判其错误和局限性，还要继承其蕴含的深刻道理。

汉族人所创造的优秀文化，有着鲜明的民族特色，遗留下来的文化典籍也相当丰富。据《汉书·艺文志》记载，叫得上名字的学派在汉代时还有189家，著作4324篇之多。后来，《隋书·经籍志》《四库全书总目》等书中说“诸子百家”，实际上有上千家之多，只是其中流传有序且影响较大的，是我们熟识的那十几家。

西汉时期，刘歆写了《七略·诸子略》一书，书中把“小说家”排除，

国学名句集锦

礼从宜，使从俗。

——《礼记·曲礼上》

有了“九流”之称，也就是日后说的“十家九流”。汉武帝时，儒生董仲舒的提议让汉武帝实行了“罢黜百家，独尊儒术”的政策，使儒家思想逐渐成为中国封建社会的正统思想，统治了中国封建社会达两千年之久。

儒家学派在秦朝之前与诸子百家的地位是平等的，秦始皇受法家学派的影响，下令“焚书坑儒”，重创了儒家学派的发展，而汉武帝为了维护皇权实行“罢黜百家，独尊儒术”的政策，用儒家思想来实现钳制人们思想的目的。

儒家思想之所以对中国影响这么深，是因为几千年的中国社会，代代学习的最基本的就是“四书”“五经”。中国古代的忠孝思想、节制思想、责任思想等，都是因为专制统治和儒家思想融合的缘故。所以，儒家思想才会成为时代的主流思想。

儒家思想把封建王朝作为物质的承担者，相应地，封建王朝的统治者也将儒家思想作为其精神支柱的承担者。随着中国传统社会土崩瓦解，孔子所代表的儒家思想在人们心中的权威地位也逐渐丧失。

近代中国实行闭关锁国的政策，当西方列强用大炮将中国大门轰开时，中国社会便开始了一系列“反孔”运动，如太平天国运动、义和团运动、辛亥革命、五四运动等，如今的儒家思想已经失去了主导地位。但随着当代人思想的解放，人们越来越清楚地认识到，对待传统文化应该去其糟粕取其精华，对那些优秀的文化要给予充分保护。

1948 年年底，国共双方打响了平津战役。彼时，人民解放军的兵力对国民党军拥有绝对优势，而且士气正旺，可谓胜券在握。然而北平是著名的文化古都，要和平将其解放却是个挑战。当时毛泽东就意识到北平的历史和文化价值，因此在平津战役过程中，毛泽东为保护北平付出了很多心血，最终让北平的文化遗产免于战火摧残，在接管过程中也采取了稳妥的措施来接收和管理，为中国和世界完整地保留了一座历史悠久的文化古城。

国学名句集锦

一代之丕兴，必有一代之礼乐。

——唐·张九龄《明礼乐》

“发展经济是领导者的重要责任，保护好古建筑，保护好传统街区，保护好文物，保护好名城，同样也是领导者的重要责任，二者同等重要。”这是习近平担任福建省省长时对中国古代文化遗产保护的深刻论述。

习近平说“也是领导者的重要责任”时仍然觉得强调得不够，末了还要再说“二者同等重要”，其中迫切重视的强调态度跃然纸上，也表现出习近平对这件事的重视。而逐个列举“名城”、“传统街区”、“古建筑”、“文物”等关键词，又足见习近平对中国古代文化遗产唯恐有失、关怀备至的拳拳之心。他把经济责任和文化责任放到同样的位置上，表达出了他健全健康的执政理念，以及高瞻远瞩的执政境界。

2016 年 4 月，习近平对文物工作作出重要指示。他强调，文物承载灿烂文明，传承历史文化，维系民族精神，是老祖宗留给我们的宝贵遗产，是加强社会主义精神文明建设的深厚滋养。保护文物功在当代、利在千秋。他还强调，各级党委和政府要增强对历史文物的敬畏之心，树立保护文物也是政绩的科学理念，统筹好文物保护与经济社会发展，全面贯彻“保护为主、抢救第一、合理利用、加强管理”的工作方针，切实加大文物保护力度，推进文物合理适度利用，使文物保护成果更多惠及人民群众。

中国共产党作为执政党，任务是艰巨的，不仅要又好又快地发展经济，建设美丽富强的新中国，还要繁荣并传承中国文化，共谋中华民族的伟大复兴。

“传统街区”、“名城”、“古建筑”、“文物”就跟古代的唐诗宋词、诸子百家、四书五经一样，都是中华民族五千年历史和文化的实际载体，对中华民族来说是无比珍贵的，我们要给予无比的爱惜。并且保护文化遗产绝对不只是政府文化部门的工作，还是所有华夏儿女的共同责任。

国学名句集锦

礼有经，亦有权。

——清·吴敬梓《儒林外史》

文明——不学礼，无以立

《论语》中说：“不学礼，无以立。”意思是说，一个人要有最基本的礼貌，如果连礼貌都没有，就不能在社会及家庭中立足。

《晏子春秋》中说：“凡人之所以贵于禽兽者，以有礼也。”从概念上来说，“文明”是经过悠久历史沉淀下来的宝贵财富，是符合人们的精神追求、能被绝大多数人认可和接受、增强人类对世界的认知和适应的一种客观存在，特指精神上的财富，如艺术、文学、科学、教育等，一方面可以完善个人的道德，另一方面能够维护好群众利益和公共秩序。

中华民族有五千年的文明史，素有“礼仪之邦”之称。作为中华传统文化的一个重要组成部分，“文明礼仪”对整个中国社会历史的发展进程起到了广泛而深远的影响。文明的直接表现是礼仪，“礼”和“仪”分属两个概念，“礼”是一种观念，一种制度，一种规矩；“仪”是言行举止，是“礼”的具体表现。

礼法一般具有时代的局限性，但是很多传统文明礼仪如今仍然有着积

国学名句集锦

仓廪实而知礼节，衣食足而知荣辱。

——《管子·牧民》

极的意义，比如敬老尊贤、仪容有度等。批判性、选择性地继承和发扬传统文明礼仪，能够培养党员干部和群众良好的个人素质，打造和谐人际关系，树立优良的社会风气。

孟子说："养老尊贤，俊杰在位，则有庆。"这里的"庆"指的是赏赐。不管过去还是现在，在全社会提倡尊老敬贤对于社会和谐有着极为重要的作用。以敬老为例，古代的尊敬老人，并非仅仅停留在思想观念和说教上，从君主、官绅阶层到平民百姓，每个人都在身体力行，并且形成一套系统的敬老尊贤的规矩和礼制。《礼记》记载："古之道，五十不为甸徒，颁禽隆诸长者。"《弟子规》说："低不闻，却非宜。"《养蒙便读》有："侍于亲长，声容易肃，勿因琐事，大声呼叱。"总之，"孝"与"敬"是衡量一个人是否有修养的重要标志。

"仪"是"礼"的形式。中华民族素来善于通过一些特殊的仪式来表达内心的感情，每逢大事件都要按照一定的规则举办仪式，比如有喜事的话就要庆祝，有祸事就要祈求神灵保佑。到特定的节日又有不同的庆祝方式，比如元宵节赏花灯、吃元宵，中秋节合家团聚、吃月饼等。

在当今各种各样的社会活动中，各种礼仪规矩都很常见。婚丧嫁娶、庆典开业等，作为党员干部，我们要把握好各种仪式的形式与规模，以适度为原则，让传统礼仪与现代文明有机结合，避免借婚丧庆典之机，大操大办、收取礼金，避免摆阔气、拼排场，互相攀比、造成浪费等情况发生。这些既不符合传统礼仪观念，也违反党和国家的要求。

《礼记》上说："礼尚往来，往而不来，非礼也；来而不往，亦非礼也。"即便是"礼尚往来"，也必须遵循一定的原则。孔子说："以德报德，则民有所劝。"《礼记·表记》中说："以怨报德，则刑戮之民也。"滴水之恩，固然应当涌泉相报；往来之礼，也该适度。如果"礼尚往来"演变成

国学名句集锦

宽以济猛，盛以济宽，政是以和。

——《左传·昭公二十年》

了行贿受贿，就违背了以礼待人的本意了。

文明还要求注意自己的“仪容”。人的仪表、仪态是其修养的体现。古人曾经这样比喻：禽兽没有了皮毛就不能称为禽兽，人没有礼仪就不能称为人了。对于党员干部来说，要求一定要更进一层。《弟子规》要求：“冠必正，纽必结，袜与履，俱紧切。”党员干部要衣着得体大方，整洁简朴，不要过于追求名牌、奢侈品；《论语·颜渊》中有：“非礼勿视，非礼勿听，非礼勿言，非礼勿动。”党员干部必须行为规范、举止有度，不可轻浮无礼，要谨慎庄重；《易·乾·文言》中说：“修辞立其诚，所以居业也。”

《论语》中说：“言必信，行必果。”“可与言而不与之言，失人；不可与言而与之言，失言。知者不失人，亦不失言。”言语也是礼仪的一个重要方面，尤其是领导干部，必须做到谨言慎言、说到做到、言辞有度。

通过上述一系列古语古例可以看出，中华文明源远流长，其中精华为礼仪，后人应当继承并发扬这种文明礼仪，但当今社会还是有许多不文明现象，在无形甚至有形地影响着国家形象。

当前社会，人们喜欢假期游玩，与自然亲近，愉悦身心。但是在景区和一些公共场所，总有一些与美景格格不入的非常不文明的行为，大煞风景。

曲阜著名的三孔景区在假期的时候经常游客暴涨，而许多游客在观光时，也极力向大众展示了他们的个人素质。如有人在护城河的护栏上登高望远，展现自己的“风姿”；有人在碧水桥旁边将孩子放在古老护栏上拍照，说是零距离接触历史。在孔庙里最著名的“千年龙凤柏”前，虽然有警示牌和护栏，但还是有许多游客伸手触摸树干。

除此之外，旅游不文明现象比比皆是，随地吐痰、吐口香糖，随手乱

国学名句集锦

谷足食多，礼义之心生；礼丰义重，平安之基立。

——东汉·王充《论衡·治期篇》

丢垃圾，上厕所不冲水甚至随地大小便，公共场所吸烟、赤膊，争抢座位，排队时插队、加塞，宗教场合大声喧哗吵闹、说脏话，景区内随意攀爬、刻字，除了这些，我们常会看到诸如闯红灯、乱停车，不遵守交通规则等现象。在一些“全球最差游客”的评选中，中国游客屡次登上黑名单：在法国卢浮宫水池边，旁若无人地泡脚；在华盛顿林肯纪念堂等多处地标景点建筑上泼油漆，破坏公共财物；对着马赛马拉的河马怪叫，朝草丛中的狮子丢垃圾；在航班上喝醉酒，与乘务人员起冲突导致飞机返航；在马尔代夫违反当地规定捞珊瑚并且炫耀……这些游客在旅游时的不文明行为，除了代表其个人的道德修养之外，还直接影响着中国“礼仪之邦”的形象。

当代中国人生活在中华民族走向民族文化大繁荣的年代，共同创建文明的繁荣社会就是迎接这一伟大时刻的过程。在这个过程中的每一步，都能体现出阳光社会，高尚的公民素质，这是一个社会制度机制和人的价值、尊严不断得到法律保障的过程，是一个自由、法治、平等、公正、和谐、全新的文明中国的崛起过程。

国学名句集锦

让礼一寸，得礼一尺。

——东汉·曹操《礼让令》

文教——无文治而有武功，祸莫大

范仲淹在《答赵元昊书》中说："小国无文治而有武功，祸莫大焉。"意思是说，一个国家如果实力不强，又不注重文化教育，那么这个国家就没有前途可言，甚至很快将大祸临头。

教育是一个国家的根本。在中国古代，"教育"这个词最早见于《孟子》，提倡"得天下英才而教育之"。

古代教育最早是贵族人、男性的特权。古代人对于孩子接受文化教育的时间也做出了规定，七岁前的"孺子"阶段，是一种启蒙阶段，类似于现在的幼儿园和学前班，尽管也进行知识的传授，但是在生活上比较自由，没有严苛的要求。

七岁以后，孩子就不再有权利享受美好的童年，而是必须讲究礼仪，无论是生活起居还是学习方式，都要养成良好的习惯。等到了十岁之后，对于学生的标准要提高到行为举止如同成年人一样，具备基本的辨别是非道德的能力。

国学名句集锦

是故圣人作，为礼以教人，使人以有礼，知自别于禽兽。

——《礼记·曲礼上》

古人对于文化的教育，重点是完善各级官学。明朝正德年间，大量原有的寺院被修整一新，还兴办了很多新的书院，更重要的是，为了进一步促进文化的交流和进步，书院之间的自由讲学风气得到了恢复。但是，这却遭到了统治阶级的反对，于是发生了四次禁毁书院的事件。

到了清朝，统治者虽然表面上还是继续采取崇儒重教的政策，尤其是康熙时期，精神上肯定其对于文化传播起到的重要作用，并赐颁御书“学达性天”匾额给白鹿洞书院、岳麓书院，赐“学道还淳”匾额给苏州紫阳书院，并在经济上提供了保障。

中国现代的文化教育开始于 19 世纪下半叶，随着历史的进步和社会的发展，早期维新思想家们发现了西方文化与技术的优越性，提出“洋为中用”的理论，希望通过文化教育提升当时中国的国力，尽管并未取得预期的效果，也未改变中国积贫积弱的现实，不过正是因为有了思想的火花，有了现代文化教育的先河，才让当时的很多留洋回来的开明人士成为共产党员，成为后来中国革命的主要领导者和骨干成员。

科技越是飞速发展，传统文化教育就越是重要。提倡传统文化教育不是对古代模式的照搬，也不是一时兴起，而是因为优秀传统文化是中华民族语言习惯、文化传统、思想观念、情感认同的集中体现。由此可见，将传统文化教育与当代教育结合起来，可以提高整个社会的道德文化素质，利国利民，也是教育振兴的必由之路。

2013 年 11 月，习近平在山东曲阜考察孔府和孔子研究院时说：“一个国家、一个民族的强盛，总是以文化兴盛为支撑的，中华民族伟大复兴需要以中华文化发展繁荣为条件。”

2014 年 9 月 10 日，习近平在北师大看望师生时还曾经表示：“我很不希望把古代经典的诗词和散文从课本中去掉，加入一堆什么西方的东西，

国学名句集锦

百姓所以养国家也，未闻以国家养百姓者也。

——北宋·王安石《再上龚舍人书》

我觉得‘去中国化’是很悲哀的。应该把这些经典嵌在学生的脑子里，成为中华民族的文化基因。”

2014 年“两会”期间，习近平再次谈到这个问题：“一个国家综合实力最核心的还是文化软实力，这事关精气神的凝聚，我们要坚定理论自信、道路自信、制度自信，最根本的还要加一个文化自信。”清朝初年的著名儒者顾炎武面对社会变革，提出了“天下兴亡，匹夫有责”的主张，直到现在也一直闪耀着智慧的光芒，启示我们需要培养的人才也一定要具有一定的思想内涵和深度，燃烧正在凝聚的民族之魂，内心满怀着爱国主义精神。

国学名句集锦

世事洞明皆学问，人情练达即文章。

——《红楼梦》

文艺——劳者歌其事

“饥者歌其食，劳者歌其事。”出自东汉何休的《春秋公羊解诂》。从这句话中可以看出，文艺作品能够反映出人民的感情与愿望，也可以说，文艺作品是具有一定目的性的。

鲁迅在《坟·论睁了眼看》中说：“文艺是国民精神所发的火光，同时也是引导国民精神的前途的灯火。”

文艺包含文学和艺术，是人类从生活中提炼出来的，得到升华的一种表达方式。文艺的出现意味着人类发现了人格的伟大，对人的能力和价值给予充分肯定。人应该要有人格，人的个性应该是智慧；要有求实精神，首先要对人研究透彻，绝不能仅满足于对事物一知半解的状态，要有创造幸福生活的乐观和进取精神，要把人们从过去的宗教、民族、地域、历史等诸多桎梏中解救出来。

毛泽东在《在延安文艺座谈会上的讲话》中指出：“我们不赞成把文艺的重要性强调到错误的程度，但也不赞成把文艺的重要性估计不足。”

国学名句集锦

君子以行言，小人以舌言。

——《孔子家语》

同时，毛泽东明确提出了“文艺为人民大众”的指导性观点，并作了系统性阐述。他开篇说明：“为什么人的问题，是一个根本的问题、原则的问题。”明确指出：“我们的文艺，第一是为工人的，这是领导革命的阶级。第二是为农民的，他们是革命中最广大最坚决的同盟军。第三是为武装起来的工人农民，即八路军、新四军和其他人民武装队伍的，这是革命战争的主力。第四是为城市小资产阶级劳动群众和知识分子的，他们也是革命的同盟者，他们是能够长期和我们合作的。”

讲话中的四种人占了当时全国人口的90%以上，是中华民族的绝大多数，是最广大的群众。“我们的文学艺术都是为人民大众的，首先是为工农兵的，为工农兵而创作，为工农兵所利用的。”其中“文艺是为什么人”这个问题主导了文艺的取向和价值。毛泽东说人民是主体，是坚持了“在马克思主义领导下的文艺是属于广大人民，文艺要根植在群众之中”的观点，是一种唯物主义观点。

在市场经济为主导的当代社会，消费主义成为主流的观点和社会文化，自然是娱乐至上。具体表现在文艺创作上，从前普遍流行的以浪漫主义塑造极端形象的做法，已经变成了坏人不坏、好人不好的没有对错的极端倾向；从一度被忽视的艺术化、审美化极端，演变成大投入、大制作的唯美主义极端，还有把展示人性恶和偷窥当作能事。

从题材来看，各卫视的各类节目纷纷高举“综艺娱乐”的大旗，为了追求收视率而花样不断翻新，不断制造爆料娱乐新看点。通过这些娱乐，文艺大众化已经逐渐走入了歧路，已经背离了毛泽东在《讲话》中提出的注重“在提高的指导下普及”和“在普及的基础上提高”，从而提高群众素质，培养全民族精神健康向上的主旨。

习近平2014年10月15日在主持召开文艺工作座谈会时强调：“文艺

国学名句集锦

是以吐纳文艺，务在节宣。

——南朝·梁·刘勰《文心雕龙》

是时代前进的号角，最能代表一个时代的风貌，最能引领一个时代的风气。实现‘两个一百年’奋斗目标、实现中华民族伟大复兴的‘中国梦’，文艺的作用不可替代，文艺工作者大有可为。”“中华优秀传统文化是中华民族的精神命脉，是涵养社会主义核心价值观的重要源泉，也是我们在世界文化激荡中站稳脚跟的坚实根基。”

习近平还谈到，各界人士应该树立把人民作为工作中心的导向，把提高素养和满足需求结合，要把教育引导与服务群众结合，要多宣传群众中先进的感人的典型事迹，要多宣传群众的火热生活和伟大奋斗，丰富群众的精神世界，不断增强群众的精神力量，更要满足群众的精神需求。习近平的讲话在新的舆论格局里和新的历史时期中，更好、更准确地体现出党的主张，同时为反映群众的心声明确了方向。

当前社会，一个民族的文化影响力与物质财富的多少，是衡量一个国家地位和实力的两大标志。一个民族的精神就是这个民族文化的具体表现，这个建构过程中贯穿了悠久的风云变幻，其载体包括了人心品性中所有表达及其精神形态。

中国传统文化绵延几千年，始终贯穿的是建构民族魂魄的使命，擅长培育人格、养护人心，尤其是在高扬民族气节与个人操守方面。中国文化发展至今，精神建构正面临着巨大的变局，曾经物质基础薄弱的状况现在已得到改观。所以，既弘扬中国传统文化，又符合当今格局中中国的身份地位，履行在新世纪中的使命，应该是文艺的最新要求，从而为民族精神不断注入新内涵。

国学名句集锦

无伎不可以为工，无贳不可以为商。

——唐·柳宗元《上湖南李中丞干廪食启》

文章——文章千古事

“文章千古事，得失寸心知。”出自杜甫的《偶题》。意思是说，文章的创作是要传之千古的伟大事业，这其中的酸甜苦辣与得失，也只有作者本人知道。

“千古事”的意思是流传久远，意义重大，对此曹丕也说：“文章经国之大业，不朽之盛事。”

近代中国的文章，毛泽东可谓独树一帜，他的文章有个特点——用典丰富。中国传统的学习方法主要是继承为主，孩子从上学那天起就开始背书，先死记硬背一车传统经典，经典都入了脑子，用的时候再一一拿出来。

毛泽东的青年时代，正逢“五四运动”前后，值新旧之交，因此他也受过传统文化的训练。毛泽东曾说自己的学问，是从孔子到梁启超再到欧洲的拿破仑，什么都读。毛泽东作为党的伟大领袖，将马克思主义中国化，并领导中国的贫苦百姓以革命的方式推翻封建的旧中国。

要让人民群众和党员干部都明白“共产主义”思想的意义和内涵，就

国学名句集锦

厉王无道，天下荡荡，无纲纪文章。

——《诗经·大雅》

需要用人民群众熟悉的传统意识和新实践去一一注解，也是毛泽东常说的实现马克思主义的中国化。这是一个艰巨的挑战，需要传统知识、革命实践和革命理论三样结合，缺一不可。其中特别需要把中国传统的典籍通读，还能与当前实际结合进行翻新和改造。在毛泽东的文章中，处处可见恰到好处的引经用典。

比如毛泽东曾经在《为人民服务》一文中就引用了司马迁的话："人固有一死，或重于泰山，或轻于鸿毛。"也就是说，如果是为人民群众的利益牺牲，那就是比泰山重；如果是替法西斯等恶势力卖力，因为剥削和压迫群众而死，那就是比鸿毛轻。

《为人民服务》这篇文章是为悼念张思德而发表的，毛泽东作为党的领袖，他除了对死者表示哀悼，还要阐明张思德为民族复兴大业牺牲的重要意义。他的这句话一下子将时间拉回到两千年前的汉朝，确切地解释了中华民族自古以来是怎样看待人的生死的，增加了这篇悼文的厚重之感。而司马迁这句话也从此有了新的含义，广为流传。

习近平自履职以来，在讲话中经常引用儒学经典中的名言警句。这绝对不是偶然的，因为习近平长久以来都对儒学非常关切。早在 2013 年年底，他就亲自去参观了曲阜孔府，还曾拿起《论语诠解》和《孔子家语通解》认真翻阅，说自己也要读一读；2014 年 5 月，习近平到北大亲自去看望孔子学会的会长汤一介先生；9 月，习近平又在北京参加孔子诞辰 2565 周年的纪念活动。在研讨会上，他的论述成了舆论一时的热点新闻，推动了当代中国对传统文化的关注。

习近平强调，中华民族传统文化中包含着解决中国当代面临的问题的启示。接着，习近平一口气列出了许多古代精华思想——以诚待人、清廉从政、为政以德、自强不息、以德立人、以民为本、革故鼎新、勤勉奉

国学名句集锦

文章尔雅，训词深厚。

——《史记·儒林列传》

公、居安思危、俭约自守等。

当前，世界形势变幻莫测，国家治理发展问题千头万绪，改革任务繁重复杂，许多思想激荡碰撞。习近平引用儒家名言，谈“立德”，引用《二程集》中的“一心可以丧邦，一心可以兴邦，只在公私之间尔”；谈“为政”，引用《论语》中的“政者，正也。其身正，不令而行；其身不正，虽令不从”；谈“外交”，引用《礼记》中的“万物并育而不相害，道并行而不相悖”；谈“敬民”，引用《孟子》中的“乐民之乐者，民亦乐其乐；忧民之忧者，民亦忧其忧”等，全都是从中国的现实情况出发，紧紧围绕中国当前最紧迫的问题。

国学名句集锦

文章千古事，得失寸心知。

——唐·杜甫《偶题》

文凭——三十功名尘与土

“三十功名尘与土，八千里路云和月。”出自岳飞的《满江红》，当时岳飞已经过了而立之年，尚未有功名，可是他不在乎，他认为功名好比尘土，不值得追求。大丈夫真正渴望的是八千里路的沙场征战，以白云和明月为伴，收复祖国河山。

“文凭”这个词在中国古代是指朝廷颁发的一些证明或者文书，也就是所谓的“功名”。

在中国古代，人生最得意的就是金榜题名，这是寒窗苦读的学子一心向往的。金榜题名代表的就是光荣与能力，因此在中国古代，几乎所有书生才子，都在不断地为科举考试前赴后继。中举后进入仕途的人不胜枚举，但在科举考试中失利的人更是多如牛毛。

但是，在这些落榜生中，还是有很多才子的。如明朝才子唐伯虎，就是家喻户晓的一位，因艺术成就被时人称为“江南四大才子”之一。然而，就是这样一个才满天下的才子，却因为在参加科举前买了考题，因作

国学名句集锦

玉屑满箧，不为有宝。诗书负笈，不为有道。要在安国家，利人民，不苟文繁众辞而已。

——西汉·桓宽《盐铁论·相刺》

弊行为被朝廷永久剥夺了考试资格。一时无法接受这个现实的唐伯虎，便开始游山玩水，流连于红颜美景之间，来了灵感就画上几幅，却在不经意间造就了自己，也让中国古代多了一位杰出的画家，给后世留下骄人的艺术成就。

唐代著名诗人李白，因为一生创作的诗歌成就而被尊为“诗仙”。然而李白满怀的才华却无法让他在科举考试中如意，一生都无法在仕途上实现自己的抱负，这让他纵情于诗酒、山水，而后世人也正是因为他在诗歌上的成就记住了他，而不是他在仕途上的窘迫状况和经历。

除了唐伯虎和李白，历史上有着同样遭遇的还有杜甫、张继、“苦吟”诗人贾岛、归有光、吴敬梓等人。

而在现代，高考无疑是一条最重要的获取文凭的道路，但为高考准备的过程中，却有不少人不得不多经历几次。如新东方的创始人俞敏洪，就是其中较具代表的一位。

在恢复高考后的 1978 年，俞敏洪参加了他的第一次高考，最终因英语成绩只有 33 分而落榜。他的母亲不甘心就此接受儿子的失败，想办法让他进入了当地一所中学做了初中英语的代课老师，给俞敏洪创造了一个从头再来的机会。

第二年，俞敏洪再次参加高考仍然落榜，但英语成绩提高了 22 分。就在俞敏洪决定放弃的时候，仍旧是母亲给予了他最大的支持，让他成功进入了当地一个不错的高考复读班。在复读班里，俞敏洪的成绩得到了飞速提升，终于在第三次高考后成功考取了著名的北京大学。

大学毕业时，俞敏洪毅然选择了大家都不看好的道路“弃教从商”，他与人合伙创建了一所学校——新东方，并相继在全国 34 座城市建立了新东方英语学校的连锁机构。

国学名句集锦

德音流千里，功名重泰山。

——《后汉书》

而谈及创办新东方英语学校的初衷，俞敏洪说，是因为他没有得到美国大学的奖学金。要想实现自己留学美国的梦乡，就必须筹足足够的钱。为了筹集这笔钱，他先是利用业余时间做家教，并在母校里做英语教师。但即便是努力地工作，要想筹集到足够的钱，他仍然需要花费五年时间。于是，他创办了新东方英语学校。后来，他终于顺利地去了美国，但目的地却是纽约的证交所，而不是美国的某所大学。

2009 年，俞敏洪成为“央视年度经济人物”的获奖者，在颁奖典礼上，他获得了这样的颁奖词：“一个曾经的留级生，让无数学子的人生升级；他从未留过洋，却组建了一支跨国的船队。他用 26 个字母拉近了此岸和彼岸的距离。胸怀世界，志在东方。”

对于俞敏洪来说，最初的留学美国的梦想，多少还带有获取“文凭”的意思，但在成功创办新东方之后，这个愿望反而变得不再重要，甚至也无法证明他个人的能力和发展潜力。

习近平在阐述“中国梦”的过程中，提出了确切的教育目标，即“中国特色、世界水平的现代教育”，这个教育目标包含于“两个一百年”的教育目标之中，是“中国梦”中不可或缺的一部分。而这样的提法，也让中国教育的未来发展具有了鲜明的时代特征、国际视野和中国特色等深刻内容。

习近平 2014 年 5 月 4 日去北京大学考察时，对如何发展具有世界水平、中国特色的现代教育进行了阐释。习近平说：“世界上不会有第二个哈佛、牛津、斯坦福、麻省理工、剑桥，但会有第一个北大、清华、浙大、复旦、南大等中国著名学府。我们要认真吸收世界上先进的办学治学经验，更要遵循教育规律，扎根中国大地办大学。”“办好中国的世界一流大学，必须有中国特色。”

国学名句集锦

事业文章，随身消毁，而精神万古不灭；功名富贵，逐世转移，而气节千载如斯。

——《增广贤文》

那么，具有中国特色的世界一流大学，还应该具有什么特色呢？

第一，具有世界水平、中国特色的现代中国教育，一定是要扎根祖国大地、传承民族文化血脉、服务于国家未来的发展、践行社会主义道路的教育。

第二，世界水平、中国特色的现代中国教育，一定是具有国际化的视野，以包容互鉴的平等态度、宽广的胸怀来对待世界其他国家的大学教育，通过不断的学习借鉴、交流沟通来提升自身的发展水平，并通过国际间的合作交流解决当前共同面临的问题，不断推动人类文明的发展和进步。

第三，世界水平、中国特色的现代中国教育，一定是具有鲜明时代特征的、能不断与时俱进、改革创新的现代教育。

总而言之，世界水平、中国特色的现代中国教育，是能够满足当前社会发展的需要，释放所有人的潜在能力，促进人与社会全面发展的教育，是一个非常完备的教育系统。只有这样，中国才会涌现出大量人才，国家才会拥有强大的国际竞争力。这样的“文凭”，也才更有意义。

国学名句集锦

富贵功名皆人世浮荣，惟胸次浩大是真正受用。

——《曾国藩家书》

文雅——雅者，正也

《毛诗序》中说：“雅者，正也。言王政之所由废兴也。”意思是说，所谓的“雅”就是正，是王权衰微和兴盛的缘由。

中国古代的文人雅士大多喜欢追求一种慢生活，清代人张潮在《幽梦影》中说：“人莫乐于闲，非无所事事之谓也。闲则能读书，闲则能游名山，闲则能交益友，闲则能饮酒，闲则能著书，天下之乐，莫大于是。”由此可见，古人是有了对“雅”的正确理解后，才去花费时间做“雅”的事情。

关于“雅”还有一段有趣的历史对话。战国楚顷襄王时期，有个辞赋家叫宋玉，也就是屈原的学生。一天，顷襄王听信了一些谗言，就找宋玉来问话：“你的行为是不是有很多不检点的地方？怎么有那么多人在我面前说你的不好呢？”

宋玉答道：“先让我讲个故事吧。我听说有个人在京城唱歌，开始时唱的是‘下里巴人’，这是咱们楚国现在最流行的歌曲，围观的人几乎都

国学名句集锦

行己有耻，使于四方，不辱君命，可谓士矣。

——《论语·子路》

跟着唱了起来。后来，他又唱了一曲相对高深的歌叫‘阳阿薤露’，围观的人中只有二分之一能跟着唱了。最后，当他唱起‘阳春白雪’这样高雅的歌时，围观的人中就只有五分之一的人能跟着唱了。”宋玉接着又说道，“人与人之间也是这样的道理。杰出的人物必然会行为高尚，志向远大，一般人怎么能理解？我现在的情况就是这样啊！”

楚王听了他的辩解，也没有再继续追问下去了。而成语“下里巴人”“阳春白雪”却因此得以流传下来，并且分别成为浅俗易懂文学和高雅难懂文学的代名词。在古代的文化体系中，雅是与俗相对应存在的，正因为有了雅和俗的存在，才让彼此的特征和特性得以彰显，从而显示出个人的不同特征。

很少有人会将“俗”与周恩来联系起来。但“雅”与“俗”确实在他身上都有存在——他的“俗”并不表现在工作上，而表现在酒桌上。

周恩来以酒为伴，他有劝酒的洒脱、痛饮的豪放、碰杯的粗犷、醉后依然保持清醒，与平时的工作形象截然不同，他把儒雅在酒桌上发挥到粗犷极致的程度。在周恩来的酒杯中，不仅是有俗的光彩，也能让人透过“俗”的表象看到他身上“雅”的光芒。

用周恩来自己的评价，酒量上堪与他匹敌的人几乎没有。据说红军长征路过茅台镇时，周恩来曾一口气喝了二十五杯烈性茅台酒，少说也得有两斤重，他的酒量可见一斑，而这种饮酒方式，也被周恩来自己称为“吹”。就是用这种饮酒方式，周恩来成功驯服了许世友这匹“野马”。

许世友将军打仗是把好手，喜欢饮酒也是出了名的，被誉为“南京四大喝”之一。但许世友经常倚仗自己能喝，“欺负”身边的好友和将军们，所以周恩来决定“以酒还酒”，让许世友也知道知道自己的厉害，让连彭德怀都忌惮三分的许世友彻底老实。

国学名句集锦

君子衣服中，容貌得，则民之目悦；言语逊，应对给，则民之耳悦；就仁去不仁，则民之心悦。

——西汉·韩婴《韩诗外传》

在一次聚会时，周恩来找到了机会，与许世友两人一对一地喝起来，没多久就各喝干了两瓶。等周恩来找到酒再回来的时候，却不见了许世友的身影。原来，许世友已经被喝趴到桌子下面去了。周恩来豪爽道："起来再喝一瓶！"许世友却打心里服了周恩来，再也不肯接着喝了。这次对"吹"之后，周恩来给许世友立下了很多规矩，规定他每次喝酒以三杯六两为限，而许世友则甘愿遵守。这就是周恩来"以粗制粗，以俗制俗"的本事。

喝酒不管雅俗，可贵之处就是要掌握分寸，过分喝酒则俗，适当喝酒则为雅。这种雅与俗的观念，其实就在人们的一念之间，在于对"雅"与"俗"的"度"的把握上。在实际工作中，只有能严格掌握自己，不做过度的事情，才能将古人的智慧真正学会，真正地落到实处。

习近平 2014 年 9 月 24 日在孔子诞辰纪念活动中发表讲话指出，个人的思想发展应该汲取中国传统文化中的精华营养。行动取决于思想，意识取决于存在，思想工作始终是工作核心，只有坚实的思想基础，才可以显其才、尽其能、谋其政、干其事。工作的基础就是个人的思想高度，孔子一直主张博学多能、终身学习的脑力教育，刚健有为、勇毅力行的鼓励教育，举止文雅、文明礼貌的礼仪教育，最终让人用"仁""礼""学"的文明思想来充当精神之钙，使思想的基础牢固，只有这样，才能有更大、更快、更好的进步。

国学名句集锦

粟米布帛生于地，长于时，聚于力，非可一日成。

——《汉书·食货志》

文俗——千里不同俗

"百里不同风，千里不同俗。"出自《史记》。通俗地说，就是不同的区域有不同的风气和习俗。

现在人总是说"风俗"，但在古代"风"和"俗"是不同的词有不同的含义。那么，在司马迁创作《史记》的那个年代，什么叫"风"呢？套用现在的白话说，"风"就是一种流行，一个区域流行的东西一般不会轻易传得很远，大概是过不了一百里地的，在古代这个区域流行的东西就只能流行这么远。然而"俗"就与之不同，那么何谓"俗"呢？"俗"就是一个区域内人的生活习惯。

也就是说，"风"可以流行，但在有限的一段时间之后，有的就会慢慢演变形成一个区域内人的习惯了，逐渐被保留下来，而有的就只能流行很短时间，又被新的流行取代，即新风。所以区域内流行的并不一定可以形成一种文化，要等这种"风"慢慢成"俗"了，成为这些人的生活习惯，它才能被保留下来。这就像我们中国人最重大的习俗"过年"一样。

"年"在中国又称为"春节"。春节在中国人心中，是最富特色、最隆

国学名句集锦

地远官无法，山深俗岂淳。

——唐·刘长卿《送侯侍御赴黔中充判官》

重、最重要的传统佳节，据记载，在中国已有4000多年的悠久历史。

跟年相关的习俗有很多。过年有一个重要的环节就是熬年守岁。守岁，也就是在这一年的除夕夜里不睡觉，准备迎接新年到来的一种习俗，俗称“熬年”。之所以会形成这个习俗，还跟一段古老的传说有关系。传说在遥远的上古时期，人间出现了一种非常凶猛的怪兽，它们散居在一些深山老林中，当时的人们给它们取名叫“年”。

“年”的形貌非常狰狞，而且生性凶残，专门以鳞介虫豸、飞禽走兽为食，但它们的口味又非常挑剔，要一天换一种食物，在人们过年的时候正好要吃人，这让百姓谈起“年”来就非常恐惧。后来，人们发现“年”的活动规律，每隔365天才会有一次吃人，而且都要等到那天天黑以后才出来，又会赶在天亮之前回到深山老林中去。

于是，人们算准了日期，便把那天可怕的晚上看作关口来熬，所以过年又叫“年关”。还想出了许多熬过年关的好办法，如除夕当晚，每户人家都要提前把晚饭做好，熄火净灶，然后把鸡圈和牛栏里的牲畜全部都拴牢，把宅院的大门都牢牢封住，一家人躲在屋里一起吃年夜饭。因为这顿晚餐在当时具有最后一顿晚餐的意思，所以通常都置办得非常丰盛，不仅要全家人都围在一起吃饭以表示团圆和睦，还要在一家人吃饭之前祭祖先，以祈求祖先保佑，一家人能够平安地度过最后一夜。而且在吃完饭后，大家都不能睡觉，要挤在一起坐着闲聊壮胆。于是，除夕“守岁”的习惯就逐渐形成了。

这个习俗大约是在南北朝时期兴起的，梁朝的很多文人都写过有关守岁的文章，如“一夜连双岁，五更分二年”。这个风俗一代代沿袭，直至流传至今。

新中国成立后确定的节日，最隆重的非“国庆”莫属了。“国庆”本

国学名句集锦

懿德茂行，可以励俗。

——唐·韩愈《祭薛中丞文》

意是国家喜庆的事，西晋时就有了。如西晋著名文学家陆机的《五等诸侯论》中说："国庆独飨其利，主忧莫与其害。"在中国古代，还有的朝代将当时皇帝即位的日期或诞辰定为"国庆"，不同于现在所说的国庆节是为了纪念国家建立而设。

在新中国国庆节期间，最隆重的纪念活动当属阅兵了。从新中国成立至2015年，阅兵共进行了15次，其中1949年至1959年共有11次，而后在1984、1999、2009、2015年各有一次。

习近平2014年2月24日在中共中央政治局第十三次集体学习时讲话指出，弘扬和培育社会主义的核心价值观一定要立足在中华民族优秀的传统文化基础上。这是核心价值观固有的根本。谁抛弃了传统，就是把根本丢掉，就是割断了精神命脉。中华民族优秀传统文化博大精深，是中国在激荡的世界文化中屹立不倒的根基。

中华民族文化源远流长，代表了中国独特的标识，积淀了中国最深层的追求，为中华民族的发展壮大和生生不息提供滋养。中华民族的传统美德是其中的精髓，包含着丰富的思想财富。想要更好创新就要善于继承，想要开辟未来就必须不忘本来。对传统文化尤其是历史传承下来的道德规范和价值理念，要学会古为今用，坚持推陈出新，去其糟粕取其精华，用中华民族五千年来创造的所有精神财富来以文育人、以文化人。

国学名句集锦

人之寿夭在元气，国之长短在风俗。

——北宋·苏轼《上神宗皇帝书》

第九章 张 弛

“文武之道，一张一弛”指的是宽严相结合的治理国家的方法，语出《礼记》。孔子在回答学生提问的时候说：一直绷紧而不放松或者一直放松而不紧张，都不是治理国家的好办法，只有有劳有逸、宽严相济，才是类似于周文王、周武王这种贤能君主治国理政的办法。也就是说，要治理好国家，就要让工作适度、合理、有节奏地进行。

◎**民主**——天下之公理

◎**自由**——兼容并包

◎**执法**——出政施教，赏善罚暴

◎**规矩**——欲知平直，则必准绳

◎**舆论**——众口铄金，积毁销骨

◎**适度**——至则反，盛则衰

◎**合理**——顺理而行

◎**落实**——言必信，行必果

民主——天下之公理

清朝末年，著名政治家、文学家梁启超说："民主制度，天下之公理。"从表面上看，"民主"这两个字意思是由人民自治。至于其统治方法和构成范围、定义则有很多不同，但通常情况下是用少数服从多数的方法进行统治。

人们常拿民主政治与寡头和独裁政治相比较，后者是由少数人掌握政治权力的制度，而不像民主政治一般由群众控制。描述一个国家的政治常用民主一词，但民主的原则同样适用于其他有着统治政权存在的领域。

中国的民主意识觉醒始于孙中山先生的革命运动。孙中山先生所倡导的民主由民权、民族和民生三方面构成，简称为"三民主义"。三民主义的发展又可分为"三民主义"（旧三民主义）和"新三民主义"两个阶段，"三民主义"充分反映了当时中国社会的基本矛盾，并就当时的社会情况提出了三大斗争任务。1894 年，孙中山在檀香山组织建立兴中会，取"振兴中华"之意，以"驱除鞑虏，恢复中国，创立合众政府"为誓词。此誓词与救亡图存、振兴中华，成为民权主义和民族主义的主要纲要。兴

国学名句集锦

兴国之君乐闻其过，荒乱之主乐闻其誉。

——《三国志·吴书·楼玄传》

中会成立后，划时代地提出了“共建民主共和国”的目标。

1895年，孙中山在外逃亡期间，认真学习了资产阶级社会学，并考察研究了资本主义的社会制度，感慨道：“始知徒致国家富强、民权发达如欧洲列强者，犹未能登斯民于极乐之乡也。是以欧洲志士，犹有社会革命之运动也。余欲为一劳永逸之计，乃采取民生主义，以与民族、民权问题同时解决，此三民主义之主张所由完成也。”后来通过革命实践，快速地发展和丰富了“三民主义”。最终，“三民主义”被浓缩为四句话——“驱除鞑虏，恢复中华，创立民国，平均地权”。

民主问题也曾是摆在中国共产党人面前的一道“大题”。早在1945年，黄炎培先生在访问延安期间，就曾问过毛泽东如何解决历朝政权“其兴也勃焉，其亡也忽焉”的周期律问题。毛泽东回答说：“我们能够跳出这个规律，我们已经找到了新路，这条新路，就是民主。让群众来监督政府，人人起来负责，政府才不敢松懈，才不会人亡政息。”在这里，我们看到毛泽东对民主的理解，一是“让人民来监督政府”——民主监督，二是“人人起来负责”。是人民群众人人负责监督政府，还是每个官员要对工作负责？当然更倾向于前者，因为这样理解才和前一句之间有一种联系性，而且每个官员对自己的工作负责也不是只有民主制度下才有的要求。因此可以看出毛泽东对民主的理解基本上就是民主监督。

民主监督无疑是民主的一部分，而不是民主的全部，将民主以偏概全地理解为民主监督，无疑是大大缩减了民主的内涵，极度弱化了民主的意义，在寡头和独裁政治下也可能存在一定的民主监督。只有民主监督的民主是不完整的，其彰显的监督作用也不可能是真正意义上的民主监督，而可能只是口头上的民众监督，没有实际意义。

民众监督仅仅强调民众是监督的主体，这个主体并没有实际的权力，

国学名句集锦

贤路当广而不当狭，言路当开而不当塞。

——《宋史·乔行简传》

而民主监督不仅强调民众是监督的主体，也应有实质性的权力，是体制性的，有法律保障的，如公众集会表达不满情绪、舆论对公权力的批评、言论自由的权利都有法律的保障，国家有公开政务的义务，同时人民有知情的权利，人民通过其代表对政府的监督是制度化、法律化、经常化的。

2014 年 9 月 21 日，在政治协商制度创立六十五周年之际，习近平说："民主不是装饰品，不是用来做摆设的，而是要用来解决人民要解决的问题的；社会主义协商民主应该是实实在在的，而不是做样子的；应该是全方位的，而不是局限在某个方面的；应该是全国上上下下都要做的，而不是局限在某一级的。协商就要真协商，真协商就要协商于决策之前和决策之中，从制度上保障协商成果落地，使决策和工作更好地顺乎民意、合乎实际。"

依法治国、维护法律权威是发展人民民主的必须坚守的原则，使民主法律化、制度化，从而使法律和制度不因官员的改变而改变，不因官员想法的改变而改变。

习近平 2012 年 11 月 17 日在十八届中共中央政治局第一次集体学习时讲话指出，一个政权、一个政党，其命运和前途取决于人心所向。人民群众所反对和痛恨的，就是我们要坚决杜绝和打击的。腐败贪污是人民群众最痛恨的，那么就必须坚定不移打击贪污腐败。

各级党员干部必须坚持用民主制度管权、管事、管人，形成杜绝腐败的有效机制，赋予人民充分的监督权，把官员的权力欲望关进制度的笼子里，让权力在人民的监督下运行。要坚持有腐必反、有贪必肃，大力度地解决腐败问题，才能营造廉政清明的党风、政风和社会风气，才能以反腐倡廉的新成果取信于民。

国学名句集锦

上之情达于下，下之情达于上，上下一体，所以为泰。上下之情，壅而不通，天下之弊，由是而积。

——明・王鏊《亲政篇》

自由——兼容并包

“囊括大典，网罗众家；思想自由，兼容并包。”这句话是中国近代著名教育家和民主革命家蔡元培先生提出的。“囊括大典”意思是将那些高深的经典统统囊括；“网罗众家”顾名思义就是包罗了百家之长；“思想自由”即思想不受框架的约束；“兼容并包”意思是要有海纳百川的襟怀，无论是相同还是相反的声音和意见，都可以吸收熔炼成崭新的学问。

很多人认为，中国的历史是一部无关自由的历史。当下历史教科书中所记载讲述的历史，大多是个人服从权力的历史，阶级专政的历史，阶级斗争的历史。虽然许多人在赞成和反对自由的问题的看法上相对，但是他们之间有一个共识，那就是“中国没有自由的历史和传统”。中国的封建历史是与自由无关的专制政治的兴衰史。因为从某种意义上说，自由与专制是密不可分的，封建君主专制正是自由的敌人。

中国是文化大国，古时典型的不自由形式为言论不自由。元朝时，由

国学名句集锦

渔者不死于山，猎者不溺于渊。

——东汉·王充《论衡·遭虎》

于连年战争，中国传统文化思想方面遭受到了极大的打击，也间接使得封建思想文化领域的文人与新王朝之间的矛盾进一步扩大。为了更好地维护自己的统治，统治者会严格管理那些对自己统治不利的的思想言论，并且将此类事件立案审查，很多人甚至因此而九族连坐。明清时期经常因为写作和言语上的不注意而造成大规模的文字狱，导致言论不自由的形势越来越严峻，甚至出现了龚自珍说的“万马齐喑”的景象。

清朝“文字狱”主要打击的是汉族知识分子，目的是维护满族统治者的统治。而明代“文字狱”则主要是指明初对大臣的言论约束。明朝翰林编修高启作诗“小犬隔墙空吠影，夜深宫禁有谁来”，被认为意有所指，讽刺意味明显，便被腰斩了；御史张尚礼的诗中说“梦中正得君王宠，却被黄鹂叫一声”，被认为是对当朝统治者不满，就被杀了；詹希原给太学题匾额的时候，“门”字少写了最后一勾，被视为讽刺统治者阻碍纳贤，被杀了；僧人来复作诗“金盘苏合来殊域，自惭无德颂陶唐”，“殊”字被视为“歹朱”，可以解释为辱骂太祖皇帝朱元璋“无德”，被判处死刑；浙江府学教授林元亮在谢恩的《谢增俸表》中有“作则垂宪”一句，“则”与“贼”同音，被视为讽刺太祖起兵的时候当过“贼”，同样被斩……

“文字狱”造成的影响很大，以至于当时有很多“学而优则仕”的儒生对入朝为官产生恐惧，生怕一不留神祸及自身。在朝为官者更是小心谨慎，即便是奉召编撰书籍，也都尽力推诿，如果实在推不掉就完稿后马上辞官，更有甚者还“诈死，佯狂，求解职事”。所以当时的思想文章都远远不如唐宋时期。

在当代社会，言论自由作为公民的一项基本权利，是被尊重和认可的。但是世界上没有绝对的自由，只有相对的自由。言论自由的确是我们的权利，但是我们还应该遵守法律规定的言论自由的限制，不得侵犯他人

国学名句集锦

今方权官群居，同恶如市，上不自由，政出左右。

——晋·袁宏《后汉纪·灵帝纪中》

的权利与名誉，也不能危害国家安全或公共秩序。

习近平曾指出，现在有一些党员干部毫无组织性、纪律性，置国法党规于不顾，想说什么说什么，想干什么干什么，甚至口无遮拦，严重影响了党和个人的形象。

2015年初，中央电视台著名主持人毕××参加宴会的过程中，发表了不正当言论，侮辱新中国的缔造者毛泽东和老一辈革命家。很快，“不雅视频”掀起轩然大波。紧接着，中央电视台声明，称会认真调查此事并严肃处理。以此为转折点，舆论的焦点从“该不该说”变成了“该不该管”。

有人说，毕××委屈了，现在的社会没有言论自由了。我们回过头看“言论自由”的概念，毕××的言论是否已经涉及到对他人的侮辱和不尊重了呢？如果言论自由就是对他人放肆的攻击，那么这种任性的自由不要也罢。对于我们的政府和党组织来说，一直以来都是团结的，随和的。媒体工作者是国家意识形态建构的传播者也是构建者之一，必须从思想上成为国家的卫士，保卫国家的一切利益。如果不能接受中国当前的意识形态和价值观，就不能成为我们政府部门工作的重要依托者，也就不能成为党组织信任的对象。

国学名句集锦

以大度兼容，则万物兼济。

——南宋·江少虞《宋朝事实类苑》

执法——出政施教，赏善罚暴

战国著名思想家墨子说："出政施教，赏善罚暴。"这句话的意思是，不论是出任政事还是实施教育，都要奖赏善良的人和事，惩罚暴虐的人和事。

明朝著名清官海瑞，字汝贤，别号刚峰。他出生于海南琼山的一个名门望族，四岁时父亲去世，家道中落，十分贫苦，靠克勤克俭的母亲抚养成人。海瑞二十几岁时考中举人，出任福建南平县教谕，相当于县教委主任。后因工作业绩突出，被推荐升任浙江淳安知县。

在淳安任职期间，海瑞每天认真审理往年积攒下来的案子，不论多复杂的案子都查个水落石出，让案情真相大白，因此淳安百姓称他为"青天"。直到明朝万历年间，已步入晚年的海瑞即使当上正二品大官仍然兢兢业业、认真做事。

奸狡之人最受海瑞痛恨。海瑞平时立下规矩，不论官大官小，在官驿内一律与百姓同等对待。有一次，浙江总督胡宗宪之子住在县里官驿中，官驿对胡宗宪的儿子按海瑞定下的规矩与百姓同等对待，结果这位胡公子

国学名句集锦

国无常治，又无常乱。法令行则国治，法令弛则国乱。

——东汉・王符《潜夫论・述赦》

凭仗父亲的势力，硬说官驿怠慢了他，并将驿史吊在梁上毒打。

海瑞得知这仗势欺人的胡公子竟是顶头上司的儿子，顿觉十分难办，但海瑞仍想出了一个解决的办法。

海瑞命衙役到官驿内，将胡公子及他的随从绑了来。海瑞怒斥道："大胆刁民，胆敢冒充胡公子在此胡作非为。总督大人一向爱民如子、清正廉明，怎么会有你这样的儿子？必须严加惩办！"

当海瑞将胡公子带回县衙问罪之后，总督胡宗宪才得到消息。胡宗宪本想设法救儿子，但又担心落下子孙跋扈的名声，只能作罢。

正是因为海瑞公正清廉，他才"心底无私天地宽"。从此很多官员和百姓赞扬海瑞不怕权贵，敢于打压豪强，有副对联如实地刻画了当时的海瑞——"干国家事，读圣贤书"。海瑞用他自己的行动赢得了百姓的称颂。

1949年，解放军解放上海后，当时人民币不是上海的主要流通货币。参加筹组中央财政经济委员会工作的陈云决定通过多发行人民币用来购买上海各方面的物资，从而使人民币流入上海，并成为上海流通的权威货币。

为了达到这个目的，上海军管会按照中央的指示发布命令：解放之后，上海的市场物价以人民币为计算单位。同时，又兼顾到人民的困难，金圆券被允许在上海市场上暂时流通。为了方便金圆券的兑换，陈云领导组建了中国银行上海分行。当时的陈云认为，只要人民币兑换金圆券工作开始进行，人民币很快就会成为上海的主要流通货币。

然而事实难遂人意，当时上海几个投机商与大金融家财力深厚，手中又都掌控着大量银元，致使上海黑市交易一时间层出不穷。为了控制这种杂乱局面，政府出台明文规定：金条、银元以及其他货币只有人民银行可以收兑，市场上禁止自由流通，合法货币只有人民币。

即使这样，因为上海刚刚解放，老百姓害怕人民币贬值，仍然感觉只

国学名句集锦

有罪者优游获免，无罪者妄受其辜，是启奸邪之路，长贪暴之心。

——《魏书·高宗纪》

有金银等贵金属有保价价值。老百姓会将到手的人民币立刻兑换成柴米油盐或者金银货币，并不留存。于是发出的人民币又迅速回到银行，失去流通性的货币等于失去了生命力。因此，当时就有人放言："虽然解放军进了上海，但是人民币却进不了上海！"

同年6月8日，陈云命令电华东、华中局封锁上海所有的证券交易所，并开始严厉打击投机倒把。紧接着发布《华东区金银管理办法》，进一步强调了禁止金银流通和计价、私下买卖，同时出台了对违犯者的处罚方法。上海市公安局根据这一法规加大力度查处私下买卖金银活动，终于让上海的金融秩序得以恢复和重建。

1950年初夏，全国物价实现了基本稳定。对于此次上海的经济战役，毛泽东给予很高的评价，认为它"不亚于淮海战役"。据薄一波回忆说，毛泽东对陈云的评价很高，称之为"能"。这是他借用的一个典故，《前出师表》里诸葛亮对爱将向宠的评价"将军向宠，性行淑均，晓畅军事，试用于昔日，先帝称之曰能"。

以习近平为总书记的党中央十分重视法制工作，作出了"全面依法治国"的战略布局。习近平多次强调，当下的基本任务是维护社会大局稳定，核心价值追求是促进社会公平正义，根本目标是保障人民安居乐业，坚持公正司法、严格执法，积极深化改革，改进和加强政法工作，维护群众的切身利益，为实现中华民族伟大复兴，为实现"两个一百年"的奋斗目标提供有力保障。

坚持党的领导是政法战线重要的旗帜。支持人民当家作主，党领导人民治理国家的基本方略是依法治国。既要坚信党对政法工作的领导，又要想方设法将党对政法工作的领导加强和改善，促使党员干部的执政能力和执政水平不断提高。

国学名句集锦

任法而不任人，则法有不通，无以尽万变之情；任人而不任法，则人各有意，无以定一成之论。

——北宋·苏轼《王振大理少卿》

规矩——欲知平直，则必准绳

《吕氏春秋》中说："欲知平直，则必准绳；欲知方圆，则必规矩。"意思是说，想要知道这个东西是否平直，一定要依靠水准墨线；想要知道这个东西的方圆长度，一定要依靠圆规矩尺。

汉朝功勋卓著的将军周亚夫，素来以骁勇善战、军纪严明著称。时逢汉文帝亲自犒赏军队，当到达棘门和灞上的军营时，都可以直接骑马进入驻扎的营寨，该军营的将军及其部下也都骑马迎送。

当汉文帝到达周亚夫的军营"细柳营"时，却看到细柳营的将士们都全副武装，手里拿着张满的弓弩，举着锋利的武器严阵以待。汉文帝的先锋队想直接策马进去，却受到了守门士兵的阻拦。先锋队长怒斥道："天子的队伍你也要拦吗？"守门的都尉毫无惧色："周将军有令：'在军营里只听从将军一人的号令。'"

争吵时，汉文帝的车驾到了，守门都尉仍然不放行。汉文帝无奈，只能派人按规定前去请示周亚夫："皇上想入军营犒劳将士。"周亚夫这才下

国学名句集锦

夫大人者，与天地合其德，与日月合其明，与四时合其序，与鬼神合其吉凶，先天而天弗违，后天而奉天时。天且弗违，而况于人乎？况于鬼神乎？

——《周易·文言》

令打开军营大门，当汉文帝一行人想要策马进入军营时，守卫说：“军营内不许随意策马奔驰，这是将军的规定。”无奈之下，汉文帝等人只能下马缓行。

一直来到军营大帐，汉文帝才看到周亚夫身着盔甲在此迎候。他对着汉文帝行了一个军礼，说：“陛下，我因穿着盔甲不能下拜，请允许我用军礼拜见陛下。”汉文帝深受感动，手扶车前的横木，表情变得庄重，欣赏地说：“我来犒劳将军！”

群臣对周亚夫的做法都很惊讶。汉文帝却说：“这才是大汉真正的将军！前面的军队，防卫太过松懈，那些军营很容易被偷袭；至于周亚夫的军营，谁能够偷袭成功呢？”不仅如此，汉文帝后来又重重地赏赐了周亚夫。

黄金因为抗腐耐蚀而不容易变质，老一代革命家始终践行“为人民服务”的宗旨，坚定革命信仰、廉洁奉公的为官风范。他们明白，作为党和国家的领导人应该时刻起带头作用，廉洁自律，遵规守矩，绝不能存“特权”思想，这样才能够永葆革命“拒腐蚀，永不沾”。那么，老一代无产阶级革命家是怎样实践“严以律己、以身作则”的规矩，自觉地保证自己的举止言行和心灵思想纯正的呢？

毛泽东学生时代有严格律己的行为准则——“三不谈”：不谈男女方面的问题、不谈身边琐事、不谈金钱。1949 年湖南解放后，家乡的朋友和亲戚纷纷求毛泽东帮忙介绍进京或者推荐工作。但毛泽东作为国家领导人，率先为自己树立了一种风范。他对工作人员说：“我们共产党决不能像蒋介石政府搞裙带政权，一人当官，鸡犬升天。如果那样做，就会像蒋介石政府一样垮台。”所以，他与秘书田家英订下具体规矩：“处理亲友来信的基本原则是：所有要求来北京来看望我的，一律不准来。凡是要求帮

国学名句集锦

国以人为本，人以衣食为本。凡营衣食，以不失时为本。

——《贞观政要·务农》

忙安排工作的，不说话，不介绍，不推荐。”

周恩来虽然掌握着国家大权，但是他却一直为人民群众谋利益，兢兢业业，无私伴随了他的一生。他早就和身边工作人员“约法三章”，这就是“三不沾”原则：不沾国家便宜，私人的事情不能坐公车；亲属来探亲，吃饭自己买票，决不能沾集体的钱财；不能以总理的身份收受或接待礼品，不能沾个人和机关的利益。

周恩来、邓颖超夫妇还对晚辈和亲戚进一步要求，订立了十条家规：晚辈一律不允许耽误工作来看望他；所有晚辈来京全部住国务院准备的招待所；不可以到处说与总理有什么关系；不许个人动用公家的车办私事；自己能做的事，不准让别人代办；绝对不许请客送礼；吃饭一律正常到食堂排队，有工作的就要自己解决伙食，没工作的可以让总理代付；看戏只准用家属的身份买入场票，不准用招待券；不准谋私利，更不准搞个人特殊化；生活处处都要艰苦朴素。

习近平在十八届四中全会第二次全体会议上讲话指出，小智治事，中智治人，大智立法。而要治理好一个国家，关键就在于立规矩、讲规矩、守规矩。在十八届中央纪委第五次全会上，习近平讲话中的一个词引发外界关注——“政治规矩”。他强调，要“严明政治纪律和政治规矩，”“把守纪律、讲规矩摆在更加重要的位置”。在之后的中央政治局常委会上，习近平进一步提出，“坚持党的领导，首先是要坚持党中央的集中统一领导，这是一条根本的政治规矩”。“欲知平直，则必准绳；欲知方圆，则必规矩。”“政治规矩”是为子孙万代计，为长远发展谋。随着时代的进步，国际形势越来越复杂，国内的经济发展越来越迅猛，想要完成社会主义建设工作，就必须保持执政党的团结统一，也就必须强调规矩的重要性。

国学名句集锦

事有大小，有先后。察其小，忽其大，先其所后，后其所先，皆不可以适治。

——北宋·程颢《论王霸札子》

舆论——众口铄金，积毁销骨

《史记·张仪列传》中说："众口铄金，积毁销骨。"意思是说，众人的言论一致，能够熔化金属；无数的诽谤，也能够使人难以生存。金石是物体中最坚硬的，但是众口一词，却可以熔化金石，足见舆论影响力量的强大。

混淆视听的毁谤，在开始的时候人们还可能不大相信，但是经过多次的重复，便会积非成是，任何人都会失去大家对他的信任，由此造成的精神压力令被毁谤者难以生存，由此可见毁谤的毁灭性。

舆论概念已有久远的历史。在我国，"舆"本义是指车厢或轿，又可理解为大众或众人的。如《左传·僖公二十八年》中说"听舆人之诵"，《晋书·王沈传》中说"自古圣贤，乐闻诽谤之言，听舆人之论"，其中的"舆人"都是指众人。

"舆论"作为一个词语，最早出现在《三国志·魏书·王朗传》中："设其傲狠，殊无人志，惧彼舆论之未畅者，并怀伊邑。"再后来则是在《梁书·武帝纪》中："行能臧否，或素定怀抱，或得之舆论。"这里的

国学名句集锦

为川者决之使导，为民者宣之使言。

——《国语·周语上》

“舆论”指的是众人的言论。

《史记·鲁仲连邹阳列传》中记载了这样一句话，“羽毛量多，其重可使舟沉。物轻量大，亦可使轴断。众口一词，虽金石亦可熔化；多人毁谤，纵骨肉亦遭毁灭。”

语言有时候看似毫无实际伤害，却有着非常坏的影响。尤其是流言蜚语，真是“人言可畏”的。

《诗·郑风·将仲子》中记载了这样的一个故事，有一个叫仲子的男青年，想要偷偷去女方家里约会。因为这段感情还没有得到女方父母和兄长的认可，女方便要求青年不要这样，她反复唱着：“父母之言，亦可畏也……诸兄之言，亦可畏也……人之多言，亦可畏也。”这就是成语“人言可畏”的来历。

很多时候，哪怕是好事，在人们的曲解和误解之下也会被以讹传讹，尤其在网络迅猛发展、言论非常自由的现代，舆论有时候甚至会像武器一样伤人。

毛泽东非常重视舆论的重要性，尤其是在夺取政权中的作用。在1959至1960年间学习苏联《政治经济学》教科书的小组会议上，他说：“我们首先做的工作是制造舆论，夺取政权，其次是解决所有制的问题，最后发展生产力，这是我们工作的一般规律。”

在1962年9月的第八届十中全会上，毛泽东提到了舆论的作用，指出：“凡是要推翻一个政权，总要先造成舆论，总要先做意识形态方面的工作。革命的阶级是这样，反革命的阶级也是这样。”

也就是说，毛泽东认为无论是推翻旧政权还是建立新政权，舆论都是要走在行动之前的。

现在的中国正处在互联网高度发展的信息化的大潮中，越来越受到信

国学名句集锦

听误多害，听妄多败。

——唐·皮日休《耳箴》

息化的影响。我国近几年在信息化和互联网技术工作中获得了显著的成就，网络已经进入千家万户，网络使用者的数量已达到全球第一，显然我国已经成为了网络大国。与此同时，网络舆论成为民间表达的一种重要表现形式。

习近平非常重视网络舆论的重要作用，他在中央网络安全和信息化领导小组第一次会议上讲话指出，做好网络舆论是一项长期的工作任务，要做到网上宣传方面的创新与改进，要懂得运用弘扬主旋律和网络传播规律，激发网民上网正能量，同时也要把握好网络舆论引导的适时、时度、有效这三个方面，使我国的网络空间真正清朗起来。

国学名句集锦

乐闻过，罔不兴；拒谏，罔不乱。

——《新唐书·宋务光传》

适度——至则反，盛则衰

《管子·重令》中说："天道之数，至则反，盛则衰。"世间万物都有特定的发展规律，任何事物发展到极限，就会趋于反面；若发展到非常强盛后，便会走向衰落。

管仲认为，"天道之数"与"人心之变"是相同的，当矛盾发展到某个阶段时，在一些特定条件下便会向与之相反的方面发展。管仲说国家发展强大，便会使人民变得富有，国家君王就会因此骄傲，变得骄傲后就会松懈懒散，在外脱离各诸侯国，在内造成人民群众的叛乱，进而让整个国家走到尽头。

管仲能够注意到世间万物发展的内在规律，这在当时的社会条件下是难能可贵的。同时这句话也可以用来告诫人们，做事必须懂得适可而止，不可走极端。

人人都喜欢吃喝玩乐，但也应懂得节制，要做到适可而止。楚庄王即位后三年之中，每天都喝酒、打猎，不理会朝中之事，并且在宫门外挂了个写着"进谏者，杀毋赦"的大牌子。直到有一天，大夫伍参觐见楚庄

国学名句集锦

善为国者，赏不僭而刑不滥。

——《左传·襄公二十六年》

王。当时楚庄王正端着酒杯，吃着鹿肉，观赏着歌舞。

楚庄王问道："大夫来此处，是想要喝酒呢，还是想要欣赏歌舞呢？"伍参表情严肃地说："有人给我出了一个谜语，但我怎么也没猜出是什么，因此来向您请教。"楚庄王一边喝酒，一边问伍参："到底是什么谜语，怎么会这么难猜？快说给我听听。"

伍参道："这个谜语是：'有一只鸟停在南方的阜山上，三年不飞也不叫，这是什么鸟？'"楚庄王听完后，心中立刻明白了伍参想表达的意思，便笑着说："我已经猜到了。这可不是一只普通的鸟。这只鸟已有三年不飞，但一飞必冲天；已有三年不鸣，但一鸣必惊人。你等着看吧。"伍参听完后明白了楚庄王的意思，高兴地走了。后来，楚庄王果然奋发图强，成就了一番霸业。

适度是一种修养，也是一种策略。对于党员干部来说，有坚定的态度，适度处理问题，才能真正做到增强党性观念、弘扬优良作风、践行党的群众路线。《松窗梦语》的作者明朝人张瀚在担任御史之后，前往拜会长官王廷相，听王大人讲了一个故事：一次他出门的时候遇到了大雨天，有一个抬着他轿子的轿夫刚好穿了一双新鞋，所以走路的时候特别小心，始终挑干净的地方走路。后来有一只鞋弄脏了，但是轿夫还是很小心，不让另一只鞋也脏了。但是，一旦两只鞋都脏了，就"不复顾惜"了。

这就是尺度放开的结果，一旦为官者在河边"湿了鞋"，便会一发不可收拾，放松戒备，滑入深渊，万劫不复。随着市场经济的深入发展，我国的思想文化、社会格局、利益分配、社会福利保障等方面发生了一系列深刻的重大变化，为应对这种变化，更要求领导干部要拿捏好说话做事的尺度，要谨小慎微，多做准备。

除了在思想上要把好关，适度还要应用于语言表达上。孔子说："夫

国学名句集锦

刑烦犹水浊，水浊则鱼喁；政宽犹防决，防决则鱼逝。

——唐·白居易《策林四》

人不言，言必有中。”也就是说，要么不说话，说话就要准确、有诚意，不要口无遮拦什么都说，不要不注意分寸、场合乱说甚至乱许诺。党员干部的言行必须一致，说话要及时、适时、适情、适度，不溢美、不过度谦虚，坚持原则，实事求是，务实顾本。

党员干部的日常工作的关键在于掌握好火候，也就是遵循适度原则，“度”是我们处理问题的时候应该注意的一个界限，但是对于“适度”来说，不能简单地理解为“折中主义”，不要一味求稳，在工作中“和稀泥”。作为党员干部，要正确地认识事物的本质和客观规律，将政策方针与地方实际情况紧密结合起来，根据实践的需要，合理控制“度”的范围，使主观努力与客观事物能够建立有机联系，从而实现执政目标。

国学名句集锦

兵之胜负，实在赏罚。赏厚可令廉士动心，罚重可令凶人丧魄。

——唐·韩愈《论淮西事宜状》

合理——顺理而行

《庄子·养生主》中说："从心所欲，顺理而行。"意思是指要按照自己的想法做事，要顺应事物发展的规律。

《管子》中说："凡治国之道，必先富民。民富则易治也，民贫则难治也。奚以知其然也？民富则安乡重家，安乡重家则敬上畏罪，敬上畏罪则易治也。民贫则危乡轻家，危乡轻家则敢陵上犯禁，敢陵上犯禁则难治也。故治国常富，而乱国常贫。是以善为国者，必先富民，然后治之。"最为合理的治国之道便是让百信心安，藏富于民，因为一旦百姓富裕就容易统治。

古人云："有益国家之事虽死弗避。"只要是为百姓好的，再多也不多，只要是损害百姓利益的，再少也是多余的。西汉时候，张骞出使西域，开辟出一条以长安（今西安）为起点，经甘肃、新疆，到中亚、西亚，并联结地中海各国的陆上通道，这条道路就是"西北丝绸之路"，这条路贯通了欧亚大陆的贸易，让中国的丝绸从这里走了出去，经由这条路线中的贸易往来，中国输出了以丝绸为代表的各种商品。

这条道路，由汉都城长安出发，经过河西走廊，然后分为两条路线：

国学名句集锦

苟可以强国，不法其故；苟可以利民，不循其礼。

——《商君书·更法》

一条由阳关，经鄯善，沿昆仑山北麓西行，过莎车，西逾葱岭，出大月氏，至安息，西通犁靬，或由大月氏南入身毒。另一条出玉门关，经车师前国，沿天山南麓西行，出疏勒，西逾葱岭，过大宛，至康居、奄蔡。

19 世纪下半期，德国地理学家费迪南·冯·李希霍芬在 1877 年出版的《中国》中，将这条陆上交通线称为“丝绸之路”，这一说法得到了中外多位历史学家的认可，一直沿用至今。这条丝绸之路成为大陆上重要的交流通道，各国使者、商人沿着张骞开通的道路，交往络绎不绝，大大提升了经济交流程度，增强了国家经济实力，缔造了盛世图景。

人若顺应自然，便可激发无限的潜能，同样的道理，治理国家的过程中遵循合理的原则，国家才会更加富强。

新中国成立后，上海为新中国的发展和建设做出了很大的贡献。20 世纪 80 年代，上海发展却面临困境。怎样使上海的经济得到恢复，成了摆在政府面前的一个战略问题。邓小平马上以改革创新的眼光，果断地做出决策——把上海作为改革开放的前沿，把上海引上了一条新的发展道路。

1990 年 3 月，邓小平在考察上海时说，上海这座城市是我国的“王牌”，把上海发展好是条捷径。在这之后不到一年的时间里，浦东开发就取得了惊人的成果，有 20 多家中外资银行、证券交易所、保险公司在此落户；内资企业新建 700 多个，总投资 9 亿多元人民币；批准了 180 多个外资项目，总投资 8 亿多美元……

1992 年春，邓小平再次到上海视察。在了解完上海的整体发展成就后，邓小平指出：“上海现在完全有条件发展更快一些。上海现在在技术、人才和管理方面有很大的优势。”

江泽民在 1992 年 10 月指出：“以上海浦东开发、开放为龙头，进一

国学名句集锦

法与时转则治，治与世宜则有功。

——《韩非子·心度》

步开放长江沿岸城市，尽快把上海建成国际经济、金融、贸易中心之一，带动长江三角洲和整个长江流域地区经济新飞跃。”正因为有之前的快速发展，现在的上海在我国的经济发展中，仍然起着至关重要的作用。

党的十八届三中全会指出，推进全面改革的总目标，是推进治理能力现代化和国家治理体系、发展和完善中国特色社会主义制度。该怎样推进这一改革？十八届三中全会以来，围绕着“建设法治中国”和“全面推进依法治国”的问题，习近平丰富和发展了中国特色社会主义法治理论，提出了新思想、新观点、新论断、新要求，新思想也为推进治理能力现代化和国家治理体系指明了努力方向和根本路径。

习近平2012年11月16日在《人民日报》发表文章《认真学习党章严格遵守党章》强调：党章集中体现了党的重要主张、党的理论和路线方针政策、党的宗旨和性质，也规定了党的体制机制和重要制度。无规矩不成方圆。党的根本大法便是党章，是全党人员必须遵循的规章制度。

十八大以后，两部党内重要的法规《中国共产党党内法规和规范性文件备案规定》与《中国共产党党内法规制定条例》对外发布，在2013年8月集中清理、决定废止和宣布失效一批关于党内法规制度和文件，《中央党内法规制定工作五年规划纲要（2013—2017年）》于2013年11月发布，并于同年12月发布了《党政机关厉行节约反对浪费条例》，2015年10月中共中央印发了新修订的《中国共产党廉洁自律准则》和《中国共产党纪律处分条例》，不断地建设和完善党内法规制度，充分证明了新一届党中央依规治党、依章管党的坚定意志，也十分有力地展示了中国共产党加强依法执政和推进执政党建设的铿锵步伐。因为若没有完善的党内法规制度，国法就很难得到保障。由此可见，依法治国的保障和前提是依法治党，而如何使党建控制在合理的范围内，则又是一个至关重要的问题，是需要全体共产党人发挥集体智慧，来共同面对和解决的大问题。

国学名句集锦

正直者，顺道而行，顺理而言，公平无私，不为安肆志，不为危易行。

——西汉·韩婴《韩诗外传》

落实——言必信，行必果

《论语·子路》中说："言必信，行必果。"意思是说，许诺出去的话一定要有信用，开始做了就一定要得到成果。

春秋时期的齐桓公，一直有称霸中原的想法，经过连年征战后，他打败了鲁国，迫使鲁国不得不臣服于齐国。齐桓公让周王发布命令告知宋、鲁、陈等诸国，约定在三月初一在柯地（今山东东阿西南）举行结盟仪式。

鲁庄公在赶赴会盟前问："有人愿意和我一起去吗？"作为鲁国将军的曹沫请求一起前往。庄公问："你已败给齐军三次，就不怕去了齐人笑话你吗？"曹沫答道："我会为自己雪耻的。"庄公疑惑地说："怎样雪耻？"曹沫道："您对付齐桓公，我对付齐国的大臣。"庄公说："倘若能雪耻，我当然听你的！"于是，鲁庄公便带着曹沫一起去了。

这次的结盟仪式非常隆重。会盟有规定，只允许鲁庄公一人去坛上，其他人在坛下等候。当鲁庄公与曹沫来到会盟场地时，曹沫戴盔披甲，手提短剑一直跟在鲁庄公身后。会盟的引导人告诫曹沫只可以在坛下等，曹

国学名句集锦

君子义以为质，礼以行之，孙以出之，信以成之。

——《论语·卫灵公》

沫愤怒至极，吓得宾客们后退了几步，于是曹沫也顺阶入坛。齐桓公和鲁庄公经过一番讨价还价，正准备结盟时，突然见曹沫拔剑而起，直逼齐桓公。

齐桓公责问道："将军这是干什么！"曹沫严肃地说道："齐国强而鲁国弱，齐国侵略我国，简直太欺负人了。现在我国一片狼藉，请您说该怎么办？"齐桓公急忙道："将军冷静，你说要怎么办就怎么办！"曹沫回答："我们要求齐国归还鲁国被侵占的城池！"齐桓公赶紧答应，并承诺绝不反悔，也不会追究曹沫之罪。曹沫这才满意地收起了剑，结盟和约签字仪式正常进行。会盟结束后，鲁庄公与曹沫胜利地回到鲁国，但齐国许多大臣都非常愤怒，提议齐桓公毁约，齐桓公却说："我已经答应曹沫了！若失信于他，何称君子呢？"

春秋无义战，但身为霸主的齐桓公却肯为自己的承诺付诸行动，足见其对于个人诚信的重视。而今人对于个人的诚信品格，也是非常重视的。1991年，朱镕基被任命为国务院副总理。当时的中国人民银行行长不听中央的布置，收缩资金供给，停建了所有的楼堂馆所，并发表声明说银行不是官商和政府的取款机。这样一来，食品价格便居高不下，国家动用储备粮库，平复了人民群众恐慌的心理，也增加了老百姓对政府的信心。

在实行国有企业下岗分流后，有些人宁愿每月领两三百元的补助金，也不愿意去当清洁工，并且还偷卖国企的产品。面对这样的问题，企业要不然改革要不然破产。而在汇率方面，当时国家标价汇率为美元对人民币1∶5，而国际市场的汇率为8.3∶1，自由市场的汇率更是高达10∶1，汇率上存在的漏洞成了某些人的谋财之道。在国家的干预下，汇率方面实现了并轨，这就使很多利益集团失去了财路。"一百口棺材，九十九口是给腐败分子的，一口是留给自己的。"于是，一大批政治或经济腐败的官员

国学名句集锦

言不可食，众不可弭。

——《国语·晋语二》

落马。人民群众都拍手叫好。

如果说毛泽东改变了我国人民的奴隶心性的话，那么也可以说朱镕基改变了我国人民的懒散性情。没有朱镕基所执行的彻底的国有企业改革，也就没有今天国企或民企效益的显著成效和竞争第一的认识。

朱镕基曾被问及施政过程中的遗憾之处，他表示农民还没有脱困是他最大的遗憾。1998 年的洪灾，朱镕基怒斥一段长江干堤是豆腐渣工程。当有报纸报道他常常拍桌子时，朱镕基坚定地表示："我是拍过桌子，还瞪过眼睛，但这都是对贪官污吏做的，我从不会对老百姓这样做。"而这就是人们一贯见到的朱镕基的形象。

习近平也注重将想法落到实处，他曾指出领导工作中尤为重要的环节便是抓落实，抓落实是共产党的群众路线和思想路线的基本要求。这要求各级领导必须深入贯彻落实科学发展观，并牢固树立正确的宗旨意识和政绩观，做到狠抓落实、善抓落实，并用坚定的意志创造一流业绩。

对于各级政府、党委和各级领导来说，抓落实就是抓党和国家各项工作部署、方针政策与措施要求方面的落实，并使抓落实贯彻到各项工作的实践中，贯彻到基层和人民群众，转化为广大党员干部和人民群众的自觉行动，以此来保证国家发展目标任务的顺利完成。

为实现中华民族伟大复兴，各级政府也相继推出一系列改革发展的好政策、好思路与好措施，抓落实便成了现在的关键所在。习近平指出，注重落实、强调实干、反对空谈，是中国共产党人的优良传统。建国 60 多年来，国家取得的巨大成就，依靠的是马克思主义与中国实际国情结合起来形成的方针政策，注重的是全国人民团结一心、踏实认真地把党的方针政策变成改造世界、认识世界的强大物质力量和精神力量，实实在在地将政策、精神贯彻执行下去。

国学名句集锦

言之所以为言者，信也；言而不信，何以为言？

——《春秋谷梁传·僖公二十二年》

第十章 有 度

“有度”是指有节制能力，党员干部在工作过程中，要行止有度、方圆有度、进退有度、赏罚有度、取舍有度、张弛有度……适度是一切目标能够得以达成的根本所在，更是党员干部为民服务的基础。

◎**兼听**——君之所以明者，兼听也

◎**守则**——治国无法则必乱

◎**安分**——安分随时

◎**奉法**——治国者必以奉法为重

◎**废私**——国耳忘家，公耳忘私

◎**律己**——知不以利为利

◎**慎罚**——克明德慎罚

◎**环保**——取之有度，用之有节

兼听——君之所以明者，兼听也

《潜夫论·明暗》中说："君之所以明者，兼听也；其所以暗者，偏信也。"如果能全方位地听取大家的意见，就可以明达通晓事理；如果只听信一些自己愿意或想要听到的话，结果就使人变得愚昧糊涂。

这句话从明与暗两种相反效果说明"兼听"的好处，以及"偏信"的弊端。只有广泛听取谏言，才能了解全面的情况，才能明辨是非曲直，最终作出正确的判断；如果只一味选择偏信，就会上当受骗，作出错误的决断。

中国古代有很多关于纳谏和谏言的故事。《史记·滑稽列传》记载，公元前356年，齐威王刚刚即位的时候，"好为淫乐长夜之饮，沉湎不治，委政于卿大夫。百官荒乱，诸侯并侵，国且危亡，在于旦暮"。后来他受淳于髡故事启发，幡然醒悟，虚心励志，终于"不飞则已，一飞冲天；不鸣则已，一鸣惊人"。

有一次，齐威王向近臣们询问地方官的优劣，近臣们都说最好的是阿

国学名句集锦

别而听之则愚，合而听之则圣。

——《管子·君臣上》

大夫，最坏的是即墨大夫。但是齐威王并没有轻信他们的话，而是亲自深入民间，向百姓询问了解情况，得到的结果竟然与近臣们的说法截然相反！即墨管理的地区“田野辟，民人给，官无留事，东方以宁”，阿管理的地区却是“田野不辟，民贫苦”。

近臣们颠倒黑白的用意何在？原来，即墨大夫为人正直，一心为民，却与这些近臣的关系疏远；而阿大夫却善于收买人心，经常巴结齐威王身边的人。所以，齐威王询问的时候，便得到了与事实截然相反的答案。这件事让齐威王更加深入地了解到纳谏要全面。为了惩戒近臣，奖励即墨大夫这样的人才，齐威王下令对即墨大夫“封之万家”，对阿大夫以及那些收受贿赂、隐瞒实情的大臣“皆并烹之”。见此情景，“群臣耸惧，莫敢饰非，务尽其情”，这才有了后来的“齐国大治，强于天下”。

还有一个众所周知的“邹忌讽齐王纳谏”的故事。邹忌从自己的生活中得到启发：偏爱自己、恐惧自己、有求于自己的人会违背客观事实恭维自己。既然日常生活如此，在朝廷中恐怕也会有这样的事情发生。对于君王来说，后宫嫔妃和侍从会亲信偏爱他，满朝文武和百姓都会恐惧他，放眼整个齐国甚至其他国家，没有人对他无所求。所以，齐威王面对的言论中，肯定有更多的偏见，他所遭受的蒙蔽也会更多。齐威王便下令：当面指出自己错误的给予最高奖励，通过奏章来劝谏的，给予中等奖励，在公共场合议论传到自己耳朵里的，给予下等奖励。命令下达后不久，人们纷纷前来进谏。齐威王知错便改，过了一阵子，即便是有人想要劝谏，也没有什么可挑的错误了。齐威王的美名传了出去，一时间引来了其他国家的君主的朝见，这就是君主的治国之道。

1978 年年底，在中央工作会议的闭幕大会上，邓小平指出：“要相信绝大多数群众有判断是非的能力。一个革命政党，就怕听不到人民的声

国学名句集锦

传闻之事，恒多失实。

——《后汉书·臧宫传》

音，最可怕的是鸦雀无声。”

邓小平讲这番话是有重要原因的，那时候“文革”才刚结束，党中央需要听到真正的不同声音，同时也为十一届三中全会的召开作充分的准备。

邓小平认为，党员干部应该倾听群众的心声，要和群众心贴心、面对面地交流，这样才能纠正党和国家的错误，才能真正维护人民的利益。

“兼听则明，偏信则暗。”秉承这种思想，在2013年的博鳌亚洲论坛年会上，习近平强调，要坚持包容和开放的原则，要尊重各个国家选择的发展道路和社会制度，消除隔阂和疑虑，把各国差异性和世界多样性转化为国家发展的活力与动力。

“比大地广阔的是海洋，比海洋广阔的是天空，比天空更广阔的则是人的心灵。”人学会宽容就拥有了理性，就不会变得盲目容易冲动，或者急躁冒进。少年毛泽东曾写过一首诗叫《赞井》：“天井四方方，周围是高墙。清清见卵石，小鱼囿中央。只喝井里水，永远养不长。”一个国家或一个人如果一直处于封闭的状态，夜郎自大，闭目塞听，小肚鸡肠，那么这个人、这个国家永远都只能是池中之鱼、井底之蛙，看不到更为广阔的天空，永远不知道外面世界的精彩。

国学名句集锦

听一边话，且莫判断是非，必细参两家情事，乃得。

——清·申居郧《西岩赘语》

守则——治国无法则必乱

“治国无法则乱，守法而弗变则悖，悖乱不可以持国。”出自《吕氏春秋·察今》。意思是说，一个国家如果不用法来治理，就必然大乱，墨守成规而不懂变革，就会违反实际，因此死守旧法或者没有法律都是不能将国家治理好的。

漫长的中国历史在坎坷中前进，无论是封闭的封建社会，还是现代化的新中国，在治国理政上都必须遵守一定的规则。

战国时期，韩国的国相申不害曾经建议韩昭侯实行“术治”，所谓“术治”，即“法治”。韩非解释说：“术者，因任而受官，循名而责实，操杀生之柄，课群臣之能者也。”也就是说，当时的“法治”的本质，实际上是君主的个人的集权统治，为了稳固地位，保证统治阶级的利益，君主就要不择手段，或者假托天意，或者以律法的威严和武力的强暴来威慑、镇压臣民，或者二者兼而有之。

到了秦汉时期，“黄老学派”盛行，其主要特征是“守法而无为”，这

国学名句集锦

治大国若烹小鲜。

——《老子》

里的“无为”并不是指执政者不作为，自由放任人们打破规则，而是指不能逾越法律规定。“法立而弗敢废”，不管怎么自由，“法”始终是“无为”的界限。

很多统治者之所以坚持推行黄老学说，是对纪律和规矩的最高认可。即使是皇帝，也必须严格执行法律，没有违背法律的权力。其中，汉文帝就是一个不以个人意志为转移，不破坏律法规定的“循守成法”的皇帝。书中记载，文帝一次出行过程中，路过渭桥，当时有人突然从桥下出现，惊了文帝乘车的马，文帝差点受伤。廷尉张释之按照律法要判处此人缴纳“罪金”，也就是罚他四两金子。文帝受到惊吓，愤怒不已，要求把这个人处死。张释之拒绝了文帝的要求，他说，法律不是一个人的，既然法律是天子和天下人共同制定的，就不能轻易更改。如果我们轻易地改变了法律的要求，就会使人们对法律产生怀疑，失去信任，千辛万苦定下的标准就失去了，都不知道怎样做才是对的。文帝经过思考，还是想通了，没有过度惩罚那个惊马的人。

1938 年，毛泽东在六届六中全会报告中说：“纪律是执行路线的保证，没有纪律，党就无法率领群众与军队进行胜利的斗争。”这句话是在着重说明：如果没有一种严谨的工作态度，组织就没有权威。如果没有严明的工作纪律，就不会有严谨的工作态度。毛泽东说：“政策和策略是党的生命，各级领导同志务必充分注意，万万不可粗心大意。”实践证明，这是社会主义道路的一条真理。

2012 年 11 月 16 日，刚刚履新中共中央总书记的习近平就强调“没有规矩，不成方圆”，提出党章是“根本大法”和“总规矩”。此后，在不同场合，他也多次强调“规矩”。2013 年 7 月，习近平在西柏坡面对当年毛泽东提议的“六条规矩”时发出感叹：“这是立规矩的地方。”他说：“治

国学名句集锦

绳者，直之至；衡者，平之至；规矩者，方圆之至；礼者，人道之极也。

——《荀子·礼论》

理一个国家、一个社会，关键是要立规矩、讲规矩、守规矩。”在 2015 年 1 月 13 日的十八届中央纪委五次全会上，习近平总书记进一步提出了“政治规矩”这个词。他指出，要“严明政治纪律和政治规矩”，“把守纪律讲规矩摆在更加重要的位置”。而在 2015 年 1 月 16 日的中央政治局常务委员会会议上，又进一步提出，“坚持党的领导，首先是要坚持党中央的集中统一领导，这是一条根本的政治规矩”。为何习近平对“规矩”一直念兹在兹？因为“规矩”是我党从胜利走向胜利的重要法宝。从上海初试啼声，到井冈山星星之火，再到延安、西柏坡筚路蓝缕，直到北京“中华人民共和国成立了”，每一段行程的跨越，靠的都是规矩，靠的都是全党的统一意志、统一行动。可以说，我们党历经 90 多年艰难曲折的奋斗，正是靠着讲规矩，才有了今天的辉煌。

在当前形势下，要坚持走群众路线，就是从执政为民、以人为本的高度，以维护群众权益为出发点，不断提高公职人员和党员干部的政策素养、法律意识和按政策办事、依照法纪办事的水平，让知法守法和依法办事成为所有党员干部的基本行为准则。

尤其是广大领导干部更要起到带头作用，执行政策，遵守法纪，把政策和法纪时刻放在心上，做到无论在何时何地都保持头脑清醒，将法律法规看作“高压线”不能触碰，始终牢记党的宗旨和纲领，严格规范自由裁量权和权力运行程序，让权力有规行使，防止被滥用。

“天下之事，不难于立法，而难于法之必行。”依法治国是建设中国特色社会主义法治体系和建设社会主义法治国家进程中的重要依据，无论以怎样的方式推进，都不能仅仅纸上谈兵，将法律条文与活生生的现实割离开来看待，利用法律来解决实际问题，引导人民群众在遭遇问题的时候寻求正确的法律之路。“有法不依，莫如无法”，“治国者必先受治于法”，任何人都不能超越法律，任何人也没有特权动摇法律的权威。

国学名句集锦

日出而作，日入而息，凿井而饮，耕田而食。

——东汉·王充《论衡·感虚》

安分——安分随时

《红楼梦》第八回中说：“罕言寡语，人谓装愚，安分随时，自云‘守拙’。”“安分随时”即安守本分，顺随时俗，指处在各种环境中安然恬淡，自得其乐。宋代朱熹《朱子语类》也有：“安常守分，不恁求利。”

春秋战国时代，随着奴隶社会的瓦解，各诸侯国开始盛行奢侈之风。但齐景公时的丞相晏婴却一直保持着清廉节约的习惯，安守本分，受到后人的称赞。

晏婴担任丞相后，却在平时只穿普通的粗布衣服，只吃粗茶淡饭。他的一件狐皮大衣，只在参加盛典或出使他国时才穿，三十多年间没有更换过。

一天，晏婴正在吃午饭，齐景公恰巧这时派人来找他，晏婴就把自己要吃的饭菜分成了两份，与来人共进午餐。当齐景公得知此事后，马上命人送黄金千两给晏婴，用作他接待客人的开支，但晏婴却不肯要。齐景公连续送了三次，却被晏婴拒绝了三次。齐景公非常不解，晏婴就向齐景公

国学名句集锦

良农不为水旱不耕，良贾不为折阅不市。

——《荀子·修身》

解释："我作为一个齐国的大臣，如果将您的赏赐用在百姓身上，那就是以臣代君，不是忠臣所为；如果自己收藏起来不用在百姓身上，那就好比一个装钱财的箱子，这样做就是不仁义；上对不起君主，下对不起黎民百姓，做事像个守财奴，不是聪明人干的。因此，您千万别再提赏赐。"

齐景公还是不解，就问他："回想当年，贤臣管仲都接受过桓公五百个村庄的赏赐，你怎么偏偏要推辞呢？"晏婴说："圣人千虑，必有一失；愚人千虑，必有一得。"晏婴是在说自己愚笨，但深信在这件事上的处理是正确的，使齐景公不得不作罢。

晏婴在上朝的时候，总是乘坐劣马拉的一辆破旧的车子，甚至有时还需要步行。齐景公认为这样与晏婴的丞相身份不相称，多次送去新车马给他，都被一次次拒绝。这又让齐景公非常不高兴，于是当面责问晏婴，晏婴仍然如实作答："大王让我管理所有官吏，责任重大。平日里，我一直反对奢侈，要求官员贵族都要奉行节俭，减轻百姓的负担。如果我自己乘坐好车，那么百官就会仿效，会让奢侈之风盛行四方。如果真的那样了，怕是再严令禁止也不起作用了。"

晏婴住的地方正处在闹市区，而且非常狭窄、阴暗。齐景公为此多次要给他修造新宅院，晏婴还是婉拒。然而齐景公不死心，趁着晏婴出使的时候，新建了一座豪华府第送给晏婴的家人。晏婴回国之后，立即让家人从新府搬出来，仍旧住在闹市区的老房子里，并把新府改造送给需要的人。

晚年的晏婴，已经不再接受所有赏赐，他还特意向齐景公提出，要将封地也退回去。晏婴用实际行动履行自己倡导的节约的风气，让司马迁不由得感慨道："如果晏子活着，即使是让我为他赶车，我也心甘情愿啊！"

做好为官的本分，自古以来就不是一件易事，领导干部要对党纪国法

国学名句集锦

农不出则乏其食，工不出则乏其事，商不出则三宝绝，虞不出则财匮少。

——《史记·货殖列传序》

心存敬畏，保护好内心的防线，固守法律和道德的底线，潜心修炼本领，提高个人的工作能力。

守本分不是安于现状、不思进取，而是“从心所欲不逾矩”，在一定的规则下做事情，才是真正的成功。有一些领导干部总不安分，不是想让自己升升官就是想要发发财，不是想拉帮结伙就是想搞小团体。很多人利令智昏，置法律法规于不误，做出对不起人民的事情。这些人没有守住本分，反而堕入违纪违法的深渊。探究这些人堕落的根本，就是丧失信仰，贪婪成性，迷失在个人欲望中。很多基层干部，如焦裕禄、孔繁森等，时刻以国家和人民的利益为重，乐于奉献，本分做人，无愧良心与群众的期望。

习近平自履职以来，发表过许多关于“规矩”的言论，从这些话中不难看出，严以律己，照“规矩”做事，是党员干部的基本准则。他曾多次强调对于规矩，要做到“自觉与坚持”，比如“要坚持原则恪守规矩”“自觉讲诚信守纪律、懂规矩”“自觉按原则和规矩办事”等。通常，制定“规矩”是要防范出现违规行为，但是不可否认，当前许多“制度”还是“挂于墙上”，在制度之外仍旧是我行我素。唯有坚守原则，强化自律性，才能解决制度和落实不同步的情况。而且，执行制度的党员干部，如果不能以身作则，那“恪守规矩”的誓言必定沦为空谈。

其实，遵纪守法、严于用权、言行一致等，都是党员干部恪守规矩的表现，但是守规矩不仅仅是做到“安分守己”，因为党员干部身先士卒本就是正常表现。但在此之前，共同维护维持制度的威严，让整个队伍都呈现出良好的工作作风，才是最重要的。尤其是在法治和制度正逐渐迈向成熟和定型的关键时期，要勇于打破原则变通，扫除制度死角，最终做到“求必欲得，禁必欲止，令必欲行”。

国学名句集锦

天下之患，莫大于不知其然而然。不知其然而然者，是拱手而待乱也。

——北宋·苏轼《策略第一》

奉法——治国者必以奉法为重

“治国者必以奉法为重。”出自《三国演义》。意思是说，一个人要治理国家，就必须同样遵守国家的法律，把遵纪守法作为首要的事。要做到“王子犯法与庶民同罪”“法律面前人人平等”，才能实现依法而治。

一个英明的治国者，会把自己放在法律之下接受监督，决不会将自己凌驾在法律之上。所谓“朕就是国家”“朕说的话就是国家的法律”，一言兴法，一言废法，这种专制主义，必然会把国家搞乱。所以，这句话具有非常重要的警戒意味。

《韩非子・有度》中写道：“国无常强，无常弱。奉法者强则国强，奉法者弱则国弱……故有荆庄、齐桓，则荆、齐可以霸，有燕襄、魏安釐，则燕、魏可以强。今皆亡国者，其群臣官吏皆务所以乱，而不务所以治也。其国乱弱矣，又皆释国法而私其外，则是负薪而救火也，乱弱甚矣！”

韩非子是法家学派的思想集大成者。他说的“有度”，意思就是“法度”。韩非子将“奉法”说成是治乱兴亡的关键，说“国无常强，无常弱。

国学名句集锦

不法法，则事毋常；法不法，则令不行。

——《管子・法法》

奉法者强则国强，奉法者弱则国弱”，意思就是一个国家不会永远富强，也不会永远贫弱。统治者执行法度态度坚决，这个国家就会变得富强；统治者执行法度态度软弱，国家就会变得贫弱。

韩非子认为，每个国家都有自己的法度，但关键是要秉公执法。韩非子用齐桓公、燕襄王、楚庄王、魏安鳌王作例子，说明统治者如果能坚决实行法治，国家就会强盛。韩非子接着说：“今皆亡国者，其群臣官吏皆务所以乱，而不务所以治也。其国乱弱矣，又皆释国法而私其外，则是负薪而救火也，乱弱甚矣！”而齐国、楚国等国之所以衰落，是因为它们的大臣做的都是扰乱国家的事情，而不是让国家变得更好。等到国家衰落，他们又舍弃了国法转而谋求私利，等于是在“负薪救火”，从而让国家变得更加衰落。

清朝同治年间，陕西商洛柞水县连遭两月阴雨，导致庄稼霉烂，当年收获的庄稼不足一成；次年又遇到蝗灾，把庄稼都吃光了。这里的百姓没饭吃，只能外出讨饭。终于在第三年春，侯鸣珂到这里任职，勘察情况后亲自书写呈文，将灾情报于抚台，要求赈济。

赈济的粮食拨付到位后，侯鸣珂亲自赶着骡马将粮食送到乡下分给百姓。衙役中有个叫余言吉的小吏，因为无法忍受乡下的粗茶淡饭，便向百姓强要了十斤猪油，自己吃了五斤，把剩余的五斤偷偷地送给了侯鸣珂的妻子杨芝香。侯鸣珂得知后非常生气：“搜刮民脂民膏，就如同是杀我父。如今百姓遇难，你们却安享清福，真是不堪。”他立即将余言吉削职为民，不仅让妻子杨芝香把所有猪油还给遭抢的百姓，并下令杖责四十。

妻子杨芝香当场号啕大哭，后悔莫及。侯鸣珂怒斥道：“知道过错并不是没有过错，不打你你就不会引以为戒。”于是，当值衙役按侯鸣珂的要求，真的当场打了杨芝香四十大板。

要知道在中国的封建社会，向来是“三年清知府，十万雪花银”，侯

国学名句集锦

法不阿贵，绳不挠曲。

——《韩非子·有度》

鸣珂能够出污泥而不染，严格执法，杖妻拒贿，清廉从政，因此深受百姓的赞颂和爱戴。侯鸣珂离任的时候，当地百姓送他“仁德如春”的大匾，万人在街上含泪相送。

阻碍党依法执政、全面推进依法治国的最大问题，在于“人情案”“关系案”等党员干部以权压法、干预司法造成的冤假错案，这些现象严重损害了党的威信和法治的权威，造成的影响十分恶劣。追根溯源，这种恶果之所以存在，是因为在法治进行过程中，缺乏强有力的执行。

尤其是新中国成立后，国际、国内环境都十分复杂，在不完善的制度之下，有些党员干部特别是领导干部干预司法，以权谋私，造成了一些冤假错案，造成了经济与文化的后退，为我们留下了惨痛的教训。改革开放以后，为了推动了我国的法制建设，我们党在法律执行的过程中做出了很多努力。

党的十八大以来，中央对建立防止干预司法、执法的制度高度重视，习近平 2013 年 2 月 23 日在十八届中央政治局第四次集体学习时讲话指出：“群众反映，现在一个案件，无论是民事案件还是刑事案件，不托人情、找关系的是少数。尤其是到了法院审判环节，请客送礼、打招呼、批条子的情况很严重。”习近平还在发表于 2014 年 1 月 7 日的《严格执法公正司法》一文中强调：“做到严格执法、公正司法，还要着力解决领导机关和领导干部违法违规干预问题。这是导致执法不公、司法腐败的一个顽瘴痼疾。”

2015 年 3 月，中央政法委出台了《司法机关内部人员过问案件的记录和责任追究规定》，专门用于解决上述问题。只有谨记“法无授权不可为”，强化“依法用权、规范用权”的意识，自觉把权力关进制度的“笼子”里，清除不承担责任，专权越权、用权，贪恋权力、滥用权力、以权谋私。每一个领导干部都要牢记为民谋利的责任使命，以戒慎戒惧的心态切实做到严格按照制度、程序、规矩用权办事，做人民的好公仆，党的好干部。

国学名句集锦

礼无不敬，法无不肃。

——《三国演义》

废私——国耳忘家，公耳忘私

《汉书·贾谊传》中说："国耳忘家，公耳忘私。"一个人为了国可以忘家，而为了公就可以忘私。古人一直提倡为国忘家、因公废私的行为与精神，这与现代提倡的大公无私、无私奉献是相通的。这是中华民族五千年文明传承下来的优秀传统。

东汉人第五伦曾当过长安城的京兆尹主簿，被举为孝廉后受到光武帝的任命，先后担任扶夷县令、会稽郡太守及蜀郡太守。汉章帝后被擢升为司空，位列"三公"。第五伦生性正直，能够同情百姓疾苦。不管在哪里做官，他都把为民解忧放在首位。早年他担任长安京兆尹主簿，负责长安城内具体的市场买卖交易，认真地校正斗、尺、秤等交易工具，严格管理交易规范，基本没有发生过缺斤缺两的事情。就算偶尔出现争执，只要第五伦出面，也都能得到公平的解决。

第五伦后来做到了司空，身居高位，自然俸禄多，但第五伦从不骄奢淫逸，生活一直十分节俭。做太守的时候，他经常是自己割草来喂马，他

国学名句集锦

法之功，莫大使私不行。

——《慎子》

的妻子也要亲自烧火做饭。他的俸粮，只给自己家留下食用的量，剩余的全部都赠送给贫困的百姓。做了司空之后，第五伦还是保持“不修威仪”的习惯。除了上朝时要乘坐一辆旧车外，他平时穿的都是布衣，吃的都是糙米。跟一般人比起来，他还有一个特别的地方，那就是第五伦勇于自我批评和自我剖析。

有一次，别人问第五伦：“你把自己的所有都给了公事，你自己难道就没有一点私情和杂念吗？”第五伦回答说：“有，就是以前曾有个人送一匹好马给我，虽然我不接受，但到了‘三公’选人才的时候，还是在心里记起那个人。虽然最终并没有录用那个人，但却说明我还是有私心的。”

陈云要求亲属和家人要做到公私分明，而他自己分得更清楚，要求更严格。陈云是江浙人，因此他从小就喜欢评弹。新中国成立后，陈云为了休息和养病，就将听评弹当成主要的爱好。20 世纪 50 年代，陈云还一直用苏联造的笨重旧磁带录音机，时间久了，录音机就经常坏。

改革开放后，机关工作人员给他送来一台新的录音机，陈云一问才知道是从公家拿来的，马上就让送回去。后来，有人用自己的工资买了一台给他，陈云才勉强留下，并且一直用到他去世。

有一次，上海评弹团来北京演出，请示问要不要到陈云家里特别演出一次。秘书去问陈云，陈云就说：“我可以见见他们，但演出就不必了。每天听录音就不错！这些事，要严肃。”后来，他让秘书请上海电视台的工作人员帮忙录一段评弹，话说完就拿出两盒空白磁带给秘书。秘书一下子还没反应过来，这两盒磁带要用来做什么？陈云看出秘书的疑惑，就解释道：“这是用来让他们给我录音的。”秘书这才明白过来，陈云这是不占私人的便宜。

1984 年，中国人民银行给陈云送来三枚纪念币，是纪念新中国成立 35 周年的，每枚纪念币面值是一元。陈云叮嘱秘书：“一定要给他们钱，

国学名句集锦

诚有功，则虽疏贱必赏；诚有过，则虽近爱必诛。

——《韩非子·主道》

不然我是不要的。”秘书无奈只能照办，却让中国人民银行的工作人员不知如何下账了。这些小事很能说明陈云在公私问题上的较真。

陈云对公家的财物是秋毫不犯的，对自己的要求也几近苛刻。陈云平日里吃粗茶淡饭，非常俭朴，有事出门也是轻车简从，从不收礼，不吃请。他每天中午只有两菜一汤，这个菜谱是每周轮一回，全是家常菜，而且必须吃光喝净，绝不剩一口汤一粒米。有一次，陈云到外地办事，当地接待的同志不知道陈云的习惯，给他摆了满满一桌子菜。陈云一看左右就是不肯就座。当地同志没办法，只能重新做了简单的两菜一汤给他。

从陈云的身上，我们可以看到老一辈革命家几乎终身都在保持奉公废私的光荣传统。而在 2014 年 8 月 21 日纪念邓小平同志诞辰 110 周年座谈会上，习近平用了很长的篇幅，重温了邓小平的丰功伟绩，并高度总结了他为中国的建设、革命和改革开放做出的伟大贡献。

习近平用了五千多字，主要阐述了六点关于“我们要纪念邓小平什么”的重要问题，概括起来就是——信念坚定、实事求是、热爱人民、战略思维、开拓创新、坦荡无私，这是习近平对邓小平的高度概括，也是全党应该向邓小平学习的伟大品质。而最让人印象深刻的，是习近平发言稿中对邓小平一句话的引用——谁让你当共产党人呢，既然当了，就不能够做“官”，不能够有私心杂念，不能够有别的选择。

这句话是邓小平奉公废私精神的最好注脚，也呼应了习近平就任最高领导人以来的一贯要求和宗旨，其中第一位的就是“官”和“党员干部”的身份明确。其实，这其中已经说明了态度和立场，是党员干部工作作风建设的重要任务。而习近平评价邓小平为“一贯反对特权、反对腐败”的，则又自然让人联想到当前的反腐斗争。当习近平评价邓小平一生事迹的时候，实际上也是在告诫今天的党员干部要怎么做。

国学名句集锦

私情行而公法毁。

——《管子·八观》

律己——知不以利为利

“孙叔敖之知，知不以利为利矣。”出自《吕氏春秋》。意思是孙叔敖这个人的智慧，体现在不把世俗普通的利益当作利益。

孙叔敖是春秋战国时期楚国的贵族。当时淮河频发洪灾，孙叔敖心疼百姓便毛遂自荐，要求主持治水，甚至不惜为此倾尽家财。经过三年时间，终于修起了中国有史以来第一座水利防御工程——期思陂。孙叔敖借淮河旧河道泄洪，建陂塘以灌溉农田，为淮河百姓造福。

后来孙叔敖又陆续修建了以“安丰塘”为代表的多处水利工程，2600多年过去了，直到今天还在发挥着有利的作用。孙叔敖受到楚庄王的赏识，辅佐楚庄王治理国家，发展经济，宽刑缓政。孙叔敖主张止戈休武，以民为本，使农商并举，休养生息，促进文化的繁荣。因为其出色的治国、治水和军事才能，官拜令尹，全力辅佐楚王独霸天下，让楚国最终成为“春秋五霸”之一。

孙叔敖对待赏赐非常慎重。孙叔敖在临死前告诫儿子说：“君王多次

国学名句集锦

治官事则不营私家。

——西汉·刘向《说苑·至公》

封赏土地给我，我没有接受。等到我死了，君王还会封赏土地给你，你千万不要接受那些富饶的好土地。在楚越之间有个地方叫寝丘，土地贫瘠，地名也很不吉利，那里的楚人怕鬼，而越人迷信灾祥和鬼神。你就接受那块土地吧。”

孙叔敖刚死，楚庄王果然立即把楚国肥美的土地封赏给了他儿子，孙叔敖的儿子遵守父亲遗言就谢绝了，向庄王请求把寝丘封赏给自己。

孙叔敖的聪明之处就是懂得不把世俗的利益当作自己的利益。懂得喜欢别人厌恶的东西，这就是智慧的人不同于世俗之人的原因。

这也像我们日常生活中所见到的，很多人的地位越高，反而变得越发谦虚；有的人官职越大，反而在处事上变得越发谨慎。

晚年时期的陈云就是这样的人。他为了更好地锻炼身体，就开始写大字锻炼，而写得最多的一条就是“个人名利淡如水，党的事业重如山”。这句话可以说是陈云向全党发出的提醒和告诫，也是对身边工作人员和家人的提醒，更是陈云一生的写照。

陈云对名利看得淡，见到工作往前站，见到名誉靠后站，所有宣传他的资料，只要送给他审核，统统被陈云“枪毙”。有人说这是陈云谦虚，但陈云却说不是谦虚，而是要实事求是。20 世纪 50 年代，苏联向成立不久的新中国的中央领导人每人赠送一辆轿车，但陈云没有接受，仍旧乘坐原来的那辆旧吉普车。

有一次他的秘书谈到给中央五位书记定工资级别，陈云对秘书说：“这些事情上自己要有自知之明，不要争。”后来供给制要改成工资制的时候，相关部门自然把中央五位书记的工资统一定为最高级别，陈云知道后，立即给组织部部长安子文去了电话，要求对自己与对其他四位书记有所区别，毛泽东、刘少奇、周恩来、朱德是站在国家“第一排”的，自己

国学名句集锦

宁公而贫，不私而富。

——元·张养浩《牧民忠告》

是属于国家“第二排”的，因此自己的工资只能定为二级。后来，毛泽东询问此事，相关部门的工作人员据实回答，毛泽东听后对陈云大为赞赏。

到了新时期，尽管时代在变，但共产党人对自己的要求不能变。所以，习近平自履职以来就多次强调要严以律己，手握戒尺、心存敬畏，要勤于自省、慎独慎微，遵守国法和党纪，为政清廉。这就让“严以律己”具有了非常现实的意义。不占私人一点便宜，便是严以律己的表现。

明代著名思想家薛瑄在《从政录》中说：“世之廉者有三：有见理明而不妄取者，有尚名节而不苟取者，有畏法律保禄位而不敢取者。”占国家便宜算是取，占私人的便宜也算是取，都是非常危险的，历史上的贪官就是因为毫无忌惮地“取”而形成的。

不占任何人一点便宜，就是严以用权所需要的。权力既可以为人民群众谋利益，也能被少数不法之人用来牟取非法利益。因此领导干部时刻面临着权力行使的问题，如果占了便宜，就算是一分钱，也可能会影响用权的公正。

国学名句集锦

人人好公，则天下太平；人人营私，则天下大乱。

——清·刘鹗《老残游记》

慎罚——克明德慎罚

“惟乃丕显考文王，克明德慎罚。”出自《尚书·康诰》。两句话中所谓的“明德”，是提倡敬德、尚德的意思，是“慎罚”的保证和指导思想。而所谓“慎罚”，即刑罚要适中，不可以乱罚无罪，更不可以乱杀无辜。

“慎罚”是西周时期立法的指导思想。周朝灭掉商朝以后，统治者继承了夏商时代的神权统治思想，将“受命于天”作为统治者愚民的思想武器。《尚书》一书中就记载了许多周公宣扬“天罚论”和“天命论”的言论。如《尚书·大诰》中说：“天休于宁王，兴我小邦周。”《尚书·康诰》中说：“天乃大命文王，殪戎殷。”《诗经·大雅·文王》中说：“文王在上，于昭于天。周虽旧邦，其命维新。”周公是奴隶主阶级的思想家和政治家，强调宣扬天命和迷信，将神权作为其精神支柱，是周公的历史局限性和阶级性的反映。

其实，在西周开国之初，周公就不能再照搬旧说了，因为夏商的覆灭是事实，这让神权思想露出了破绽。纣王到死的时候还坚信自己是“有命

国学名句集锦

举天下以赏其善者，不足；举天下以罚其恶者，不给。

——《庄子·在宥》

在天”的，但他最终还是不能逃脱灭亡的命运。

因此，可以想见在周公的心中，此时的“天命论”已经大打折扣。周公一再强调的是——统治是不能光靠天的，要努力发扬周文王的德行，才能让天命得保，所以才说“我民罔尤违，惟人”。百姓是不会无端怨恨的，事在人为。他说的这些话虽然还是离不开“天”字，但已经在强调“天不可信”，进而强调事在人为了。不难看出，周公倡导的“以德配天”，侧重的已经是德行，而不再是单纯的靠天，其着眼点在于“尽人事”，而非“听天命”。

周公的这种见解和思想，可以说已经非常难得了。而周公也正是从这种卓越的视点出发，提出了“明德慎罚”这一主张。在《康诰》一书中，周公说道：“惟乃丕显考文王，克明德慎罚，不敢侮鳏寡，庸庸，祗祗，威威，显民。”也就是说，周文王治国能够慎用刑罚，崇尚德政，不欺负鳏寡老人，用可用之人，敬可敬之人，罚该罚之人，以昭告万民。周公还说“告汝德之说于罚之行”，表明“德”是在慎罚中体现出来的。如此，周公就成为中国法律思想史上第一个把“刑”与“德”明确结合起来的人。

中国古代历史中一直注重恤刑、教化的作用。如《尚书·舜典》中说“眚灾肆赦，怙终贼刑”，意思就是如果一个人因为失误而给别人造成一定的伤害，那他的罪行是可以原谅的；如果这个人是故意的，那就应该严厉制裁。以孔子为代表的儒家学派则将这一思想进一步发展，形成了“德主刑辅”“先教后刑”“以德服人”的刑罚思想。

儒家强调用“德”的力量来教化改造人，让有罪责和过错的人知错从而改掉奸邪之念。儒家主张德化和礼治是一种教化手段，就算是用刑，也应该用于经过教化之后仍然触犯法律者，否则就是“不教而杀谓之虐”。

国学名句集锦

峻法严刑，非帝王之隆业；有罚无恕，非怀远之弘规。

——《三国志·吴书·陆逊传》

在现代的刑罚中，有一个词——“死缓”，也就是“死刑缓期执行”的意思，是今天中国一个非常重要的刑罚名，而这个刑名是由毛泽东提出并确定下来的。

新中国刚刚建立的时候，为了让新生政权巩固，国家进行了一系列镇压反革命的运动。这期间，一些地方的行为有些过火，这件事情引起了毛泽东的高度关注。毛泽东为了控制这一界限，有效制止这种倾向，于1951年4月30日做出特别批示：“杀人不能太多，太多则丧失社会同情，也损失劳动力。……凡无血债或其他引起民愤的重大罪行，但有应杀之罪者，例如有些特务或间谍分子，有些教育界及经济界的反革命等，可判死刑，但缓期一年或二年执行，强迫他们劳动，以观后效。”

5月8日，毛泽东又亲自写下《中共中央关于对犯有死罪的反革命分子应大部分采取判处死刑缓期执行政策的决定》，第一次正式提出了“死缓”这个刑罚。不久之后，在全国公安会议上“死缓”被确定为一种正式的刑罚。

毛泽东之所以提出“死缓”，与他个人非常重视用思想改造人密切相关。毛泽东曾不止一次说起这个问题：“人是可以改造的，就是政策和方法要正确才行。”

1965年，在一次与外宾的交谈中，毛泽东特别说道：“人犯了罪也需要教育。就算是动物都可以教育！一头牛可以让它耕田，一匹马就教育它既耕田又打仗，那么人怎么就不可以通过教育让他进步呢？这是政策和方针问题，重要的是方法。”

由此可见，毛泽东之所以提出“死缓”，实际上是出于对犯罪分子进行思想教育的重视，以及对慎施刑罚、对犯罪嫌疑人进行挽救和改造主张的坚持，是历史上的巨大进步。

国学名句集锦

诱之以赏，策之以罚，感之以恩。取大节，宥小过，而士无不肯用命矣。

——明·张居正《权谋残卷》

法律是对人类社会基本行为的约束和规范，同时是国家治理的最基本方式，中国古代的明君无不是德法并施、儒法并用以开创太平盛世。习近平对于法律在治国中的关键作用高度重视。他 2014 年 1 月 7 日在中央政法工作会议上强调："党既领导人民制定宪法法律，也领导人民执行宪法法律，党自身必须在宪法法律范围内活动，做到党领导立法、保证执法、带头守法。""依法治国是党领导人民治理国家的基本方略，法治是治国理政的基本方式，要更加注重发挥法治在国家治理和社会管理中的重要作用，全面推进依法治国，加快建设社会主义法治国家。"

国学名句集锦

赏不患寡而患不公，罚不患严而患不平。赏以兴德，罚以禁奸。使下畏罚而利赏，下也；好德而思进，上也。天下无不可用之材，唯在于所用。

——明·张居正《权谋残卷》

环保——取之有度，用之有节

《资治通鉴》记载："地力之生物有大数，人力之成物有大限。取之有度，用之有节，则常足；取之无度，用之不节，则常不足。"自然的力量是有限的，万物生长都有定数，而依靠人的力量产生的东西也有一定限度。用这些东西都要有限度，有节制，这样才能一直充足；用这些东西的时候没有一定限度，没有节制，就会觉得不够用。

人类想在未来能与大自然共处和睦，相互依存，就应该珍惜所有自然资源，一切都来之不易，不要以为资源无时不有、无处不在，就大肆浪费。

《国语·鲁语》中记载，鲁宣公时期的某个夏天，宣公刚刚在水潭边撒下渔网捕鱼，就被从此路过的鲁国大夫里革看到了。他立即冲过来将宣公的渔网拖到了岸上。这让宣公心里莫名其妙，又对里革的行为感到非常生气。

谁知里革却大声跟他说："现在潭里的鱼正在孕育期，您用渔网捕鱼，就是不给鱼生长的时间啊，这样真是太贪婪了！"鲁宣公不明白事情的缘故，里革就把祖辈教训的渔猎要保护生态平衡的原因讲了一遍，让鲁宣公

国学名句集锦

获罪于天，无所祷也。

——《论语·八佾》

终于明白了自己的错误之处。

在《寡人之于国也》一文中，孟子说："不违农时，谷不可胜食也；数罟不入洿池，鱼鳖不可胜食也；斧斤以时入山林，材木不可胜用也。谷与鱼鳖不可胜食，材木不可胜用，是使民养生丧死无憾也。养生丧死无憾，王道之始也。"这反映了两千多年前的古人对于生态环境平衡的认识，体现了朴素的环保理念。而庄子认为的"禽兽可系羁而游，鸟雀可攀援而窥"，又是在描绘自然与人和谐共乐的浪漫图景。

《吕氏春秋》中也有阐述保护自然赐予的资源、善于利用资源的主张，对于"竭泽而渔"这种事情是极力反对的，并坚持应以友爱、和善的态度对待大自然，善待自然中的兽、鸟、木、草。中国古代丰富的人与自然和谐相处的思想，在当前自然环境越来越恶化的情况下，越发彰显出其远见卓识及重要的现实意义。道家思想中反复强调的"无为""道法自然"，其实也是在强调人类要与自然和谐共处的道理。

"我十来岁的时候曾去过漓江，那时还跳进去游过泳。"2010 年"两会"期间，习近平参加了广西代表团的全体会议。在会议中，当谈到生态保护这个问题时，习近平回忆起 44 年前的一段少年经历。对于漓江，他的印象非常深刻："记得游完泳，我的衣服是在岸边晒干的。那时候，江面很蓝，泛光见底。卖鱼的人，鱼篓里装的都是金色的鲤鱼，让人仿佛置身于神话故事里。"习近平当时特别提到："漓江不是仅仅属于桂林，更属于全国人民，属于世界的，是人类珍贵的财富，要用心地呵护它。"

这么多年来，习近平一直对漓江一往情深。钟情于漓江，这是几代国家领导人对漓江关爱的体现。周恩来曾到过桂林，根据他的提议，当地领导干部在漓江岸边栽种凤尾竹，最终成为人民币的背景图案。1973 年，邓小平来广西视察时说漓江的工业污染了这幅"水墨画"后，于是桂林市

国学名句集锦

水广者鱼大，山高者木修。

——《淮南子·说山训》

政府陆续“停、关、转、并、迁”了六十多家严重污染的企业和工厂，让漓江水重新变得清澈见底。

江泽民也曾在保护环境上非常重视，指示要彰显漓江山水的特色。2008 年，胡锦涛踏雪去桂林拜新春，给桂林雪灾严重区尤其是漓江上游和漓江两岸各民族群众，带去党中央、中央军委、国务院的温暖关怀和祝福，让桂林百姓战胜灾害的信心更坚定，齐心协力将雪灾给桂林带来的损失降到了最低。

习近平在致生态文明贵阳国际论坛 2013 年年会的贺信中强调：“中国将按照尊重自然、顺应自然、保护自然的理念，贯彻节约资源和保护环境的基本国策，更加自觉地推动绿色发展、循环发展、低碳发展，把生态文明建设融入经济建设、政治建设、文化建设、社会建设各方面和全过程，形成节约资源、保护环境的空间格局、产业结构、生产方式、生活方式，为子孙后代留下天蓝、地绿、水清的生产生活环境。”

党的十八大提出，建设发展中国特色社会主义道路，总的布局是做到“五位一体”，“用制度保护生态环境”。要用更高的战略眼光建设生态文明，是建设环境友好型和资源节约型社会的重要条件，更与人民的健康生活息息相关。

有“史上最严”之称的环保法已于 2015 年 1 月 1 日正式颁布实施。新环保法对企业违法加大了处罚力度，同时对行政和监管部门的问责也增强了力度，成为一柄“利剑”，时刻悬在那些违法者的头上。

一个好的法律不能成为“纸老虎”，要让它成为一个有钢牙利齿的利器，关键在于执行和落实。执法必严、违法必究、有法必依，只有让破坏环境者付出代价，才能让不法分子畏惧，这同时也是对执法者的执法能力和职业操守的考验。

国学名句集锦

无伐名木，无斩山林。

——西汉·董仲舒《春秋繁露·求雨》